मै मेवाड़ बोल रहा हूँ .....

विजय भव:

हित उपाध्याय

Enter Caption

आर्यकुल कमल दिवाकर हिन्दुवा सूर्य

मेदपाटेश्वर महाराणा मेवाड़ ईस्टदेव

श्री एकलिंगनाथ जी को समर्पित

क्रम-सूची

प्रस्तावना

लेखक की कलम से........

नमस्कार मै हित उपाध्याय कक्षा ग्यारहवी का छात्र हूँ | मै महाराणा मेवाड़ पब्लिक स्कूल

उदयपुर मै अध्यनरत हूँ | ये किताब मै मेवाड़ बोल रहा हूँ | विजय भव मेवाड़ के

इतिहास,कला,संस्कृति,साहित्य,गीत,नृत्य,शौर्य,वीरता को दर्शाता है| इसमे मेवाड का लगभग

सम्पूर्ण इतिहास है | इसे आप सभी लोग अवश्य पढे | मैंने बड़ी ही मेहनत से 6 माह के

अंतराल मै यह पुस्तक लिखी है | इसकी प्रेरणा मुझे भगवान श्री एकलिंगनाथ जी मेरे माता-पिता

व विशेष रूप से मित्र राजेश से मिली | साथ ही मेरे गुरुजन श्री सोहनलाल जी, दिलीप जी व

अमृत जी का भी सहयोग रहा | यह पुस्तक नयी पीढ़ी के साथ ही प्रतियोगी परीक्षा की तैयारी

कर रहे महानुभावों के लिए कारगर साबित होगी | अगर पुस्तक लिखते वक्त मुझसे कोई गलती

हो गयी हो तो बड़ा दिल रखकर मुझे क्षमा करे | और त्रुटि होने पर मेल के माध्यम से अवगत

करावे |.........................

निवेदक

हित उपाध्याय

896svgms@gmail.com

जय मेवाड़

जय एकलिंगनाथ

भूमिका

लेखकः- हित उपाध्याय

पावती (स्वीकृति)

मैं मेवाड़ बोल रहा हूँ.............विजय भव:

Enter Caption

1
||श्री एकलिंगनाथजी||

राजस्थान के उदयपुर जिले में एक तीर्थ है - कैलाशपुरी। शिव यहां एकलिंग के नाम से विराजित है। श्री एकलिंगजी महादेव मंदिर कि उदयपुर से लगभग 22 किमी और नाथद्वारा से लगभग 26 कि.मी. दूर राष्ट्रीय राजमार्ग 48 पर कैलाशपुरी नाम के स्थान पर स्थित हैं। पूर्वी

भारत में जहां त्रिकलिंग की मान्यता रही है - उत्कलिंग, मध्यकलिंग और कलिंग। वहीं पश्चिमी भारत में एकलिंग की मान्यता है। मूलत: यहां का मंदिर लाकुलीश संप्रदाय का रहा है, यहां से 917 ईस्वी का शिलालेख मिला है। किंतु, मध्यकाल में वर्तमान एकलिंगजी का मंदिर बना और उसकी अलग ही पूजा पद्धति निर्धारित की गई। वर्तमान मंदिर को बहुत ही गोपनीय रूप से बनाया गया था। मेवाड़ शैली में पत्थरो से निर्मित श्री एकलिंगजी उदयपुर और मेवाड़ का संबसे विख्यात और विशाल मंदिर है। श्री एकलिंगजी आराध्य देव भगवान शिव का प्राचीन मंदिर हैं, यहाँ पर स्थित शिवलिंग की मूर्ति के चारों ओर मुख (चेहरा) बने हुए हैं, अर्थात यहाँ पर भगवान शिवजी एक चतुर्मुखी शिवलिंग के रूप में विराजमान हैं। एकलिंगजी के चार चेहरों भगवान शिव के चार रूपों को दर्शाते हैं, जो इस प्रकार हैं:-पूरब दिशा की तरफ का चेहरा सूर्य देव के रूप में पहचाना जाता हैं, पश्चिम दिशा के तरफ का चेहरा भगवान ब्रह्मा को दर्शाता हैं, उत्तर दिशा की तरफ का चेहरा भगवान विष्णु और दक्षिण की तरफ का चेहरा रूद्र स्वयं भगवान शिव का हैं। मंदिर के गर्भगृह का मुख्य द्वार पश्चिम दिशा में और गर्भगृह के सामने पीतल धातु से बनी शिव के वाहन नन्दी की मूर्ति है। मंदिर परिसर में १०८ देवी-देवताओ के छोटे-छोटे मंदिर स्थित हैं, और इन मंदिरों के बीच में श्री एकलिंग जी मंदिर स्थापित हैं। मंदिर के गर्भगृह में प्रवेश करने आज्ञा किसी को भी नहीं हैं, श्री एकलिंग जी दर्शन एवं वंदना कठघरे से बाहर रहकर ही करनी पड़ती हैं। एकलिंगजी मंदिर में श्री एकलिंगजी का श्रृंगार फूलो, रत्नों नियमित रूप से प्रतिदिन किया जाता है। मंदिर के गर्भगृह में प्रवेश वहाँ के पुजारियों से आज्ञा लेकर व उनके द्वारा दिए गए विशेष वस्त्र पहनकर ही मिलती हैं। श्री एकलिंगजी मेवाड़ के शासक और राजपूतो के मुख्य आराध्य देव हैं। कहा जाता हैं कि मेवाड़ में राजा तो उनके प्रतिनिधि के रूप में शासन किया करता था। युद्ध पर जाने से पहले राजपूत श्री एकलिंग जी आशीर्वाद जरुर लेते थे। श्री एकलिंगजी मंदिर परिसर में मंदिर के इतिहास कि बारे में जानकारी देता हुआ मंदिर ट्रस्ट का एक बोर्ड लगा हुआ था। जिसमे मंदिर के इतिहास के बारे में कुछ इस प्रकार से लिखा हुआ था। कहा जाता है कि डूंगरपुरराज्य की ओर से मूल बाणलिंग के इंद्रसागर में प्रवाहित किए जाने पर वर्तमान चतुर्मुखी लिंग की स्थापना की गई थी। एकलिंग भगवान

को साक्षी मानकर मेवाड़ के राणाओं ने अनेक बार ऐतिहासिक महत्व के प्रण किए थे। जब विपत्तियों के थपेड़ों से महाराणा प्रताप का धैर्य टूटने जा रहा था तब उन्होंने अकबर के दरबार में रहकर भी राजपूती गौरव की रक्षा करने वाले बीकानेर के राजा पृथ्वीराज को, उनके उद्बोधन और वीरोचित प्रेरणा से भरे हुए पत्र के उत्तर में जो शब्द लिखे थे वे आज भी अमर हैं-

'तुरुक कहासी मुखपतौं, इणतण सूं इकलिंग, ऊगै जांही ऊगसी प्राची बीच पतंग'

वागड़ के सीमालवाड़ा व धंबोला के व गुजरात के ननवाडा-मालपुर के त्रिवेदी व भट्ट मेवाड़ा ब्रह्मणो के भी इस्ट देव है।मेवाड़ के संस्थापक बप्पा रावल ने 8वीं शताब्दी में इस मंदिर का निर्माण करवाया और एकलिंग की मूर्ति की प्रतिष्ठापना की थी। बाद में यह मंदिर टूटा और पुन:बना था। वर्तमान मंदिर का निर्माण महाराणा रायमल ने 15वीं शताब्दी में करवाया था। इस परिसर में कुल 108 मंदिर हैं। मुख्य मंदिर में एकलिंगजी की चार सिरों वाली मूर्ति स्थापित है। एकलिंगजी की मूर्ति में चारों ओर मुख हैं। अर्थात् यह चतुर्मुख लिंग है। कठघरे और गर्भगृह के बीच के द्वार पर वर्तमान श्री जी मेवाड़ अरविन्द ने किवाड़ पर चांदी कि परत चढ़वाई हैं। मुख्य मंदिर के कठघरे में आम दर्शनार्थियों का प्रवेश वर्जित हैं।"राजस्थान के सबसे प्रमुख मंदिरों में से एक है। एकलिंगनाथ मंदिर हिंदू धर्म के भगवान शिव को समर्पित है जिसकी शानदार वास्तुकला हर साल कई हजारो पर्यटकों को अपनी और आकर्षित करती है। यह दो मंजिला मंदिर छत और विशिष्ट नक्काशीदार टॉवर की अपनी पिरामिड शैली के साथ शानदार दृश्य प्रस्तुत करता है साथ ही प्रसिद्ध मंदिर अपने काले संगमरमर से लगभग 5 फीट ऊँचे बने एकलिंगजी चाँदी के साँप द्वारा गढ़ा गया शिवलिंग एकलिंगजी मंदिर का एक और प्रमुख पर्यटक आकर्षण है जिसे देखने के लिए दूर दूर से पर्यटक आते है।–एकलिंगजी मंदिर राजस्थान ही नही बल्कि भारत के सबसे प्राचीन मंदिर में से एक है एकलिंगनाथ मंदिर का निर्माण 734 ई. में बप्पा रावल द्वारा करवाया गया था। एकलिंगजी मेवाड़ शासकों के देवता रहे हैं। दिल्ली सल्तनत के शासकों द्वारा आक्रमण के दौरान एकलिंग नाथ जी के मंदिर और मूर्ति को नष्ट कर दिया गया था। जिसके बाद कुछ राजायों ने इस मंदिर के पुन:निर्माण में अपना योगदान प्रदान किया। 15 वीं शताब्दी के अंत में, मालवा सल्तनत के घियाथ शाह ने मेवाड़ पर हमला किया और एकलिंगजी को फिर तबाह कर दिया। कुछ समय पश्चात कुंभ के पुत्र राणा रायमल ने घियाथ शाह को पराजित किया और उसकी रिहाई के लिए फिरौती प्राप्त की। इस फिरौती से रायमल ने मंदिर परिसर के अंतिम

प्रमुख पुनर्निर्माण का संरक्षण किया, और वर्तमान मूर्ति को मुख्य मंदिर में फिर से स्थापित किया। एकलिंगजी मंदिर की स्थापत्य शैली अद्वितीय है जो कला प्रेमियों के लिए आकर्षण का केंद्र बनी हुई है। मान्यता है कि यहाँ में राजा तो उनके प्रतिनिधि मात्र रूप से शासन किया करते हैं। इसी कारण उदयपुर के महाराणा को दीवाण जी कहा जाता है।ये राजा किसी भी युद्ध पर जाने से पहले एकलिंग जी की पूजा अर्चना कर उनसे आशीष अवश्य लिया करते थे। मंदिर में परिवार के साथ भगवान शिव का चित्र देखते ही बनता है। देवी पार्वती और भगवान गणेश, क्रमशः शिव की पत्नी और बेटे, की मूर्तियाँ मंदिर के अंदर स्थापित हैं। यमुना और सरस्वती की मूर्तियां भी मंदिर में भी निहित हैं।[2] इन छवियों के बीच में, मंदिर के चांदी दरवाजों पर भगवान गणेश और भगवान कार्तिकेय की छवियाँ हैं। नृत्य करती नारियों की मूर्तियों को भी यहां देखा जा सकता है। गणेशजी मंदिर, अंबा माता मंदिर, नाथों का मंदिर, और कालिका मंदिर इस मंदिर के पास स्थित हैं। इस मंदिर के निर्माणकाल व कर्ता के संबंध में कोई लिखित प्रमाण नहीं मिला है , उसके बाद यह मन्दिर तोड़ दिया गया, जिसे बाद में उदयपुर के ही महाराणा मोकल ने इसका जीर्णोद्धार करवाया तथा वर्तमान मंदिर के नए स्वरूप का संपूर्ण श्रेय महाराणा रायमल को है। मंदिर के दक्षिणी द्वार के समक्ष एक ताखे में महाराणा रायमल संबंधी १०० श्लोकों का एक प्रशस्तिपद लगा हुआ है। इस मंदिर की चारदीवारी के अंदर और भी कई मंदिर निर्मित हैं, जिनमें से एक महाराणा कुंभा का बनवाया हुआ विष्णुमंदिर है।[इस मंदिर को लोग मीराबाई का मंदिर कहते हैं। एकलिंग जी के मंदिर से थोड़ी दूर दक्षिण में कुछ ऊँचाई पर विक्रम संवत १०२८ (ई. सन् ९७१) में यहाँ के मठाधीश ने 'लकुलीश' का एक मंदिर बनवाया तथा इस मंदिर के कुछ नीचे विंध्यवासिनी देवी का एक अन्य मंदिर भी स्थित है। जनश्रुति से यह भी ज्ञात होता है कि बप्पा रावल का गुरु नाथ हारीतराशि एकलिंग जी के मंदिर का महन्त था और उसी की शिष्य परंपरा ने मंदिर की पूजा आदि का कार्य सँभाला।[एकलिंग जी के मंदिर के महंत, उक्त नाथों का एक प्राचीन मठ आज भी मंदिर के पश्चिम में बना हुआ है। बाद में नाथ साधुओं का आचरण भ्रष्ट हो जाने से मंदिर की पूजा आदि का कार्य गुसाइयों को सौंपा गया और वे उक्त मंदिर के मठाधीश हो गए। यह परंपरा आज भी चली आ रही है।

____

____

2

||मीराबाई||

||मीराबाई||

मीराबाई :- जन्म: 1498 ई., मृत्यु: 1547 ई.) भगवान श्रीकृष्ण की एक महान भक्त थी जिन्हें "राजस्थान की राधा" भी कहा जाता है। मीरा एक अच्छी गायिका, कवि व संत भी थी। उसका जन्म मध्यकालीन राजपूताना (वर्तमान राजस्थान) के मेड़ता शहर के कुड़की ग्राम में हुआ था। मीरा को बचपन से ही भगवान श्री कृष्ण के प्रति मोह हो गया था। भगवान श्रीकृष्ण के प्रति इसी मोह के कारण वे

उनकी भक्ति में जुट गई और आजीवन भक्ति में लीन रही। आज मीराबाई को महान भक्तों में से एक गिना जाता है। मीराबाई का जन्म 1498 ई. में मेड़ता के राठौड़ राव दूदा के पुत्र रतन सिंह के यहां कुड़की गांव, मेड़ता (राजस्थान) में हुआ था। मीरा के पिता रतनसिंह राठौड़ एक जागीरदार थे तथा माता वीर कुमारी थी। मीरा का पालन पोषण उसके दादा-दादी ने किया। उसकी दादी भगवान श्रीकृष्ण की परम भक्त थी जो ईश्वर में अत्यंत विश्वास रखती थी। मीरा दादी मां की कृष्ण भक्ति को देखकर प्रभावित हुई। एक दिन जब एक बारात दूल्हे सहित जा रही थी तब बालिका मीरा ने उस दूल्हे को देखकर अपनी दादी से अपने दूल्हे के बारे में पूछने लगी। तो दादी ने तुरंत ही गिरधर गोपाल का नाम बता दिया और उसी दिन से मीरा ने गिरधर गोपाल को अपना वर मान लिया। मीरा का संपूर्ण बचपन मेड़ता में ही बीता क्योंकि उसके पिता रतन सिंह राठौड़ बाजोली की जागीरदार थे जो मीरा के साथ नहीं रहा करते थे। मीराबाई का विवाह 1516 ई. में मेवाड़ के महाराणा सांगा के ज्येष्ठ पुत्र भोजराज सिंह के साथ हुआ था। भोजराज उस समय मेवाड़ के युवराज थे। विवाह के एक-दो साल बाद 1518 ई. में भोजराज को दिल्ली सल्तनत के खिलाफ युद्ध में जाना पड़ा। 1521 में महाराणा सांगा व मुगल शासक बाबर के बीच युद्ध हुआ। इस युद्ध में राणा सांगा की हार हुई जिसे खानवा के युद्ध के नाम से जाना जाता है। खानवा के युद्ध में राणा सांगा व उनके पुत्र भोजराज की मृत्यु हो गई। अपने पति भोजराज की मृत्यु के बाद मीराबाई अकेली पड़ गई। पति के शहीद होने के बाद, वह भगवान श्री कृष्ण की भक्ति में डूब गई। मीराबाई का साधु-संतों के साथ उठने-बैठने व भजन गाने का कार्य, उनके देवर विक्रमसिंह (विक्रमादित्य) को पसंद नहीं आया। उन्होंने मीरा को समझाया कि हम राजपूत लोग हैं और यह सब कार्य हमारा नहीं है। परंतु मीराबाई ने उनकी नहीं सुनी और कृष्ण भक्ति में ही आसक्त रही। विक्रमादित्य ने मीरा को कृष्ण-भक्ति से रोकने के लिए कई प्रयत्न किये। विक्रमादित्य ने मीरा को जहर देने तथा सर्प से कटवाने का भी प्रयत्न किया। उसने एक दिन मीरा के लिए गिलास में जहर तथा एक कटोरी में सांप भेजा। मान्यताओं के अनुसार, विक्रमादित्य के द्वारा भेजा गया सांप फूलों की माला बन गया। मीराबाई को मारने के उसके सारे प्रयत्न भगवान श्री कृष्ण की कृपा से असफल हो गए। इस तरह की घटनाओं को देखकर बाई ने मेवाड़ छोड़ दिया और भगवान श्री कृष्ण को ही अपना सबकुछ मान लिया। उन्होंने अपना शेष जीवन कृष्ण-भक्ति में बिताया। कभी-कभी तो मीराबाई बिना कुछ खाए पिए ही घंटो-घंटो तक भगवान श्रीकृष्ण की भक्ति में लीन रहती थी। मीराबाई की पदावलियां बहुत प्रसिद्ध रही है। मीराबाई की भक्ति

कांता भाव की भक्ति रही है उन्होंने ज्ञान से ज्यादा महत्व भावना व श्रद्धा को दिया। मेवाड़ भूमि को छोड़ने के बाद मीराबाई ने अपने आपको कृष्ण भक्ति में पूर्णतया लगा लिया। इतिहासकारों के अनुसार, मीरा अपने जीवन के अंतिम वर्षों में द्वारका में रहती थी। 1547 ईस्वी में गुजरात के डाकोर स्थित रणछोड़ मंदिर में मीराबाई चली गई और वहीं विलीन हो गई। ऐसा माना जाता है कि 1547 ईस्वी में ही वहीं रणछोड़दास के मंदिर में मीराबाई की मृत्यु हो गई। आसपास के लोगों के मुताबिक, मीराबाई को मंदिर के अंदर जाते हुए देखा था परंतु, बाहर वापस आते हुए किसी ने नहीं देखा। मीरा बाई ने कृष्ण भक्ति के स्फुट पदों की रचना की है। संत रैदास या रविदास उनके गुरु थे। पति की मृत्यु के बाद उन्हें पति के साथ सती करने का प्रयास किया गया, किन्तु मीरा इसके लिए तैयार नहीं हुई। मीरा के पति का अंतिम संस्कार चित्तोड़ में मीरा की अनुपस्थिति में हुआ। पति की मृत्यु पर भी मीरा माता ने अपना श्रृंगार नहीं उतारा, क्योंकि वह गिरधर को अपना पति मानती थी। वे विरक्त हो गईं और साधु-संतों की संगति में हरिकीर्तन करते हुए अपना समय व्यतीत करने लगीं। पति के परलोकवास के बाद इनकी भक्ति दिन-प्रतिदिन बढ़ती गई। ये मंदिरों में जाकर वहाँ मौजूद कृष्णभक्तों के सामने कृष्णजी की मूर्ति के आगे नाचती रहती थीं। मीराबाई का कृष्णभक्ति में नाचना और गाना राज परिवार को अच्छा नहीं लगा। उन्होंने कई बार मीराबाई को विष देकर मारने की कोशिश की। घर वालों के इस प्रकार के व्यवहार से परेशान होकर वह द्वारका और वृन्दावन गई। वह जहाँ जाती थी, वहाँ लोगों का सम्मान मिलता था। लोग उन्हें देवी के जैसा प्यार और सम्मान देते थे। मीरा का समय बहुत बड़ी राजनैतिक उथल-पुथल का समय रहा है। बाबर का हिंदुस्तान पर हमला और प्रसिद्ध खानवा का युद्ध उसी समय हुआ था। इन सभी परिस्थितियों के बीच मीरा का रहस्यवाद और भक्ति की निर्गुण मिश्रित सगुण पद्धति सर्वमान्य बनी। मीरा बाई का विवाह राणा कुंभा के साथ हुआ था। राणा कुंभा को भोजराज के नाम से भी जाना जाता है। मीरा बाई का विवाह तो हो गया था, लेकिन वे बचपन से ही कृष्ण भक्ति में रमी हुई थीं। एक बार मीरा की मां ने समझाने के लिए बोल दिया था कि कृष्ण ही तेरा दूल्हा है। तभी से मीरा कृष्ण को अपना सबकुछ मान चुकी थीं। जब मीरा बाई के विवाह का अवसर आया तो मीरा मनुष्य से विवाह करने के लिए मना करने लगीं, लेकिन परंपरा थी, घर के बड़ों का दबाव था तो उनका विवाह राणा कुंभा से हो गया। जिस घर में मीरा का विवाह हुआ, वहां की कुलदेवी तुलजा भवानी थीं। सभी दुर्गा को पूजते थे। मीरा ने कह दिया था कि मैं तो कृष्ण की ही पूजा करूंगी। इस बात से मीरा का विरोध होने लगा। मीरा की ननद ने अपने भाई

राणा कुंभा से कहा, 'घर का कामकाज तो मीरा बहुत अच्छे ढंग से करती है, लेकिन रात को मंदिर में चली जाती है और दरवाजा बंद कर लेती है। कोई गुप्त प्रेम तो नहीं है?' आधी रात को भाई-बहन मंदिर में पहुंच गए। मंदिर के अंदर मीरा कृष्ण की मूर्ति के सामने बैठकर भजन गा रही थीं और बात कर रही थीं। क्रोध में आकर राणा दरवाजा तोड़ा और दोनों भाई-बहन अंदर गए तो देखा कि मीरा बैठी हुई हैं और एकटक कृष्ण को निहार रही हैं। राणा ने मीरा से पूछा, 'तुम किससे बात कर रही थीं? कौन था यहां?' मीरा ने कृष्ण की ओर इशारा करते हुए कहा, 'ये, ये ही मेरे सबकुछ हैं।'जिस भक्ति में डूबकर मीरा ने ये बात कही थी, राणा को समझ आ गया कि ये स्त्री अद्भुत है। इसके बाद राणा ने जीवनभर पति के रूप में मीरा की भक्ति का साथ दिया।

3

||कुंभलगढ़||

||कुंभलगढ़||

राजस्थान में किलों की संख्या अनगनित हैं जिनमें कुम्भलगढ़ का किला भी मुख्य हैं. 30 किलोमीटर के विशाल धरातलीय भूभाग में फैला यह किला मेवाड़ के प्राचीन इतिहास तथा वीरता का साक्षी रहा हैं. मेवाड़ के प्रतापी शासक महाराणा कुम्भा ने इसका निर्माण करवाया था. कुम्भलगढ़ दुर्ग के इस महान दुर्ग को बनाने में 15 वर्षों का समय लगा. राजस्थान के राजसमंद जिले में स्थित इस किले को अजेयगढ़ उपनाम से जाना जाता था. क्योंकि इसकी प्रहरी मोटी दीवार को

चाइना वाल की बाद संसार की सबसे दूसरी बड़ी दीवार माना जाता हैं. अरावली की घाटियों में अवस्थित कुम्भलगढ़ महाराणा प्रताप की जन्म स्थली रहा हैं. चलिए कुम्भलगढ़ के इतिहास से आपको अगवत करवाते हैं. राजस्थान के कई किलों स्मारकों तथा ऐतिहासिक स्थलों को विश्व विरासत की सूचि में स्थान मिला हैं जिनमें चित्तौड़गढ़ का का किला तथा कुम्भलगढ़ के किले को भी शामिल किया गया हैं. क्षेत्रफल के लिहाज से यह चित्तौड़गढ़ के बाद राजस्थान का दूसरा सबसे बड़ा किला भी हैं. इस किले का इतिहास बेहद प्राचीन रहा हैं, जिनके सम्बन्ध में कोई ऐतिहासिक दस्तावेज नहीं रहे हैं. ऐसा माना जाता हैं. कि मौर्य सम्राट अशोक के पुत्र सम्प्रति ने इस दुर्ग का निर्माण करवाया गया था. कालान्तर में कई आक्रमणों के चलते यह विध्वस्त हो गया तथा राणा कुम्भा ने उन्ही अवशेषों पर 1443 में कुम्भलगढ़ का निर्माण आरम्भ करवाया, जो 1459 ई में बनकर तैयार हुआ. कुम्भा ने अपने शासनकाल में 32 बड़े दुर्गों का निर्माण करवाया जिनमें कुम्भलगढ़ भी था. कुम्भलगढ़ का दुर्भेद्य किला राजसमंद जिले में सादड़ी गाँव के पास अरावली पर्वतमाला के एक उत्तुंग शिखर पर अवस्थित हैं. मौर्य शासक सम्प्रति द्वारा निर्मित प्राचीन दुर्ग के अवशेषों पर 1448 ई में महाराणा कुम्भा ने इस दुर्ग की नींव रखी. जो प्रसिद्ध वास्तुशिल्प मंडन की देखरेख में 1458 ई में बनकर तैयार हुआ. वीर विनोद के अनुसार इसकी चोटी समुद्रतल से 3568 फीट और नीचे की नाल से 700 फीट ऊँची हैं. बीहड़ वन से आवृत कुम्भलगढ़ दुर्ग संकटकाल में मेवाड़ राजपरिवार का प्रश्रय स्थल रहा हैं. कुम्भलगढ़ प्रशस्ति में दुर्ग के समीपवर्ती पर्वत श्रृंखलाओं के श्वेत, नील, हेमकूट, निषाद, हिमवत, गंधमादन इत्यादि नाम मिलते हैं. वीर विनोद में कहा गया है कि चित्तौड़ के बाद कुम्भलगढ़ दूसरे नंबर पर आता हैं. अबुल फजल ने कुम्भलगढ़ की उंचाई के बारे में लिखा हैं कि यह इतनी बुलंदी पर बना हुआ हैं कि नीचे से ऊपर देखने पर सिर की पगड़ी गिर जाती हैं. कुम्भलगढ़ मेवाड़ की संकटकालीन राजधानी रहा हैं. महाराणा प्रताप का जन्म उदयसिंह का राज्याभिषेक और महाराणा कुम्भा की हत्या का साक्षी यह किला मालवा और गुजरात के शासकों की आँख का किरकिरा रहा. लेकिन काफी प्रयासों के बावजूद भी वे उस पर अधिकार करने में असफल रहे. 1578 ई में मुगल सेनानायक शाहबाज खां ने इस पर अल्पकाल के लिए अधिकार कर लिया था. किन्तु समय बाद ही महाराणा प्रताप ने इसे पुनः अधिकार में ले लिया. तब से स्वतंत्राप्राप्ति तक यह किला मेवाड़ के शासकों के पास ही रहा. इस किले के चारो ओर सुद्रढ़ प्राचीर हैं, जो पहाडियों की ऊँचाई से मिला दी गई हैं. प्राचीरों की चौड़ाई सात मीटर हैं. इस किले में प्रवेश द्वार के अतिरिक्त कहीं से भी घुसना

संभव नहीं हैं. प्राचीर की दीवारे चिकनी और सपाट हैं. और जगह जगह पर बने बुर्ज इसे सुद्रढ़ता प्रदान करते हैं. कुम्भलगढ़ के भीतर ऊँचाई पर एक लघु दुर्ग हैं. जिसे कटारगढ़ कहा जाता हैं. यह गढ़ सात विशाल दरवाजों और सुद्रढ़ दीवार से सुरक्षित हैं. कटारगढ़ में कुम्भा महल, सबसे ऊपर सादगीपूर्ण हैं. किले के भीतर कुम्भस्वामी का मंदिर, बादल महल, देवी का प्राचीन मंदिर, झाली रानी का महल आदि प्रसिद्ध इमारतें हैं. हल्दीघाटी के युद्ध से पूर्व महाराणा प्रताप ने कुम्भलगढ़ में ही रहकर युद्ध सम्बन्धी तैयारियां की थी. तथा युद्ध के बाद कुम्भलगढ़ को ही अपना निवास स्थान बनाया था. कुम्भलगढ़ के दुर्भेद्य स्वरूप को निम्न दोहे में प्रकट किया गया हैं. झाल कटाया, झाली मिले, न रंक कटाया राव

कुम्भलगढ़ रे कागंरे, माछर हो तो आव

इस तरह राजस्थान की शान के रूप में अपने अटल स्वरूप में खड़े कुम्भलगढ़ के किले को आपको भी देखने आना चाहिए. जो घनी अरावली की सुनहरी घाटियों में बसा हुआ हैं. यह भारत के सबसे सुरक्षित किलों में से एक रहा हैं. जिसे युद्ध अथवा आक्रमण के जरिये जीतने की किसी की तमन्ना पूरी नहीं हो पाई थी. कुछ विद्वानों के नजरिए से देखा जाए तो इस किले को राणा कुंभा के द्वारा नहीं तैयार करवाया गया था बल्कि लोगों के अनुसार यह किला 15 वी शताब्दी के पहले से ही मौजूद था। सबूतों के अंतर्गत प्रारंभिक किले का निर्माण मौर्य काल में छठी शताब्दी में हुआ था और ऐसा करने वाले राजा का नाम राजा संप्रति था जिन्होंने इस किले का नाम मचंद्रपुर रखा था और फिर तत्कालीन किले का निर्माण राणा कुंभा के द्वारा करवाया गया था। जब किले के निर्माण की प्रक्रिया चालू हुई थी तब यह प्रक्रिया काफी मुश्किल थी क्योंकि इसकी जो दीवार बनाई गई थी, वह पूरी बनने के पहले ही गिर गई थी और फिर एक साधु की एडवाइस पर एक मानव बलि दी गई थी। जिस व्यक्ति की मानव बलि दी गई थी उसका नाम मेहर बाबा था। मेहर बाबा की बलि देने के लिए उसके सर को धड़ से अलग कर दिया था और फिर सिर अलग होकर के जहां पर जा करके रुका, वहां पर ही मंदिर को बनाया गया और जहां पर धड़ गिरा, वहां से ही दीवार के काम को स्टार्ट किया गया। 19वी शताब्दी के अंत होते-होते राणा फतेह सिंह ने फिर से किले का पुनरुत्थान करवाना चालू किया। कुंभलगढ़ का यह किला मेवाड़ के प्रतापी शासकों के संघर्ष का साक्षात गवाह है। किले के नीचे काम करने वाले किसानों तक रोशनी पहुंचाने के लिए राणा कुंभा अपने पास मौजूद बहुत सारे तेल के लैंप का इस्तेमाल करते थे और इसे वह हर शाम को जला देते थे ताकि किसानों तक रोशनी पहुंच सके परंतु ऐसा भी कहा जाता है कि जोधपुर की जो महारानी थी, उन्हें इन लैंप और राणा कुंभा के प्रति

बहुत ही तगड़ा अट्रैक्शन हो गया था और वह अट्रैक्ट होकर के कुंभलगढ़ किले के पास भी पहुंच चुकी थी परंतु राणा कुंभा ने स्थिति को संभालते हुए जोधपुर की महारानी को अपनी बहन माना और उन्हें बहन का सम्मान दिया। साल 1468 में एक समय जब राणा कुंभा भगवान की भक्ति में लीन थे और भगवान की प्रार्थना कर रहे थे उसी समय उनके बेटे उदय सिंह प्रथम के द्वारा राणा कुंभा की हत्या कर दी गई थी। हालांकि यह जगह कुंभलगढ़ किला नहीं था बल्कि राणा कुंभा की हत्या चित्तौड़ के एकलिंग मंदिर में की गई। इस किले का निर्माण काफी मजबूती के साथ किया गया था, साथ ही इसमें सुरक्षा के भी कड़े इंतजाम थे। इसलिए कई बार हमला होने के बावजूद भी कुंभलगढ़ किसी के हाथ नहीं आया। जब अलाउद्दीन खिलजी के द्वारा इस किले पर हमला किया गया, तो उसके बाद इस किले पर दूसरा हमला अहमद शाह ने किया है जोकि गुजरात का था परंतु उसे भी असफलता ही हाथ लगी। हालांकि अहमद शाह बन माता मंदिर को तोड़ने में कामयाब हो गया था। परंतु ऐसा भी कहा जाता है कि किले में मौजूद देवताओं ने किले को अन्य नुकसान होने से बचाया। साल 1458, 1459 और 1467 में महमूद खिलजी ने भी इस किले पर आक्रमण किया परंतु किले को जीतने में नाकामयाब रहा। इसके अलावा अकबर, मारवाड़ का राजा उदय सिंह, राजा मानसिंह और गुजरात के मिर्जा ने भी इस किले पर भयंकर आक्रमण किया परंतु राजपूतों की वीरता के आगे सभी शत्रु परास्त होते चले गए। कुंभलगढ़ के किले को सिर्फ एक ही लड़ाई में हार का सामना करना पड़ा था और उसके पीछे वजह थी पानी की कमी होना। ऐसा कहा जाता है कि उस लड़ाई में 3 बागबान ने धोखाधड़ी कर ली थी। उस लड़ाई में शाहबाज खान ने किले को अपने कंट्रोल में कर लिया था। शाहबाज खान अकबर का सेनापति था। साल 1818 में मराठों ने भी कुंभलगढ़ किले पर कब्जा करने में सफलता हासिल की थी। मुगलो के द्वारा जब साल 1535 में चित्तौड़गढ़ किले पर कब्जा कर लिया गया था तो उस समय राणा उदय सिंह की उम्र काफी छोटी थी। उस टाइम उन्हें भी कुंभलगढ़ किले में लाया था और यहां पर उन्हें सुरक्षित रखा गया था। इसी किले में माता पन्नाधाय ने राणा उदय सिंह को बचाने के लिए अपने बच्चे का बलिदान दिया था और राजवंश की रक्षा की थी। आपको बता दें कि वर्तमान में राजस्थान में जो उदयपुर शहर है उसे बचाने का श्रेय उदय सिंह को ही दिया जाता है। इस किले में लाखों टैंक उपलब्ध है जिसका निर्माण राणा लाखा के द्वारा करवाया गया था, साथ ही किले में बादल महल नाम का एक सुंदर महल भी है और इसी किले में राजपूत वंश के प्रतापी शासक महाराणा प्रताप का जन्म हुआ था जो कि सिसोदिया ठाकुर थे। किले की गिनती राजस्थान के दूसरे

सबसे बड़े जिले में होती है, जोकि राजस्थान के उदयपुर शहर से 64 किलोमीटर दूर राजसमंद जिले में पश्चिमी अरावली की पहाड़ियों पर मौजूद है। इस किले की ऊंचाई समुद्र तल से तकरीबन 1914 मीटर है और टोटल 36 किलोमीटर लंबा कुंभलगढ़ का किला है। कुंभलगढ़ किले की दीवार 38 किलोमीटर तक फैली हुई है और इसकी चौड़ाई इतनी है कि एक साथ 8 घोड़े जा सकते हैं। टोटल 7 दरवाजे इस किले में उपलब्ध हैं, साथ ही इसमें बहुत सारे मंदिर, पार्क और महल भी हैं, जो कुंभलगढ़ किले को बहुत ही आकर्षित बनाता है। यहां पर मंदिरों की संख्या 360 से भी अधिक है जिसमें से सबसे महत्वपूर्ण मंदिर

भगवान शंकर का है जहां पर बहुत ही बड़ा शिवलिंग स्थापित है साथ ही यहां पर जैन मंदिर भी मौजूद है।कुंभलगढ़ किले में जैन और हिंदू मंदिरों की संख्या काफी ज्यादा है। वर्तमान के समय में कुंभलगढ़ किला पर्यटको के के लिए भी आकर्षण का केंद्र बना हुआ है। महाराणा प्रताप की जन्मस्थली होने के नाते हर साल लाखों देसी और विदेशी सैलानी यहां पर कुंभलगढ़ किला घूमने के लिए आते हैं। कुम्भलगढ़ किला मेवाड़ के प्रसिद्ध किलो में से एक है, जो अरावली पर्वत पर स्थित है। यह एक वर्ल्ड हेरिटेज साईट है जो राजस्थान की पहाड़ियों में स्थित है। महाराणा प्रताप मेवाड़ के महान शासक और वीर योद्धा थे। जिनका 19 वी शताब्दी तक किले पर कब्ज़ा था, लेकिन आज यह किला सामान्य लोगो के लिये भी खुला है। चित्तौड़गढ़ के बाद मेवाड़ के मुख्य किलो में यह भी शामिल है। मेवाड़ के सबसे बेहतरीन और प्रसिद्ध किलो में कुम्भलगढ़ किले की गिनती की जाती है। 2013 मे, कंबोडिया के पेन्ह में आयोजित वर्ल्ड हेरिटेज कमिटी के 37 वे सेशन में कुम्भलगढ़ किले के साथ-साथ राजस्थान के दुसरे बहुत से किलो को भी वर्ल्ड हेरिटेज साईट घोषित किया गया। यूनेस्को ने राजस्थान के किलो की सूचि में इसे शामिल किया है। कहा जाता है की इस किले का प्राचीन नाम मछिन्द्रपुर था, जबकि इतिहासकार साहिब हकीम ने इसे माहौर का नाम दिया था। जिस कुम्भलगढ़ किले को देखते है उसका निर्माण हिन्दू सिसोदिया राजपूतो ने करवाया और वही कुम्भ पर राज करते थे। आज जिस कुम्भलगढ़ को हम देखते है उसे प्रसिद्ध आर्किटेक्ट एरा मदन ने विकसित किया था और अलंकृत किया था। राणा कुम्भ का मेवाड़ साम्राज्य रणथम्बोर से ग्वालियर तक फैला हुआ है जिनमे मध्यप्रदेश राज्य का कुछ भाग और राजस्थान भी शामिल है। कुल 84 किले उनके अधिराज्य में थे, कहा जाता है की राणा कुम्भ ने उनमे से 32 किलो को डिजाईन किया था। कुम्भलगढ़ ने मेवाड़ और मारवाड़ को भी अलग-अलग किया है और उस समय मेवाड़ के शासको द्वारा इन किलो का उपयोग किया जाता था। एक

प्रसिद्ध घटना यहाँ राजकुमार उदय को लेकर घटित हुई थी, 1535 में इस छोटे राजकुमार की यहाँ तस्करी की गयी थी, उस समय चित्तोड़ घेराबंदी में था। बाद में राजकुमार उदय ने ही उदयपुर शहर की स्थापना की थी। इसके बाद यह किला सीधे हमले के लिये अभेद्य ही रहा और एक बाद पानी की कमी की वजह से ही किले को थोड़ी क्षति पहुची थी। अम्बेर के राजा मान सिंह, मारवाड़ के राजा उदय सिंह, मुघल सम्राट अकबर और गुजरात में मिर्ज़ा के लिये पानी की कमी को पूरा करने की वजह से यहाँ पानी की कमी आयी थी। गुजरात के अहमद शाह प्रथम ने 1457 में किले पर आक्रमण किया था लेकिन उनकी कोशिश व्यर्थ गयी। स्थानिक लोगो का ऐसा मानना है की किले में स्थापित बनमाता देवी ही किले की रक्षा करती है और इसीलिए अहमद शाह प्रथम किले को तोडना चाहता था। 1818 में सन्यासियों के समूह ने किले की सुरक्षा करने का निर्णय लिया था लेकिन फिर बाद में किले पर मराठाओ ने अधिकार कर लिया था। इसके बाद किले में मेवाड़ के महाराणा ने कुछ राजस्थान पर्यटन विभाग हर साल महाराणा कुम्भ की याद में तीन दीन एक विशाल महोत्सव का आयोजन कुम्भलगढ़ में करता है। तीन दिन के इस महोत्सव में किले को रौशनी से सजाया जाता है। इस दौरान नृत्य कला, संगीत कला का प्रदर्शन भी स्थानिक लोग करते है। इस महोत्सव में दूसरी बहुत सी प्रतियोगिताओ का भी आयोजन किया जाता है जैसे की किला भ्रमण, पगड़ी बांधना, युद्ध के लिये खिंचा तानी और मेहंदी मांडना इत्यादि।राजस्थान के छः किले मुख्यतः आमेर का किला, चित्तोडगढ किला, जैसलमेर किला, कुम्भलगढ़ किला और रणथम्बोर किले को जून 2013 में पेन्ह में आयोजित वर्ल्ड हेरिटेज साईट की 37 वी मीटिंग में इन्हें यूनेस्को वर्ल्ड हेरिटेज साईट में शामिल किया गया था। राजपूताने की शान के नाम से मशहूर कुम्भलगढ़ किले से एक तरफ सैकड़ो किलोमीटर में फैले अरावली पर्वत श्रृंखला की हरियाली दिखाई देती हैं जिनसे वो घिरा हैं, वहीं दूसरी तरफ थार रेगिस्तान के रेत के टीले भी दिखते हैं। कहा जाता है की कुम्भलगढ़ किले को देश का सबसे मजबूत दुर्ग माना जाता है जिसे आज तक सीधे युद्ध में जीतना नामुमकिन है। गुजरात के अहमद शाह से लेकर महमूद ख़िलजी सभी ने आक्रमण किया लेकिन कोई भी युद्ध में इसे जीत नही सका। कुम्भलगढ़ दुर्ग राजस्थान के राजसमन्द ज़िले में स्थित एक दुर्ग है। निर्माण कार्य पूर्ण होने पर महाराणा कुम्भा ने सिक्के डलवाये जिन पर दुर्ग और उसका नाम अंकित था। वास्तुशास्त्र के नियमानुसार बनें इस दुर्ग में प्रवेश द्वार, प्राचीर, जलाशय, बाहर जाने के लिए संकटकालीन द्वार, महल, मंदिर, आवासीय इमारतें, यज्ञ वेदी, स्तम्भ, छत्रियां आदि बने है।[1]

दुर्ग का निर्माण - राणा कुंभा , 13 मई 1459 को

देश - भारत

राज्य - राजस्थान

जिला - राजसमंद

संस्थापक - महाराणा कुम्भकर्ण (कुम्भा)

ऊंचाई - 3568 फिट ऊंची चोटी

किले की दीवार - 36 किलोमीटर लंबी 21 फीट चौड़ी

इस दुर्ग का निर्माण महाराणा कुम्भा ने सन 13 मई 1459 वार शनिवार को कराया था। इस किले को 'अजयगढ' कहा जाता था क्योंकि इस किले पर विजय प्राप्त करना दुष्कर कार्य था। महाराणा प्रताप की जन्म स्थली कुम्भलगढ़ एक तरह से मेवाड़ की संकटकालीन राजधानी रहा है। महाराणा कुम्भा से लेकर महाराणा राज सिंह के समय तक मेवाड़ पर हुए आक्रमणों के समय राजपरिवार इसी दुर्ग में रहा। यहीं पर कुंवर पृथ्वीराज और राणा सांगा का बचपन बीता था। उड़वा राजकुमार कुंवर पृथ्वीराज की छतरी भी इस दुर्ग में देखी जाती है | महाराणा उदय सिंह को भी पन्ना धाय ने इसी दुर्ग में छिपा कर पालन पोषण किया था। हल्दी घाटी के युद्ध के बाद महाराणा प्रताप भी काफी समय तक इसी दुर्ग में रहे।

कुल मिलाकर दुर्ग ऐतिहासिक विरासत की शान और शूरवीरों की तीर्थ स्थली रहा है। माड गायक इस दुर्ग की प्रशंसा में अक्सर गीत गाते हैं :

कुम्भलगढ़ कटारगढ़ पाजिज अवलन फेर।

संवली मत दे साजना, बसुंज, कुम्भल्मेर॥

दुर्ग की प्राचीर 36 मील लम्बी व 7 m ही चौड़ी है जिस पर चार घुड़सवार एक साथ चल सकते हैं, इसलिए इसे भारत की महान दीवार के नाम से जाना जाता है। किले के उत्तर की तरफ का पैदल रास्ता 'टूट्या का होड़ा' तथा पूर्व की तरफ हाथी गुढ़ा की नाल में उतरने का रास्ता दाणीवहा' कहलाता है। किले के पश्चिम की तरफ का रास्ता 'हीराबारी' कहलाता है जिसमें थोड़ी ही दूर पर किले की तलहटी में महाराणा रायमल के 'कुँवर पृथ्वीराज की छतरी' बनी है, इसे 'उड़वाँ राजकुमार' के नाम से जाना जाता है। पृथ्वीराज स्मारक पर लगे लेख में पृथ्वीराज के घोड़े का नाम 'साहण' दिया गया है।किले में घुसने के लिए आरेठपोल, हल्लापोल, हनुमानपोल तथा विजयपाल आदि दरवाजे हैं। कुम्भलगढ़ के किले के भीतर एक लघु दुर्ग कटारगढ़' स्थित है जिसमें 'झाली रानी का मालिया' महल प्रमुख है।इस दुर्ग में मंदिर वास्तुकला और स्थापत्य कला दर्शनीय है। नीलकंठ महादेव मंदिर,चांमुडाली देवी का मंदिर प्राचीन काल से लेकर वर्तमान समय तक सुरक्षित

और भव्य है।

4

|| चित्तौड़गढ़ ||

||चित्तौड़गढ़||

उत्तर भारत के सबसे महत्वपूर्ण किलों में से एक चित्तौड़गढ़ का किला राजपूतों के साहस, शौर्य, त्याग, बलिदान और बड़प्पन का प्रतीक है। चित्तौड़गढ़ का यह किला राजपूत शासकों की वीरता, उनकी महिमा एवं शक्तिशाली महिलाओं के अद्वितीय और अदम्य साहस की कई कहानियों को प्रदर्शित करता है। राजस्थान के चित्तौड़गढ़ जिले में बेराच नदी के किनारे स्थित चित्तौड़गढ़ के किले को न

सिर्फ राजस्थान का गौरव माना जाता है, बल्कि यह भारत के सबसे विशालकाय किलों में से भी एक है, जिसका निर्माण 7वीं शताब्दी में मौर्य शासकों द्धारा किया गया था। करीब 700 एकड़ की जमीन में फैला यह विशाल किला अपनी भव्यता, आकर्षण और सौंदर्य की वजह से साल 2013 में यूनेस्को द्धारा विश्व धरोहर स्थल घोषित किया गया है। आपको बता दें कि इस किले के निर्माण को लेकर एक किवंदति भी है, जिसके अनुसार इस किले का निर्माण सिर्फ एक ही रात में महाभारत के समय पांच पाण्डु भाइयों में से सबसे बलशाली राजकुमार भीम ने अपने अद्भुत शक्ति का इस्तेमाल कर किया था। फिलहाल, चित्तौड़गढ़ का यह किला प्राचीन कलाकृति के सर्वोत्तम उदाहरण में से एक है चित्तौड़गढ़ में करीब 180 मीटर की पहाड़ी में स्थित यह किला भारत का सबसे विशाल किला है, जिसके निर्माण और इतिहास हजारों साल पुराना माना जाता है। इस भव्य किले के निर्माण कब और किसने करवाया इसकी कोई पुख्ता जानकारी नहीं है, लेकिन महाभारत काल में भी इस विशाल किले का होना बताया जाता था। इतिहासकारों की माने तो इस विशाल दुर्ग का निर्माण मौर्य वंश के शासकों द्धारा 7वीं शताब्दी में करवाया गया था। वहीं ऐसा भी कहा जाता है कि स्थानीय कबीले के मौर्य शासक राजा चित्रांग ने इस किले का निर्माण कर इसका नाम चित्रकोट रखा था। इसके अलावा चित्तौड़गढ़ के इस विशाल किले के निर्माण को लेकर एक किवंदती के मुताबिक इस प्राचीनतम और भव्य किले को महाभारत के भीम ने बनवाया था, वहीं भीम के नाम पर भीमताल भीमगोड़ी, समेत कई स्थान आज भी इस क़िले के अंदर बने हुए हैं। राजस्थान के मेवाड़ में गुहिल राजवंश के संस्थापक बप्पा रावल ने अपनी अदम्य शक्ति और साहस से मौर्य सम्राज्य के अंतिम शासक को युद्ध में हराकर करीब 8वीं शताब्दी में चित्तौड़गढ़ पर अपना शासन कायम कर लिया और करीब 724 ईसवी में भारत के इस विशाल और महत्वपूर्ण दुर्ग चित्तौड़गढ़ किले की 724 ईसवी में स्थापना की। वहीं इसके बाद मालवा के राजा मुंज ने इस दुर्ग पर अपना कब्जा जमा लिया और फिर यह किला गुजरात के महाशक्तिशाली शासक सिद्धराज जयसिंह के अधीन रहा। 12वीं सदी में चित्तौड़गढ़ का यह विशाल किला एक बार फिर गुहिल राजवंश के अधीन रहा। इस तरह यह दुर्ग अलग-अलग समय पर मौर्य, सोलंकी, खिलजी, मुगल, प्रतिहार, चौहान, परमार वंश के शासकों के अधीन रह चुका है। राजस्थान की शान माने जाने वाले चित्तौड़गढ़ के इस ऐतिहासिक किले पर कई हमले और युद्ध भी किए गए, लेकिन समय-समय पर राजपूत शासकों ने अपने अदम्य साहस का परिचय देते हुए इस किले की सुरक्षा की। चित्तौड़गढ़ किले पर 15वीं से 16वीं शताब्दी के बीच 3 बार कई घातक

आक्रमण हुए अलाउद्दीन खिलजी ने किया चित्तौड़गढ़ दुर्ग पर आक्रमण :1303 ईसवी में अल्लाउद्दीन खिलजी ने इस किले पर आक्रमण किया था। दरअसल, रानी पद्मावती की खूबसूरती को देखकर अलाउद्धीन खिलजी उन पर मोहित हो गया, और वह रानी पद्मावती को अपने साथ ले जाना चाहता था, लेकिन रानी पद्मावती के साथ जाने से मना करने जिसके चलते अलाउद्दीन खिलजी ने इस किले पर हमला कर दिया। जिसके बाद अपनी खूबसूरती के लिए प्रसिद्ध रानी पद्मिनी के पति राजा रतन सिंह और उनकी सेना ने अलाउद्धीन खिलजी के खिलाफ वीरता और साहस के साथ युद्ध लड़ा,लेकिन उन्हें इस युद्ध में पराजित होना पड़ा। वहीं निर्दयी शासक अलाउद्दीन खिलजी से युद्द में हार जाने के बाद भी रानी पद्मावती ने हिम्मत नहीं हारी और उन्होंने राजपूतों की शान, स्वाभिमान और अपनी मर्यादा के खातिर इस किले के विजय स्तंभ के पास करीब 16 हजार रानियों, दासियों व बच्चों के साथ "जौहर" या सामूहिक आत्मदाह किया। वहीं आज भी इस किले के परिसर के पास बने विजय स्तंभ के पास यह जगह जौहर स्थली के रुप में पहचानी जाती है। इसे इतिहास का सबसे पहला और चर्चित जौहर स्थल भी माना जाता है। इस तरह अलाउद्दीन खिलजी की रानी पद्मावती को पाने की चाहत कभी पूरी नहीं हो सकी एवं चित्तौड़गढ़ का यह विशाल किला राजपूत शासकों एवं महलिओं के अद्वितीय साहस, राष्ट्रवाद एवं बलिदान को एक श्रद्धांली है। गुजरात के शासक बहादुर शाह ने किया चित्तौड़गढ़ दुर्ग पर आक्रमण चित्तौड़गढ़ के इस विशाल दुर्ग पर 1535 ईसवी में गुजरात के शासक बहादुर शाह ने आक्रमण किया और विक्रमजीत सिंह को हराकर इस किले पर अपना अधिकार जमा लिया। तब अपने राज्य की रक्षा के लिए रानी कर्णावती ने उस समय दिल्ली के शासक हुमायूं को राखी भेजकर मद्द मांगी, एवं उन्होंने दुश्मन सेना की अधीनता स्वीकार नहीं की एवं रानी कर्णावती ने अपने अदम्य साहस का परिचय देते हुए करीब 13 हजार रानियों के साथ "जौहर" या सामूहिक आत्मदाह कर दिया। इसके बाद उनके बेटे उदय सिंह को चित्तौड़गढ़ का शासक बनाया गया। मुगल बादशाह अकबर ने किया चित्तौड़गढ़ दुर्ग पर हमला मुगल शासक अकबर ने 1567 ईसवी में चित्तौड़गढ़ किले पर हमला कर अपना आधिपत्य स्थापित कर लिया। वहीं राजा उदयसिंह ने इसके खिलाफ संघर्ष नहीं किया और इसके बाद उन्होंने पलायन कर दिया, और फिर उदयपुर शहर की स्थापना की। हालाकिं, जयमाल और पत्ता के नेतृत्व में राजपूतों ने अकबर के खिलाफ अपने पूरे साहस के साथ लड़ाई लड़ी, लेकिन वे इस युद्ध को जीतने में असफल रहे, वहीं इस दौरान जयमाल, पत्ता समेत कई राजपूतों को अपनी जान तक गंवानी पड़ी थी।

वहीं इसके बाद मुगल सम्राट अकबर ने चित्तौड़गढ़ के इस किले पर अपना कब्जा कर लिया और उसकी सेना ने इस किले को जमकर लूटा और नुकसान पहुंचाने की भी कोशिश की। जिसके बाद पत्ता की पत्नी रानी फूल कंवर ने हजारों रानियों के साथ "जौहर" या सामूहिक आत्मदाह किया। वहीं इसके बाद 1616 ईसवी में मुगल सम्राट जहांगीर ने चित्तौड़गढ़ के किले को एक संधि के तहत मेवाड़ के महाराजा अमर सिंह को वापस कर दिया। वहीं वर्तमान में भारत के इस सबसे बड़े किले के अवशेष इस जगह के समृद्ध इतिहास की याद दिलाते हैं। राजस्थान का गौरव माना जाने वाला यह चित्तौड़गढ़ का विशाल दुर्ग करीब 700 एकड़ के क्षेत्रफल में फैला हुआ है। वहीं करीब 13 किलोमीटर की परिधि में बना यह भारत का सबसे विशाल और आर्कषक दुर्गों में से एक है। चित्तौड़गढ़ में यह किला गंभीरी नदी के पास और अरावली पर्वत शिखर पर सतह से करीब 180 मीटर की ऊंचाई पर बना हुआ है। राजपूतों के शौर्यता का प्रतीक माने जाने वाले इस विशाल दुर्ग के अंदर कई ऐतिहासिक स्तंभ, पवित्र मंदिर, विशाल द्धार आदि बने हुए हैं, जो कि इस दुर्ग की शोभा को और अधिक बढ़ाते हैं। बता दें कि चित्तौड़गढ़ के इस विशाल किले तक पहुंचने के लिए 7 अलग-अलग प्रवेश द्धार से होकर गुजरना पड़ता है, जिसमें पेडल पोल, गणेश पोल, लक्ष्मण पोल, भैरों पोल, जोरला पोल, हनुमान पोल, और राम पोल आदि द्वार के नाम शामिल हैं। वहीं इसके बाद मुख्य द्धार सूर्य पोल को भी पार करना पड़ता है। यह ऐतिहासिक और भव्य दुर्ग के परिसर में करीब 65 ऐतिहासिक और बेहद शानदार संरचनाएं बनी हुई हैं, जिनमें से 19 मुख्य मंदिर, 4 बेहद आर्कषक महल परिसर, 4 ऐतिहासिक स्मारक एवं करीब 20 कार्यात्मक जल निकाय शामिल हैं। इन सभी के अलावा 700 एकड़ क्षेत्रफल में फैले भारत के इस विशाल दुर्ग के अंदर सम्मिदेश्वरा मंदिर, मीरा बाई मंदिर, नीलकंठ महादेव मंदिर, श्रृंगार चौरी मंदिर, जैन मंदिर, गणेश मंदिर, कुंभ श्याम मंदिर, कलिका मंदिर, और विजय स्तंभ (कीर्ति स्तंभ) भी शोभायमान है, जो कि न सिर्फ इस विशाल किले के आर्कषण को और भी अधिक बढ़ा रहे हैं, बल्कि राजपूत वंश के गौरवशाली अतीत को भी दर्शाते हैं। चित्तौड़गढ़ के इस विशाल किले के अंदर मंदिर, जलाशयों और विजय स्तंभों के साथ-साथ कई बेहद सुंदर महल भी बने हुए हैं। किले के अंदर बने राणा कुंभा, पद्धमिनी और फतेह प्रकाश महल इस किले की सुंदरता और आर्कषण को और अधिक बढ़ा रहे हैं। आपको बता दें कि फतेह प्रकाश पैलेस में मध्यकाल में इस्तेमाल किए जाने वाले अस्त्र-शस्त्र, मूर्तियां, कला समेत कई पुरामहत्व वाली वस्तुओं का बेहतरीन संग्रह किया गया है। इसके साथ ही इस ऐतिहासिक महल के अंदर झीना रानी महल के पास बने शानदार गौमुख कुंड भी

इस किले के प्रमुख आर्कषणों में से एक है। यही नहीं चित्तौड़गढ़ किले के अंदर बने जौहर कुंड का भी अपना अलग ऐतिहासिक महत्व है। इस शानदार कुंड को देखने दूर-दूर से पर्यटक आते हैं। इस किले में बने जौहर कुंड में अपने स्वाभिमान और सम्मान को बचाने के लिए रानी पद्मावती, रानी कर्णाती एवं रानी फूलकंवर ने खुद को अग्नि में न्यौछावर या जौहर (आत्मदाह) कर दिया था। इसके साथ ही भारत के इस ऐतिहासिक और विशाल किले के परिसर में बने शानदार जलाशय (तालाब) भी इस दुर्ग की शोभा बढ़ाते हैं। इतिहासकारों की माने तो पहले इस किले के अंदर पहले करीब 84 सुंदर जलाशय थे, जिसमें से केवल वर्तमान में महज 22 ही बचे हुए हैं। जिनका अपना एक अलग धार्मिक महत्व है। भारत के इस विशाल चित्तौड़गढ़ दुर्ग को अगर विहंगम दृश्य से देखा जाए तो यह मछली की आकार की तरह प्रतीत होता है। मौर्यकाल में बने इस शानदार किले को राजपूताना और सिसोदियन वास्तुशैली का इस्तेमाल कर बनाया गया है, जो कि प्राचीनतम कृति का अनूठा नमूना है, साथ ही राजपूतों की अदम्य शौर्य, शक्ति और महिलाओं के अद्वितीय साहस का प्रतीक है :

1.विजय स्तंभ – राजस्थान के चित्तौड़गढ़ जिले के अंदर बना विजय स्तंभ इस किले के प्रमुख आर्कषण एवं दर्शनीय स्थलों में से एक है। इस स्तंभ को मालवा के सुल्तान महमूद शाह की खिलजी ऊपर जीत के जश्न में बनाया गया था। इस अनूठी वास्तुशैली से निर्मित विजय स्तंभ को शक्तिशाली शासक राणा कुंभा द्वारा बनवाया गया था। करीब 37.2 मीटर ऊँची इस अद्भुत संरचना के निर्माण में करीब 10 साल का लंबा समय लगा था। विजय स्तंभ की सबसे ऊपरी एवं नौवीं मंजिल पर घुमावदार सीढ़ियों से पहुंचा जा सकता है, वहीं इससे चित्तौड़गढ़ शहर का अद्भुत नजारा देख सकते हैं।

2.कीर्ति स्तंभ (टॉवर ऑफ फ्रेम) – भारत के इस विशाल दुर्ग के परिसर में बना कीर्ति स्तंभ या (टॉवर ऑफ फ्रेम) भी इस किले की सुंदरता को बढ़ा रहा है। 22 मीटर ऊंचे इस अनूठे स्तंभ का निर्माण जैन व्यापारी जीजा जी राठौर द्वारा दिया गया था। पहले जैन तीर्थकर आदिनाथ को समर्पित इस स्तंभ को जैन मूर्तियों से बेहद शानदार तरीके से सजाया गया है। इस भव्य मीनार के अंदर कई तीर्थकरों की मूर्तियां भी स्थापित हैं। इस तरह कीर्ति स्तंभ का ऐतिहासिक महत्व होने के साथ-साथ धार्मिक महत्व भी है।

3.राणा कुंभा महल –राजपूतों के अदम्य साहस का प्रतीक माने जाने वाले इस विशाल चित्तौड़गढ़ के दुर्ग के परिसर में बना राणा कुंभा महल भी इस किले के प्रमुख दर्शनीय स्थलों में से एक है।यह अति रमणीय महल विजया स्तंभ के प्रवेश

द्धार के पास स्थित है, इस महल को चित्तौड़गढ़ किले का सबसे प्राचीन स्मारक भी माना जाता है। वहीं उदयपुर नगरी को बसाने वाले राजा उदय सिंह का जन्म इसी महल में हुआ था।राणा कुंभा महल में मुख्य प्रवेश द्धार सूरल पोल के माध्यम से भी घुसा जा सकता है। राणा कुंभा पैलेस में ही मीरा बाई समेत कई प्रसिद्ध कवि भी रहते थे। इस महल में कई सुंदर मूर्तियां भी रखी गई हैं, जो कि इस महल के आर्कषण को और अधिक बढ़ा रही हैं।

4.रानी पद्मिनी महल – राजस्थान की शान माने जाने वाले चित्तौड़गढ़ किले का यह बेहद खूबसूरत और आर्कषक महल है। पद्मिनी पैलेस इस किले के दक्षिणी हिस्से में एक सुंदर सरोवर के पास स्थित है। पद्मिनी महल एक तीन मंजिला इमारत है, जिसके शीर्ष को मंडप द्धारा सजाया गया है। अद्भुत वास्तुशैली से निर्मित यह महल पानी से घिरा हुआ है, जो कि देखने में बेहद रमणीय लगता है। 19 वीं सदी में पुर्ननिर्मित इस आर्कषक महल पर अलाउद्दीन खिलजी को रानी पद्मावती ने अपनी एक झलक दिखाने की इजाजत दी थी।

5.कुंभश्याम मंदिर – भारत के इस सबसे विशाल किले के दक्षिण भाग में मीराबाई को समर्पित कुंभश्याम मंदिर बना हुआ है।राजपूतों की गौरव गाथा की याद दिलाता भारत के इस विशाल दुर्ग के अंदर राजस्थान पर्यटन विभाग द्धारा साउंड और लाइट शो भी शुरु किया गया। वहीं इस शो को देखने दूर-दूर से सैलानी आते हैं।

चित्तौड़गढ़ किला भारत के सबसे बड़े किलों में से एक है, जिसे यूनेस्को द्धारा वर्ल्ड हेरिटेज साईट में भी शामिल किया गया है। सातवीं शताब्दी में मौर्य शासकों द्धारा निर्मित इस विशाल किले का निर्माण मौर्य शासक चित्रांगदा मोरी के नाम पर चित्तौड़गढ़ पड़ा। वहीं एक प्राचीन समय में इस किले को मेवाड़ की राजधानी माना जाता था।चित्तौड़गढ़ के इस विशाल और आर्कषक किले का इस्तेमाल 8वीं से 16वीं सदी तक राजस्थान के मेवाड़ पर शासन करने वाले सिसोदिया एवं गहलोत राजवंशों ने अपने निवासस्थान के रुप में किया था।चित्तौड़गढ़ किले के अंदर प्राचीन समय में करीब 1 लाख से भी ज्यादा लोग रहते थे। 180 मीटर ऊंची पहाड़ी पर स्थित भारत के इस विशालकाय दुर्ग में राजस्थान में लगने वाले राजपूतों के सबसे बड़े "जौहर मेले" का भी आयोजन किया जाता है।राजस्थान के चित्तौड़गढ़ जिले की अरावली पहाड़ी पर स्थित यह विशालकाय किला महिलाओं का प्रमुख जौहर स्थल भी माना जाता था। जौहर प्रथा, एक प्रकार की सती प्रथा की तरह ही थी, लेकिन इस प्रथा का इस्तेमाल तब किया जाता था,जब कोई सम्राट किसी युद्ध में दुश्मनों से हार जाता था, तब सम्राटों की पत्नियां एवं दासियां विरोधी राजाओं से खुद को

बचाने कि लिए एवं अपने, सम्मान, मर्यादा और स्वाभिमान को रखने के लिए खुद को जौहर कुंड की अग्नि में न्योछावर कर देती थी। चित्तौड़गढ़ के किले को विहंगम दृश्य से देखा जाए तो यह मछली का आकार का प्रतीत होता है। इस विशालकाय किले को चित्तौर, चित्तौरगढ़, और चितोड़गढ़ समेत अन्य नामों से भी जाना जाता है। इस दुर्ग को चित्रकूट नामक पहाड़ी पर बनाया गया है । यह राज्य का दक्षिणी-पूर्वी द्वार है । इस के बारे में कहा जाता है कि "गढ तो चित्तौड़गढ़ बाकी सब गढैया । जयमल की हवेली चित्तौड़गढ़ दुर्ग में है इस हवेली का निर्माण महाराजा उदयसिंह के काल में हुआ ।भैरव पोल के पास ही वीर कल्ला राठौड़ की छतरी स्थित है इस दुर्ग में विष्णु के वराह अवतार का कुम्भश्याम मंदिर है इसका निर्माण महाराणा कुम्भा ने किया है । इस दुर्ग को प्राचीन किलों का सिरमौर कहा जाता है ।

चित्तौड़गढ़ दुर्ग गंभीरी और बेड़च नदियों के संगम पर स्थित है ।चित्तौड़गढ़ दुर्ग में सात मंजिला जैन कीर्ति स्तम्भ है, माना जाता है कि इसका निर्माण बघेरवाल जैन जीजा द्वारा करवाया गया है । चित्तौड़ दुर्ग को समुद्र तल से ऊँचाई लगभग 1850 फीट है । चित्तौढ़ दुर्ग की रक्षा करते हुए वीरगति को प्राप्त होने वाले जयमल और फत्ता की वीरता से प्रसन्न होकर अकबर ने आगरा के किले के प्रवेश द्वार पर इनकी हाथी पर सवार संगमरमर की प्रतिमाए स्थापित करवाई । इस दुर्ग में प्रमुख जल स्त्रोत भीमलत कुंड, रामकुंड व चित्रांगद मोरी तालाब है । यह दुर्ग सबसे बड़ा लिविंग फोर्ट है । गुहिलों ने नागदा के विनाश के बाद इसे अपनी राजधानी भी बनाया था ,इस दुर्ग में कृषि की जाती है । यह राज्य का सबसे बड़ा दुर्ग है । चित्तौड़गढ़ दुर्ग के उत्तरी दिशा में स्थित खिड़की को लाखोटा की बारी के नाम से जाना जाता है ।इस दुर्ग में लघु दुर्ग के रूप में नौ कोटा मकान या नवलखा भंडार बना है, जिसका निर्माण राणा बनवीर ने करवाया था ।चित्तौड़ दुर्ग में एक जल यंत्र (अरहट) स्थित है । माना जाता है कि भीम ने महाभारत काल में अपने घुटने के बल से यहाँ पानी निकाला था ।

पाडन पोल : यह दुर्ग का प्रथम प्रवेश द्वार है। कहा जाता है कि एक बार भीषण युद्ध में खून की नदी बह निकलने से एक पाड़ा (भैंसा) बहता-बहता यहाँ तक आ गया था। इसी कारण इस द्वार को पाडन पोल कहा जाता है। जब चित्रकूट पराधीन हो गया तब यहाँ के वीरयोद्दा गाडीलोहरो ने प्रतिज्ञा ली थी जब तक चित्रकूट स्वतंत्र न हो जाये तब तक वे 1. इस दुर्ग पर नहीं चढेगे 2. घर बना कर नहीं रहेंगे 3. पिने के लिए पानी का रस्सा नहीं रखेंगे 4. मिट्टी के बर्तन में ही खायेगे ... जेसी प्रतिज्ञाए ली थी ,जन्म भूमि के प्रति देशभक्ति एवं स्वामी भक्ति की मिसाल कायम की और तब से अब ये स्वतंता प्रेमी बेलगाडी में ही घर बना कर देश के

कोने कोने में तब से अब तक गुमनाम भटक रहे है कि गथा का प्राचीन सुरक्षित स्मारक पाडन पोल के समीप ही इन गाडीलोहारो की देश के प्रति देशभक्ति और बलिदान की गोरव गाथा को बताता है। भैरव पोल : पाडन पोल से थोड़ा उत्तर की तरफ चलने पर दूसरा दरवाजा आता है, जिसे भैरव पोल के रूप में जाना जाता है। इसका नाम देसूरी के सोलंकी भैरोंदास के नाम पर रखा गया है, जो सन् 1534 में गुजरात के सुल्तान बहादुर शाह से युद्ध में मारे गये थे। मूल द्वार टूट जाने के कारण महाराणा फतहसिंह जी ने इसका पुनर्निर्माण कराया था। हनुमान पोल: दुर्ग के तृतीय प्रवेश द्वार को हनुमान पोल कहा जाता है। क्योंकि पास ही हनुमान जी का मंदिर है। हनुमान जी की प्रतिमा चमत्कारिक एवं दर्शनीय हैं।गणेश पोल : हनुमान पोल से कुछ आगे बढ़कर दक्षिण की ओर मुड़ने पर गणेश पोल आता है, जो दुर्ग का चौथा द्वार है। इसके पास ही गणपति जी का मंदिर है। जोड़ला पोल : यह दुर्ग का पाँचवां द्वार है और छठे द्वार के बिल्कुल पास होने के कारण इसे जोड़ला पोल कहा जाता है। लक्ष्मण पोल : दुर्ग के इस छठे द्वार के पास ही एक छोटा सा लक्ष्मण जी का मंदिर है जिसके कारण इसका नाम लक्ष्मण पोल है। राम पोल : लक्ष्मण पोल से आगे बढ़ने पर एक पश्चिमाभिमुख प्रवेश द्वार मिलता है, जिससे होकर किले के अन्दर प्रवेश कर सकते हैं। यह दरवाजा किला का सातवां तथा अन्तिम प्रवेश द्वार है। इस दरवाजे के बाद चढ़ाई समाप्त हो जाती है। इसके निकट ही महाराणाओं के पूर्वज माने जाने वाले सूर्यवंशी भगवान श्री रामचन्द्र जी का मंदिर है। यह मंदिर भारतीय स्थापत्य कला एवं हिन्दू संस्कृति का उत्कृष्ट प्रतीक है। दरवाजे से प्रवेश करने के बाद उत्तर वाले मार्ग की ओर बस्ती है तथा दक्षिण की ओर जाने वाले मार्ग से किले के कई दर्शनीय स्थल दिखते हैं। रावत बाघसिंह का स्मारक : दुर्ग के प्रथम द्वार पाडन पोल के बाहर के चबूतरे पर ही रावत बाघसिंह का स्मारक बना हुआ है। महाराणा विक्रमादित्य के राज्यकाल में, सन् 1535 में यहाँ की अव्यवस्था से प्रेरित हो गुजरात के सुल्तान बहादुरशाह ने चित्तौड़ पर आक्रमण कर दिया। उस समय बालक होने के कारण हाड़ी रानी कर्मवती ने विक्रमादित्य व उदयसिंह को बूंदी भेजकर मेवाड़ के सरदारों को किले की रक्षा का कार्यभार सौंप दिया। प्रतापगढ़ के रावत बाघसिंह ने मेवाड़ का राज्य चिन्ह धारण कर महाराणा विक्रमादित्य का प्रतिनिधित्व किया तथा लड़ता हुआ इसी दरवाजे के पास वीरगति को प्राप्त हुआ। उसी वीर की स्मृति में यह स्मारक बनाया गया है। जयमल और कल्ला की छतरियाँ – भैरव पोल के पास ही दाहिनी ओर दो छतरियाँ बनी हुई है। प्रथम चार स्तम्भों वाली छत्री प्रसिद्ध राठौड़ जैमल जयमल बदनोर के राजा) के कुटुंबी कल्ला की है तथा दूसरी, छः स्तम्भों वाली

छत्री स्वयं जैमल की है, जिसके पास ही दोनों राठौड़ मारे गये थे। सन् 1567 में जब बादशाह अकबर पर चढ़ाई की, उस समय सीसोदिया पता तथा मेड़तिया राठौर जैमल, दोनों महाराणा, उदयसिंह की अनुपस्थिति में दुर्ग के रक्षक नियुक्त हुए थे। इसी तीसरे शाके की लड़ाई के दिनों में एक रात्रि जब जैमल एक टूटी दीवार की मरम्मत करा रहे थे, उस समय अकबर की गोली से उनकी एक टांग बेकार हो गयी। लंगड़े जैमल को कल्ला ने अपने कंधों पर बिठाकर दूसरे दिन के युद्ध में उतारा था। उन दोनों ने मिलकर शत्रु सेना पर कहर ढा दिया। अन्त में दोनों भिन्न-भिन्न स्थानों पर वीरगति को प्राप्त हो गये। ये छतरियाँ उन्हीं की गौरवगाथाओं की याद दिलाती हैं। पत्ता का स्मारक : रामपोल में प्रवेश करते ही सामने की तरफ लगभग ५० कदम की दूरी पर स्थित चबूतरे पर सीसोदिया पता के स्मारक का पत्थर है। आमेर के रावतों के पूर्वज पत्ता सन् 1568 में अकबर की सेना से लड़ते हुए इसी स्थान पर वीरगति को प्राप्त हुए थे। कहा जाता है कि युद्ध भूमि में एक पागल हाथी ने युद्धरत पत्ता को सूंड में पकड़कर जमीन पर पटक दिया जिससे उनकी मृत्यु हो गयी। कुकड़ेश्वर का कुण्ड तथा कुकड़ेश्वर का मंदिर : रामपोल से प्रवेश करने के बाद सड़क उत्तर की ओर मुड़ती है। उससे थोड़ी ही दूर पर दाहिनी ओर कुकड़ेश्वर का कुंड है, जिसके ऊपर के भाग में कुकड़ेश्वर का मंदिर है। किंवदन्तियों के अनुसार ये दोनों रचनाएं महाभारत कालीन है तथा पाण्डव पुत्र भीम से जुड़ी हैं। हिंगलू आहाड़ा के महल तथा रत्नेश्वर तालाब :– कुकड़ेश्वर मंदिर से आगे बढ़ने पर दाहिनी तरफ सड़क से कुछ दूर हिंगलू आहाड़ा के महल हैं। आहाड़ में रहने के कारण मेवाड़ के राजाओं का उपनाम आहाड़ा हुआ। डूंगरपुर तथा बांसवाड़े के राजा भी आहाड़ा कहलाते रहे। हिंगलू, डूंगरपुर का आहाड़ा सरदार था और इन महलों में रहता था, जिससे ये महल हिंगलू आहाड़ा के महल कहलाये। बूंदीवालों का हाड़ा के रूप में नाम प्रसिद्ध हो जाने से लोग इन महलों कोहिंगलू हाड़ा के महल कहने लगे। इन महलों में महाराणा रत्नसिंह रहते थे। इसके पास बना तालाब महाराणा ने खुद बनवाया था, जो रत्नेश्वर का कुंड (रत्नेश्वर तालाब) के नाम से जानी जाती है। तालाब के पश्चिमी किनारे पर रत्नेश्वर महादेव का एक प्राचीन मंदिर है। लाखोटा की बारी : रत्नेश्वर कुंड से थोड़ी दूर पर पहाड़ी के पूर्वी किनारे के समीप लाखोटा की बारी है। यह एक छोटा सा दरवाजा है, जिससे दुर्ग के नीचे जा सकते हैं। कहा जाता है कि इसी द्वार के पास अकबर की गोली से जयमल लंगड़ा हो गया था। महावीर स्वामी का मंदिर : जैन कीर्ति स्तम्भ के निकट ही महावीर स्वामी का मन्दिर है। इस मंदिर का जीर्णोद्धार महाराणा कुम्भा के राज्यकाल में ओसवाल महाजन गुणराज ने करवाया थ। हाल ही में

जीर्ण-शीर्ण अवस्था प्राप्त इस मंदिर का जीर्णोद्धार पुरातत्व विभाग ने किया है। इस मंदिर में कोई प्रतिमा नहीं है। नीलकंठ महादेव का मंदिर : महावीर स्वामी के मंदिर से थोड़ा आगे बढ़ने पर नीकण्ठ महादेव का मंदिर आता है। कहा जाता है कि महादेव की इस विशाल मूर्ति को पाण्डव भीम अपने बाजूओं में बांधे रखते थे। सूरजपोल तथा चूड़ावत साँई दास का स्मारक : नीलकंठ महादेव के मंदिर के बाद किले के पूरब की तरफ एक दरवाजा है, जो सूरज पोल के नाम से जाना जाता है। यहाँ से दुर्ग के नीचे मैदान में जाने के लिए एक रास्ता बना हुआ है। इस दरवाजे के पास ही एक चबूतरा बना है, जो संलूबर के चंडावत सरदार रावत साईदास जी का स्मारक है। वे सन् 1568 में अकबर की सेना के विरुद्ध लड़ते हुए वीरगति को प्राप्त हुए थे। अद्बद्जी का मंदिर : रावत साँईदास के स्मारक से दक्षिण की तरफ जाने पर दाहिनी ओर अद्बद् (अद्भुतजी) का मंदिर है, जिसे महाराणा रायमल ने सन् 1394 में बनवाया था। जीर्ण-शीर्ण अवस्था प्राप्त इस मंदिर की स्थापत्य कला दर्शनीय है। मंदिर में शिवलिंग है तथा उसके पीछे दीवार पर महादेव की विशाल त्रिमूर्ति है, जो देखने में समीधेश्वर मंदिर की प्रतिमा से मिलती है। अद्भुत प्रतिमा के कारण ही इस मंदिर को अद्बद् जी का मंदिर कहा जाता है। राजटीला तथा चत्रंग तालाब : अद्बद्जी के मंदिर से थोड़ी ही दूरी पर राजटीला नामक एक ऊँचा स्थान है। कहा जाता है कि यहीं पहले मौर्यवंशी शासक मान के महल थे। कुछ लोगों का मानना है कि प्राचीन काल में राजाओं का राज्याभिषेक इसी स्थान पर हुआ करता था। इस स्थान के पास से सड़क पश्चिम की ओर मुड़ जाती है। सड़क के पश्चिमी सिरे के पास चित्रांगद मौर्य का निर्माण कराया हुआ तालाब है, जिसको चत्रंग कहते हैं। यहाँ से अनुमानतः पौने मील दक्षिण मं। चित्तौड़ की पहाड़ी समाप्त हो जाती है और उसके नीचे कुछ ही दूरी पर चित्तोड़ी नाम की एक छोटी पहाड़ी है। चित्तौड़ी बूर्ज व मोहर मगरी : दुर्ग का अंतिम दक्षिणी बूर्ज चित्तौड़ी बूर्ज कहलाता है और इस बूर्ज के 150 फीट नीचे एक छोटी-सी पहाड़ी (मिट्टी का टीला) दिखाई पड़ती है। यह टीला कृत्रिम है और कहा जाता है सन् 1567 ई. में अकबर ने जब चित्तौड़ पर आक्रमण किया था, तब अधिक उपयुक्त मोर्चा इसी स्थान को माना और उस मगरी पर मिट्टी डलवा कर उसे ऊँचा उठवाया, ताकि किले पर आक्रमण कर सके। प्रत्येक मजदूर को प्रत्येक मिट्टी की टोकरी हेतु एक-एक मोहर दी गई थी। अतः इसे मोहर मगरी कहा जाता है। चित्तौड़गढ़ भारत के राजस्थान राज्य के चित्तौड़गढ़ ज़िले में स्थित एक नगर है। यह जिले का मुख्यालय है। यह मेवाड़ की प्राचीन राजधानी थी। भारत के वीर पुत्र महाराणा प्रताप यहां के राजा थे। इसे महाराणा प्रताप का गढ तथा जौहर का गढ़ भी कहा जाता है। यहाँ 3 जौहर हुए है

।[1][2] चित्तौड़गढ़ शूरवीरों का शहर है जो पहाड़ी पर बने दुर्ग के लिए प्रसिद्ध है। चित्तौड़गढ़ की प्राचीनता का पता लगाना कठिन कार्य है, किन्तु माना जाता है कि महाभारत काल में महाबली भीम ने अमरत्व के रहस्यों को समझने के लिए इस स्थान का दौरा किया और एक पंडित को अपना गुरु बनाया, किन्तु समस्त प्रक्रिया को पूरी करने से पहले अधीर होकर वे अपना लक्ष्य नहीं पा सके और प्रचण्ड गुस्से में आकर उसने अपना पाँव जोर से जमीन पर मारा, जिससे वहाँ पानी का स्रोत फूट पड़ा, पानी के इस कुण्ड को भीम-ताल कहा जाता है; बाद में यह स्थान मौर्य अथवा मौर वंश के अधीन आ गया, इसमें भिन्न-भिन्न राय हैं कि यह मेवाड़ शासकों के अधीन कब आया, किन्तु राजधानी को उदयपुर ले जाने से पहले 1568 तक चित्तौड़गढ़ मेवाड़ की राजधानी रहा। यह माना जाता है गुलिया वंशी बप्पा रावल ने 8वीं शताब्दी के मध्य में अंतिम सोलंकी राजकुमारी से विवाह करने पर चितौढ़ को दहेज के एक भाग के रूप में प्राप्त किया था, बाद में उसके वंशजों ने मेवाड़ पर शासन किया जो 16वीं शताब्दी तक गुजरात से अजमेर तक फैल चुका था।

अजमेर से खण्डवा जाने वाली ट्रेन के द्वारा रास्ते के बीच स्थित चित्तौरगढ़ जंक्शन से करीब 2 मील उत्तर-पूर्व की ओर एक अलग पहाड़ी पर भारत का गौरव राजपूताने का सुप्रसिद्ध चित्तौड़गढ़ का किला बना हुआ है। समुद्र तल से 1337 फीट ऊँची भूमि पर स्थित 600 फीट ऊँची एक विशाल (ह्वेल मछली) आकार में, पहाड़ी पर निर्मित यह दुर्ग लगभग 3 मील लम्बा और आधे मील तक चौड़ा है। पहाड़ी का घेरा करीब 7 मील का है तथा यह कुल 601 एकड़ भूमि पर बसा है। चित्तौड़गढ़, वह वीरभूमि है जिसने समूचे भारत के सम्मुख शौर्य, देशभक्ति एवम् बलिदान का अनूठा उदाहरण प्रस्तुत किया। यहाँ के असंख्य राजपूत वीरों ने अपने देश तथा धर्म की रक्षा के लिए असिधारारुपी तीर्थ में स्नान किया। वहीं राजपूत वीरांगनाओं ने कई अवसर पर अपने सतीत्व की रक्षा के लिए अपने बाल-बच्चों सहित जौहर की अग्नि में प्रवेश कर आदर्श उपस्थित किये। इन स्वाभिमानी देशप्रेमी योद्धाओं से भरी पड़ी यह भूमि पूरे भारत वर्ष के लिए प्रेरणा स्रोत बनकर रह गयी है। यहाँ का कण-कण हममें देशप्रेम की लहर पैदा करता है। यहाँ की हर एक इमारतें हमें एकता का संकेत देती हैं। इस किले ने इतिहास के उतार-चढाव देखे हैं, यह इतिहास की सबसे खूनी लड़ाईयों का गवाह है, इसने तीन महान आख्यान और पराक्रम के कुछ सर्वाधिक वीरोचित कार्य देखे हैं, जो अभी भी स्थानीय गायकों द्वारा गाये जाते हैं। यह भवन राणा पूंजा के मेवाड़ के इतिहास में महत्वपूर्ण योगदान को याद रखने हेतु व शिक्षा के प्रसार हेतु निर्मित किया गया है।

बीका खोह

चत्रंग तालाब के समीप ही बीका खोह नामक बूर्ज है। सन् १५३७ ई. में गुजरात के सुल्तान बहादुरशाह के आक्रमण के समय लबरी खाँ फिरंगी ने सुरंग बनाकर किले की ४५ हाथ लम्बी दीवार विस्फोट से उड़ा दी थी तथा दुर्ग रक्षा के लिए नियुक्त बून्दी के अर्जुन हाड़ा अपने ५०० वीर सैनिकों सहित वीरगति को प्राप्त हुए

भाक्सी

चत्रंग तालाब से थोड़ी दूर उत्तर की तरफ आगे बढ़ने पर दाहिनी ओर चहारदीवारी से घिरा हुआ एक थोड़ा-सा स्थान है, जिसे बादशाह की भाक्सी कहा जाता है। कहा जाता है कि इस इमारत में, जिसे महाराणा कुम्भा ने सन् १४३३ में बनवाया था, मालवा के सुल्तान महमूद को गिरफ्तार कर रखा था।

घोड़े दौड़ाने के चौगान

भाक्सी से आगे कुछ अन्तर पर पश्चिम की तरफ बून्दी, रामपुरा तथा सलूम्बर की हवेलियों के खण्डहर दीख पड़ते हैं। इसी के पूर्व में पुराना चौगान है, जहाँ पहले सेना की कवायद हुआ करती थी। इसी को लोग घोड़े दौड़ाने का चौगान कहते है।

पद्मिनी का महल

पद्मिनी का महल चौगान के निकट ही एक झील के किनारे रावल रत्नसिंह की रानी पद्मिनी के महल बने हुए हैं। एक छोटा महल पानी के बीच में बना है, जो जनाना महल कहलाता है व किनारे के महल मरदाने महल कहलाते हैं। मरदाना महल में एक कमरे में एक विशाल दर्पण इस तरह से लगा है कि यहाँ से झील के मध्य बने जनाना महल की सीढ़ियों पर खड़े किसी भी व्यक्ति का स्पष्ट प्रतिबिम्ब दर्पण में नजर आता है, परन्तु पीछे मुड़कर देखने पर सीढ़ी पर खड़े व्यक्ति को नहीं देखा जा सकता।

खातन रानी का महल

पद्मिनी महल के तालाब के दक्षिणी किनारे पर एक पुराने महल के खण्डहर हैं, जो खातन रानी के महल कहलाते हैं। महाराणा क्षत्र सिंह ने अपनी रुपवती उपपत्नी खातन रानी के लिए यह महल बनवाया था। इसी रानी से चाचा तथा मेरा नाम के दो पुत्र थे, जिसने सन् १४३३ में महाराणा मोकल की हत्या कर दी थी।

गोरा - बादल की घुमरें

पद्मिनी महल से दक्षिण-पूर्व में दो गुम्बदाकार इमारतें हैं, जिसे लोग गोरा और बादल के महल के रूप में जानते हैं। गोरा महारानी पद्मिनी का चाचा था तथा बादल चचेरा भाई था। रावल रत्नसिंह को अलाउद्दीन के खेमे से निकालने के बाद युद्ध में पाडन पोल के पास गोरा वीरगति को प्राप्त हो गये और बादल युद्ध में

१२ वर्ष की अल्पायु में ही वीर गति को प्राप्त हो गये थे। देखने में ये इमारत इतने पुराने नहीं मालूम पड़ते। इनकी निर्माण शैली भी कुछ अलग है।

राव रणमल की हवेली

गोरा बादल की गुम्बजों से कुछ ही आगे सड़क के पश्चिम की ओर एक विशाल हवेली के खण्डहर नजर आते हैं। इसको राव रणमल की हवेली कहते हैं। राव रणमल की बहन हंसाबाई से महाराणा लाखा का विवाह हुआ। महाराणा मोकल हँसाबाई से लाखा के पुत्र थे।

कालिका माता का मंदिर

पद्मिनी के महलों के उत्तर में बांई ओर कालिका माता का सुन्दर, ऊँची कुर्सीवाला विशाल महल है। इस मंदिर का निर्माण संभवतः ९ वीं शताब्दी में मेवाड़ के गुहिलवंशीय रोड़ राजाओं ने करवाया था। मूल रूप से यह मंदिर एक सूर्य मंदिर था। निजमंदिर के द्वार तथा गर्भगृह के बाहरी पार्श्व के ताखों में स्थापित सूर्य की मूर्तियाँ इसका प्रमाण है। बाद में मुसलमानों के समय आक्रमण के दौरान यह मूर्ति तोड़ दी गई और बरसों तक यह मंदिर सूना रहा। उसके बाद इसमें कालिका की मूर्ति स्थापित की गई। मंदिर के स्तम्भों, छतों तथा अन्तःद्वार पर खुदाई का काम दर्शनीय है। महाराणा सज्जनसिंह ने इस मंदिर का जीर्णोद्धार कराया था। चूंकि इस मंदिर में मूर्ति प्रतिष्ठा वैशाख शुक्ल अष्टमी को हुई थी, अतः प्रति वर्ष यहाँ एक विशाल मेला लगता है।

सूर्यकुण्ड (सूरज कुण्ड)

कालिका माता के मंदिर के उत्तर-पूर्व में एक विशाल कुण्ड बना है, जिसे सूरजकुण्ड कहा जाता है। इस कुण्ड के बारे में मान्यता यह है कि महाराणा को सूर्य भगवान का आशीर्वाद प्राप्त था तथा कुण्ड से प्रतिदिन प्रातः सफेद घोड़े पर सवार एक सशस्त्र योद्धा निकलता था, जो महाराणा को युद्ध में सहायता देता था।

पत्ता तथा जैमल की हवेलियाँ

गौमुख कुण्ड तथा कालिका माता के मंदिर के मध्य जैमल पत्ता के महल हैं, जो अभी भगनावशेष के रूप में अवस्थित हैं। राठौड़ जैमल (जयमल) और सिसोदिया पत्ता चित्तौड़ की अंतिम शाका में अकबर की सेना के साथ युद्ध करते हुए वीरगति को प्राप्त हो गये थे। महल के पूर्व में एक बड़ा तालाब है, जिसे जैमल-पत्ता का तालाब कहा जाता है। जलाशय के तट पर बौद्धों के 6 स्तूप हैं। इन स्तूपों से यह अनुमान लगाया जाता है कि प्राचीन काल में अवश्य ही यहाँ बौद्धों का कोई मंदिर रहा होगा।

गौमुख कुण्ड

महासती स्थल के पास ही गौमुख कुण्ड है। यहाँ एक चट्टान के बने गौमुख से प्राकृतिक भूमिगत जल निरन्तर एक झरने के रूप में शिवलिंग पर गिरती रहती है। प्रथम दालान के द्वार के सामने विष्णु की एक विशाल मूर्ति खड़ी है। कुण्ड की धार्मिक महत्ता है। लोग इसे पवित्र तीर्थ के रूप में मानते हैं। कुण्ड के निकट ही उतरी किनारे पर महाराणा रायमल के समय का बना एक छोटा सा पार्श्व जैन मंदिर है, जिसकी मूर्ति पर कन्नड़ लिपि में लेख है। यह संभवतः दक्षिण भारत से लाई गई होगी। कहा जाता है कि यहाँ से एक सुरंग कुम्भा के महलों तक जाती है। इस कुंड के समीप जाने के लिए सीढ़िया बनायीं गयी है तथा नीचे कुंड के किनारे मंदिर बने हुए है। ऐसा माना जाता है कि रानी पद्मिनी यहाँ स्नान के लिए अति थी। गौमुख कुण्ड से कुछ दूर दो ताल हाथी कुण्ड तथा खातण बावड़ी है।

समिद्धेश्वर (समाधीश्वर) महादेव

गौमुख कुण्ड के उत्तरी छोर पर समिध्देश्वर का भव्य प्राचीन मंदिर है, जिसके भीतरी और बाहरी भाग पर बहुत ही सुन्दर खुदाई का काम है। इसका निर्माण मालवा के प्रसिद्ध राजा भोज ने ११ वीं शताब्दी में करवाया था। इसे त्रिभुवन नारायण का शिवालय और भोज का मंदिर भी कहा जाता था। इसका उल्लेख वहाँ के शिलालेखों में मिलता है। सन् १४२८ (वि. सं. १४८५) में इसका जीर्णोद्धार महाराणा मोकल ने करवाया था, जिससे लोग इसे मोकलजी का मंदिर भी कहते हैं। मंदिर के निज मंदिर (गर्भगृह) नीचे के भाग में शिवलिंग है तथा पीछे की दीवार में शिव की विशाल आकार की त्रिमूर्ति बनी है। त्रिमूर्ति की भव्यता दर्शनीय है। मंदिर में दो शिलालेख हैं, पहला सन् ११५० ई. का है, जिसके अनुसार गुजरात के सोलंकी राजा कुमारपाल का अजमेर के चौहान राजा आणाजी को परास्त कर चित्तौड़ आना ज्ञात होता है तथा दूसरा शिलालेख जो सन् १४२८ का है महाराणा मोकल से सम्बद्ध है।

महासती (जौहर स्थल)

समिध्देश्वर महादेव के मंदिर से महाराणा कुम्भा के कीर्कितस्तम्भ के मध्य एक विस्तृत मैदानी हिस्सा है, जो चारों तरफ से दीवार से घिरा हुआ है। इसमें प्रवेश के लिए पूर्व तथा उत्तर में दो द्वार बने हैं, जिसे महा सती द्वार कहा जाता है। ये द्वार व कोट रावल समरसिंह ने बनवाया था। चित्तौड़ पर बहादुर शाह के आक्रमण के समय यही हाड़ी [[रानी कर्णावती] ने सम्मान व सतीत्व की रक्षा हेतु तेरह हजार वीरांगनाओं सहित विश्व प्रसिद्ध जौहर किया था। इस स्थान की खुदाई करने पर मिली राख की कई परतं इस करुण बलिदान की पुष्टि करती है। यहाँ दो बड़ी-बड़ी शिलाओं पर प्रशस्ति खुदवाकर उसके द्वार पर लगाई गई थी, जिसमें से

एक अभी भी अस्तित्व में है।

जटाशंकर महादेव देवालय

कीर्तिस्तम्भ के उत्तर में जटाशंकर नामक शिवालय है। इस मंदिर के बाहरी हिस्से तथा सभामंडप की छत पर उत्कीर्ण देवताओं तथा अन्य तरह की आकृतियाँ प्रशंसनीय है। अधिकतर मूर्तियाँ अखण्डित एवं सुरक्षित हैं।

कुम्भस्वामी (कुंभश्याम) का मंदिर

कुंभश्याम का मंदिर

महाराणा कुम्भा ने सन् १४४९ ई. (वि. सं. १५०५) में विष्णु के बराह अवतार का यह भव्य मंदिर बनवाया। इस मंदिर का गर्भ प्रकोष्ठ, मण्डप व स्तम्भों की सुन्दर मूर्तियाँ दर्शनीय हैं। विष्णु के विभिन्न रुपों को दर्शाती हुई मूर्तियाँ, नागर शैली के बने गगनचुम्बी शिखर तथा समकालीन मेवाड़ी जीवन शैली को अंकित करती दृश्यावली, इस मंदिर की विशिष्टतायें हैं। मूल रूप से तो यहाँ, वराहावतार की ही मूर्ति स्थापित थी, लेकिन मुस्लिम आक्रमणों से मूर्ति खण्डित होने पर अब कुम्भास्वामी की मूर्ति प्रतिष्ठापित कर दी गयी।

मीराबाई का मंदिर

मीराँबाई का मंदिर

कुंभ श्याम के मंदिर के प्रांगण में ही एक छोटा मंदिर है, जिसे कृष्ण दीवानी भांतिमति मीराबाई का मंदिर कहते हैं। कुछ इतिहासकारों के अनुसार पहले यह मंदिर ही कुंभ श्याम का मंदिर था, लेकिन बाद में बड़े मंदिर में नई कुंभास्वामी की प्रतिमा स्थापित हो जाने के कारण उसे कुंभश्याम का मंदिर जानने लगे और यह मंदिर मीराँबाई का मंदिर के रूप में प्रसिद्ध हुआ। इस मंदिर के निज भाग में भांतिमति मीरा व उसके आराध्य मुरलीधर श्रीकृष्ण का सुंदर चित्र है। मंदिर के सामने ही एक छोटी-सी छतरी बनी है। यहाँ मीरा के गुरु स्वामी रैदास के चरणचिंह (पगलिये) अंकित हैं।

सतबीस देवलां

ग्यारहवीं शताब्दी में बना यह भव्य जैन मंदिर अपनी उत्कृष्ट नक्काशी के काम के लिए जाना जाता है। इसमें २७ देवरियाँ बनी है। अतः इस मंदिर को सतबीस (७अर० देवरा) कहा जाता है।

महाराणा कुंभा के महल

तेरहवीं शताब्दी में निर्मित इन महलों का जीर्णोद्धार महाराजा कुंभा द्वारा कराये जाने से इन महलों को महाराणा कुंभा का महल कहा जाता है। प्रवेश द्वार बड़ी पोल तथा त्रिपोलिया कहे जाते हैं। खण्डहरों के रूप में होते हुए भी ये महल

राजपूत शैली की उत्कृष्ट स्थापत्य कला दर्शाते हैं। सूरज गोरवड़ा, जनाना महल, कँवलदा महल, दीवात-ए-आम तथा शिव मंदिर इस महल के कुछ उल्लेखनीय हिस्से हैं। मान्यता है कि इन्हीं महलों में एक तहखाना है, जिसमें एक सुरंग के माध्यम से गोमुख तक जाया जा सकता है। महारानी पद्मिनी ने हजारों वीरांगनाओं के साथ इसी रास्ते गौमुख कुंड में स्नान करने के बाद इन्हीं तहखानों में जौहर किया था, लेकिन यहाँ इस तरह के किसी सुरंग का प्रमाण नहीं मिला है।

इसी ऐतिहासिक महल में उदयपुर के संस्थापक महाराणा उदयसिंह का जन्म हुआ था तथा यहीं स्वामीभक्त पन्नाधाय ने उदयसिंह की रक्षार्थ अपने लाडले पुत्र को बनवीर के हाथों कत्ल हो जाने दिया। मीराँबाई की कृष्ण भक्ति तथा विषपान की घटनाएँ भी इसी महल से संबद्ध है।

फतह प्रकाश

महाराणा फतहसिंह द्वारा निर्मित यह भव्य महल आधुनिक ढंग का है। फतहसिंह के नाम पर ही इन्हें फतह प्रकाश कहा जाता है। महल में गणेश की एक विशाल प्रतिमा, फव्वारा तथा विविध भित्ति चित्र दर्शनीय हैं।

मोती बाजार

फतहप्रकाश के पास ही भग्नावस्था में दूकानों की कतारें हैं। बताया जाता है कि शताब्दियों पूर्व यहाँ कीमती पत्थरों की दुकानें हुआ करती थी।

शृंगार चौरी (सिंगार चौरी)

सन् १४४८ (वि. सं. १५०५) में महाराणा कुंभा के कोषाध्यक्ष बेलाक, जो केल्हा साह का पुत्र था, ने शृंगार चौरी का निर्माण करवाया था। यह शान्तिनाथ का मंदिर है तथा जैन स्थापत्य कला का उत्कृष्ट उदाहरण है।

यहाँ से प्राप्त शिलालेखों से यह ज्ञात होता है कि भगवान शान्तिनाथ की चौमुखी प्रतिमा की प्रतिष्ठा खगतरगच्छ के आचार्य जिनसेन सूरी ने की थी, परंतु मुगलों के आक्रमण से यह मूर्ति विध्वंस कर दी गई लगती है। अब सिर्फ एक वेदी बची है, जिसे लोग चौरी बतलाते हैं। मंदिरों की बाह्य दीवारों पर देवी-देवताओं व नृत्य मुद्राओं की अनेकों मूर्तियाँ कलाकारों के पत्थर पर उत्कीर्ण कलाकारी का परिचायक है।

शृंगार चौरी के बारे में एक मान्यता यह भी है कि यहीं महाराणा कुंभा की राजकुमारी रमाबाई (वागीश्ववरी) विवाह हुआ था, लेकिन व्यावहारिक दृष्टिकोण से सोचने पर यह सत्य नहीं लगता।

महाराणा साँगा का देवरा

श्रृंगार चौरी के दक्षिण में स्थित इस मंदिर का निर्माण महाराणा साँगा ने भगवान देवनारायण की आराधना हेतु करवाया था। कहा जाता है कि भगवान द्वारा दिये कवच को महाराणा इसी देवरे में पहन कर युद्धों में जाते और विजित होकर लौटते थे।

तुलजा भवानी का मंदिर

इस मंदिर का निर्माण काल सन् १५३६-४० ई. है। इसका निर्माण राणा सांगा के कुंवर पृथ्वीराज के दासी से पुत्र बनवीर ने कराया था। बनवीर भवानी का उपासक था और उसने अपने वजन के बराबर स्वर्ण इत्यादि तुलवा (तुलादान) कर इस मंदिर का निर्माण आरंभ कराया था, इसी कारण इसे तुलजा भवानी का मंदिर कहा जाता है।

बनवीर की दीवार

सन् १५३६ ई. में महाराणा विक्रमादित्य को छल से मारकर दासीपुत्र बनवीर चित्तौड़ का स्वामी बन बैठा। अपनी स्थिति को अधिक सुदृढ़ व सुरक्षित करने हेतु उसने दुर्ग को दो भागों में विभक्त करने के लिए इस दीवार का निर्माण आरंभ कराया था, परंतु महाराणा उदयसिंह द्वारा सन् १५४० ई में चित्तौड़ से खदेड़ दिये जाने पर इसका निर्माण अधूरा ही रह गया।

नवलखा भण्डार

बनवीर की दीवार के पश्चिमी सिरे पर एक अद्र्ध वृत्ताकार अपूर्ण बुर्ज बना है, जिसे बनवीर ने अपनी सुरक्षा व अस्र-शस्र के भण्डार हेतु बनवाया था। इसकी पेंचिदी बनावट को कोई लख (जान) नहीं सकता था। अतः इसे नवलखा भण्डार कहा जाता था। कुछ लोग यह बताते हैं कि यहाँ नौ लाख रुपयों का खजाना रहता था, जिससे इसका नाम नौ लखा भण्डार पड़ा।

पातालेश्वर महादेव का मंदिर

पुरातत्व संग्रहालय के पास ही स्थित इस मंदिर का निर्माण सन् १५६५ ई. में हुआ था। मंदिर की स्थापत्य कला एवं उत्कीर्ण आकृतियाँ बड़ी आकर्षण एवं दर्शनीय है।

भामाशाह की हवेली

अब भग्नावस्था में मौजूद यह इमारत, एक समय मेवाड़ की आनबान के रक्षक महाराणा प्रताप को मातृभूमि की रक्षा के लिए अपना सब कुछ दान करने वाले प्रसिद्ध दानवीर दीवान भामाशाह की याद दिलाने वाली है। कहा जाता है कि हल्दीघाटी के युद्ध के पश्चात् महाराणा प्रताप का राजकोष खाली हो गया था व मुगलों से युद्ध के लिए बहुत बड़ी धनराशि की आवश्यकता थी। ऐसे कठिन समय

में प्रधानमंत्री भामाशाह ने अपना पीढ़ियों से संचित धन महाराणा को भेंट कर दिया। कई इतिहासकारों का मत है कि भामाशाह द्वारा दी गई राशि मालवा को लूट कर लाई गई थी, जिसे भामाशाह ने सुरक्षा की दृष्टि से कहीं गाड़ रखी थी।

आल्हा काबरा की हवेली

भामाशाह की हवेली के पास ही आल्हा काबरा की हवेली है। काबरा गौत्र के माहेश्वरी पहले महाराणा के दीवान थे।

नगरी

चितौड़ के किले से ७ मील उत्तर में नगरी नाम का एक प्राचीन स्थान है, जो बेदले के चौहान सरदार की जागीर में पड़ता था। यह भारतवर्ष के प्राचीन नगरों में से एक है, जिसके अवशेष खंडहरों के रूप में दूर-दूर तक फैले हुए हैं, जहाँ कोट से घिरे हुए राजप्रासाद होने का अनुमान किया जाता है। यहाँ से कई जगहों पर बावड़ी, महलों के काट आदि के निर्माणार्थ पत्थर ले जाये गये। महाराणा रायमल की रानी श्रृंगारदेवी की बनवाई हुई घोसड़ी गाँव की बावड़ी भी नगरी से ही पत्थर लाकर बनाई गई है। नगरी का प्राचीन नाम मध्यमिका था। बली गाँव (अजमेर जिला में) से मिले हुए सन् ४४३ ई. पू. (वि. सं. ३८६) के शिलालेख में इस नाम का प्रमाण मिलता है। पतंजलि ने अपने महाभाष्य मध्यमिका पर युनानियों (मिनैंडर) के आक्रमण का उल्लेख किया है। वहाँ से मिलने वाले शिलालेखों में से तीन वि. सं. पूर्व की तीसरी शताब्दी के आसपास की लिपि में है। इनके लेखों से यह बात बिल्कुल स्पष्ट हो जाती है कि वि. सं. पूर्व की तीसरी शताब्दी के आसपास विष्णु की पूजा होती थी तथा उनके मंदिर भी बनते थे। एक शिलालेख सर्वतात नामक किसी राजा द्वारा संपादित अश्वमेघ यज्ञ का उल्लेख करता है। एक अन्य शिलालेख वाजपेय यज्ञ के सम्पादन की चर्चा करता है।

नगरी से थोड़ी ही दूरी पर हाथियों का बाड़ा नाम का एक विस्तृत स्थान है, जिसकी चहारदीवारी बहुत लंबी व चौड़ी है। यह तीन-तीन मोटे पत्थरों को एक के ऊपर एक रखकर बनाई गई है। उस समय ऐसे विशाल पत्थरों को इस प्रकार व्यवस्थित करना एक कठिन कार्य जान पड़ता है। यहाँ से कुछ ही दूरी पर बड़े-बड़े पत्थरों से बनी हुई एक चतुरस्र मीनार है, जिसे लोग ऊमदीवट कहते हैं। यह स्पष्ट जान पड़ता है कि इस मीनार में इस्तेमाल किये गये पत्थर हाथियों का बाड़ा से ही तोड़कर लाये गये थे। इसके संबंध में यह कहा जाता है कि जब बादशाह अकबर ने चितौड़ पर चढ़ाई किया तब इस मीनार में रौशनी की जाती थी। नगरी के निकट तीन स्तूपों के चिह्न भी मिलते हैं।

वर्तमान में गाँव के भीतर माताजी के खुले स्थान में प्रतिमा के सामने एक सिंह की प्राचीन मूर्ति जमीन में कुछ गड़ी हुई है। पास में ही चार बैलों की मूर्तियोंवाला एक चौखूंटा बड़ा पत्थर रखा हुआ है। ये दोनों टुकड़े प्राचीन विशाल स्तम्भों का ऊपरी हिस्सा हो सकता है।

चित्तौड़गढ़ एक ऐसी वीरभूमि है, जो पुरे भारत में शौर्य, बलिदान और देशभक्ति का एक गौरवपूर्ण उदाहरण है. यहाँ पर अनगिनत राजपूत वीरों ने अपने देश और धर्म की रक्षा के लिए अपने खून से नहाये है. यहाँ राजपूत महिलाएं अपने गौरव और अस्तित्व की रक्षा के लिए अपने बच्चो के साथ जौहर की अग्नि में समा गयी. इन स्वाभिमानी देशप्रेमी योद्धाओं से भरी पड़ी यह भूमि पूरे भारतवर्ष के लिए प्रेरणा स्रोत बनकर रह गयी है. यहाँ का कण-कण हममें देशप्रेम की लहर पैदा करता है. यहाँ की हर एक इमारतें हमें एकता का संकेत देती हैं.

5

||रानी पद्‌मिनी||

||रानी पद्‌मिनी||

राजस्थान के चित्तौड़गढ़ के किलों का इतिहास बड़ा ही रोचक है. यहाँ के किलों को सिर्फ यहाँ के राजपूतों की बहादुरी के लिए बस नहीं जाना जाता है, बल्कि इसे जाना जाता है यहाँ की सुंदर रानी पद्मावती या पद्‌मिनी के लिए. रानी पद्मावती के जीवन की कहानी वीरता, त्याग, त्रासदी, सम्मान और छल को दिखाती है. रानी

पद्मिनी अपनी सुंदरता के लिए समस्त भारत देश में प्रसिद्ध थी. वैसे ऐसा कोई ऐतिहासिक प्रमाण नहीं है कि रानी पद्मिनी वास्तव में अस्तित्व में थी या नहीं. पद्मावत एक कविता थी, जिसे मालिक मोहम्मद जायसी ने 1540 में लिखा, जिसमें पहली बार पद्मावती के बारे में लिखित दस्तावेज मिले थे, जो कि लगभग उस घटना के 240 सालों बाद लिखा गया था. पद्मावती, रावल रतन सिंह और अलाउद्दीन खिलजी तीनों का जीवन एक बिंदु पर आकर जुड़ जाता है. कुछ लोग पद्मावती को सिर्फ कहानी का एक पात्र ही मानते है. अलाउद्दीन के इतिहासकारों ने मुस्लिम शासक का राजपुताना में उस विजय को अपने पन्नों में जगह दी, ताकि वे सिध्य कर सकें कि राजपुताना राज्य में सुल्तान ने विजत प्राप्त की थी. वैसे राजपूत और हिन्दू वंश इस कहानी को एक कहानी ही मानते है और इसमें बिलकुल भी विश्वास नहीं करते है. रानी पद्मावती राजा गन्धर्व और रानी चम्पावती की बेटी थी. जो कि सिंघल कबिले में रहा करती थी. पद्मावती के पास एक बोलने वाला तोता 'हीरामणि' भी था, जो उनके बेहद करीब था. पद्मावती बहुत सुंदर राजकुमारी थी, जिनकी सुन्दरता के चर्चे दूर-दूर तक थे. पद्मावत कविता में कवी ने उनकी सुन्दरता को बहुत अच्छे ढंग से प्रस्तुत किया है. उनके अनुसार पद्मावती के पास सुंदर तन था, अगर वे पानी भी पीती तो उनके गले के अंदर से पानी देखा जा सकता, अगर वे पान खाती तो पान का लाल रंग उनके गले में नजर आता. पद्मावती के लिए उनके पिता ने एक स्वयंवर आयोजित करवाया, जिसमें देश के सभी हिन्दू राजा, राजपूतों को आमंत्रण भेजा गया. मलकान सिंह जो एक छोटे से राज्य के राजा थे, उन्होंने सबसे पहले राजकुमारी पद्मावती का हाथ माँगा. चित्तोर के राजा रावल रतन सिंह भी इस स्वयंवर में गए थे, लेकिन उनकी पहली से 13 रानियाँ थी. रावल रतन सिंह ने मलकान सिंह को इस स्वयंवर में हरा दिया और रानी पद्मावती से विवाह कर लिया. वे अपनी पत्नी पद्मावती के साथ चित्तोर आ गए. 12 वीं एवं 13 वीं शताब्दी के समय चित्तोर में राजपुत राजा 'रावल रतन सिंह' का राज्य था, जो सिसोदिया राजवंश के थे. वे एक बहादुर और महान योद्धा थे. रावल रतन अपनी पत्नी पद्मावती से अत्याधिक प्रेम किया करते थे, इससे पहले इनकी 13 शादियाँ हो चुकी थी, लेकिन पद्मावती के बाद इन्होने कोई विवाह नहीं किया था. राजा बहुत अच्छे शासक थे, जो अपनी प्रजा से बहुत प्यार करते थे, इसके अलावा राजा को कला का बहुत शौक था. देश के सभी कलाकारों, नर्तकियों, कारीगरों, संगीतकार, कवि, गायक आदि का राजा स्वागत करते और उन्हें सम्मानित करते थे. उनके राज्य में एक बहुत अच्छा गायक 'राघव चेतक' था. लेकिन गायकी के अलावा राघव को काला जादू भी आता था, जो बात

किसी को नहीं पता थी. राघव ने अपनी इस प्रतिभा का इस्तेमाल अपने ही राजा के खिलाफ करना चाहा, और वह एक दिन रंगे हाथों पकड़ा भी गया. राजा को जब ये बात पता चली, तब उसने सजा के रूप में उसका मुंह काला कर उसे गंधे में बिठाकर अपने राज्य से बहिष्कृत कर दिया. इस कड़ी और घिनौनी सजा से राजा रतन सिंह के दुश्मन और बढ़ गए, राघव चेतन ने राजा के खिलाफ बगावत कर दी. अब इस कहानी में अलाउद्दीन खिलजी आते है. राघव चेतक अपने इस अपमान के बाद दिल्ली की ओर बढे, ताकि वे दिल्ली के सुल्तान से हाथ मिला सकें, और चित्तोर में हमला कर सकें. राघव चेतक अलाउद्दीन खिलजी के बारे में अच्छे से जानता था, उसे पता था कि सुल्तान दिल्ली के पास जंगल में रोज शिकार के लिए आता है. राघव अलाउद्दीन खिलजी से मिलने की चाह में रोज जंगल में बैठे बांसुरी बजाता रहता था. एक दिन राघव की किस्मत ने पलटी खाई, उसने अलाउद्दीन खिलजी के जंगल में आते ही सुरीली आवाज में बांसुरी बजाना शुरू कर दिया. इतनी सुंदर बांसुरी की आवाज जब अलाउद्दीन खिलजी और उसके सैनिको के कानों में पड़ी तो सब आश्चर्यचकित हो गए. अलाउद्दीन खिलजी ने अपने सैनिकों को उस इन्सान को ढूढने के लिए भेजा, राघव को सैनिक ले आये. अलाउद्दीन खिलजी ने उसे दिल्ली में अपने दरबार में आने को कहा. चालाक राघव ने इस मौके का फायदा उठाते हुए सुल्तान से कहा कि जब उसके पास इतनी सुंदर सुंदर वस्तुएं है, तो वो क्यूँ इस साधारण से संगीतकार को अपने राज्य में बुला रहा है. सुल्तान सोच में पड़ गए और राघव से अपनी बात को स्पष्टता से समझाने को कहा. राघव तब सुल्तान को बताता है कि वो एक गद्दार है, साथ ही वो वहां की रानी पद्मावती की सुन्दरता का वखान कुछ इस तरह करता है कि अलाउद्दीन खिलजी उसकी बात सुन कर ही उत्तेजना से भर जाते है और चित्तोर में हमले का विचार कर लेते है. अलाउद्दीन खिलजी सोचता है कि इतनी सुंदर रानी को उसके हरम की सुन्दरता बढ़नी चाहिए. पद्मावती की सुन्दरता को सुन अलाउद्दीन खिलजी चित्तोर में चढ़ाई शुरू कर देता है. वहां पहुँच कर अलाउद्दीन खिलजी देखता है कि चित्तोर में सुरक्षा व्यवस्था बहुत पुख्ता है, वो निराश हो जाता है. लेकिन पद्मावती को देखने की उसकी चाह बढ़ती जा रही थी, जिस वजह से वो रावल रतन सिंह को एक सन्देश भेजता है, और बोलता है कि वो रानी पद्मावती को एक बहन की हैसियत से मिलना चाहता है. किसी औरत से मिलना चाहना, ये बात किसी राजपूत को बोलना शर्म की बात माना जाता है, उनकी रानी को बिना परदे के देखने की इजाज़त किसी को नहीं होती है. अलाउद्दीन खिलजी एक बहुत ताकतवर शासक था, जिसके सामने किसी को न कहने की हिम्मत नहीं

थी. हताश रतन सिंह, सुल्तान के रोष से बचने और अपने राज्य को बनाए रखने के लिए उनकी यह बात मान लेते है. रानी पद्मावती अपने राजा की बात मान लेती है. लेकिन उनकी एक शर्त होती है, कि सुल्तान उन्हें सीधे नहीं देख सकते बल्कि वे उनका आईने में प्रतिबिम्ब देख सकते है. अलाउद्दीन खिलजी उनकी इस बात को मान जाते है. उन दोनों का एक निश्चय किया जाता है, जिसके लिए विशेष तैयारी की जाती है. खिलजी अपने सबसे ताकतवर सैनिकों के साथ किले में जाता है, जो किले में गुप्त रूप से देख रेख भी करते है. अलाउद्दीन खिलजी पद्मावती को आईने में देख मदहोश ही हो जाता है, और निश्चय कर लेता है कि वो उनको पाकर ही रहेगा. अपने शिविर में लौटते समय, रतन सिंह उसके साथ आते है. खिलजी इस मौके का फायदा उठा लेता है और रतन सिंह को अगवा कर लेता है, वो पद्मावती एवं उनके राज्य से राजा के बदले रानी पद्मावती की मांग करते है. संगारा चौहान राजपूत जनरल गोरा और बादल ने अपने राजा को बचाने के लिए सुल्तान से युद्ध करने का फैसला किया. पद्मावती के साथ मिलकर दोनों सेनापति एक योजना बनाते है. इस योजना के तहत वे खिलजी को सन्देश भेजते है कि रानी पद्मावती उनके पास आने को तैयार है. अगले दिन सुबह 150 पालकी खिलजी के शिविर की ओर पलायन करती है. जहाँ राजा रतन सिंह को रखा गया था, उससे पहले से पालकी रुक जाती है. खिलजी के सभी सैनिक और रतन सिंह जब ये देखते है कि चित्तोर से पालकी आ रहा है तो उन्हें लगता है कि वे अपने साथ रानी पद्मावती को लेकर आये है. जिसके बाद सब राजा रतन सिंह को बहुत अपमानित करते है. सबको आश्चर्य में डालते हुए, इन पालकियों से रानी या उनकी दासी नहीं बल्कि रतन सिंह की सेना के जवान निकलते है, जो जल्दी से रतन सिंह को छुड़ाकर खिलजी के घोड़ों में चित्तोर की ओर भाग जाते है. गोरा युद्ध में पराक्रम के साथ लड़ता है, लेकिन शहीद हो जाता है, जबकि बादल राजा को सही सलामत किले में वापस लाने में सफल होता है. अपनी हार के बाद खिलजी क्रोध में आ जाता है और अपनी सेना से चित्तोर में चढ़ाई करने को बोलता है. अलाउद्दीन खिलजी की सेना रतन सिंह के किले को तोड़ने की बहुत कोशिश करती है, लेकिन वो सफल नहीं हो पाती है. जिसके बाद अलाउद्दीन अपनी सेना को किले को घेर कर रखने को बोलता है. घेराबंदी के लिए एक बड़ी और ताकतवर सेना को खड़ा किया गया. लगातार कई दिनों तक वे घेराबंदी किये खड़े रहे, जिससे धीरे धीरे किले के अंदर खाने पीने की कमी होने लगी. अंत में रतन सिंह ने अपनी सेना को आदेश दिया कि किले का दरवाजा खोल दिया जाए और दुश्मनों से मरते दम तक लड़ाई की जाये. रतन सिंह के इस फैसले के बाद रानी हताश होती है, उसे लगता है कि खिलजी

की विशाल सेना के सामने उसके राजा की हार हो जाएगी, और उसे विजयी सेना खिलजी के साथ जाना पड़ेगा. इसलिए पद्मावती निश्चय करती है कि वो जौहर कर लेंगी. जौहर का मतलब होता है, आत्महत्या, इसमें रानी के साथ किले की सारी औरतें आग में कूद जाती है. 26 अगस्त सन 1303 में पद्मावती भी जौहर के लिए तैयार हो जाती है और आग में कूद कर अपने पतिव्रता होने का प्रमाण देती है. किले की महिलाओं के मरने के बाद, वहां के पुरुषों के पास लड़ने की कोई वजह नहीं होती है. उनके पास दो रास्ते होते है या वे दुश्मनों के सामने हार मान लें, या मरते दम तक लड़ते रहें. अलाउद्दीन खिलजी की जीत हो जाती है, वो चित्तोर के किले में प्रवेश करता है, लेकिन उसे वहां सिर्फ मृत शरीर, राख और हड्डियाँ मिलती है. अलाउद्दीन खिलजी एवं पद्मावती के बीच कोई प्रेम कहानी नहीं थी, लेकिन फिर भी ये कहानी बहुत प्रचलित है. इस पर आज से 6-7 साल पहले सोनी टीवी पर एक सीरियल भी आ चूका है. बचपन में पदमिनी के पास "हीरामणी " नाम का बोलता तोता हुआ करता था जिससे साथ उसमे अपना अधिकतर समय बिताया था |
रानी पदमिनी बचपन से ही बहुत सुंदर थी और बड़ी होने पर उसके पिता ने उसका स्वयंवर आयोजित किया | इस स्वयंवर में उसने सभी हिन्दू राजाओ और राजपूतो को बुलाया | एक छोटे प्रदेश का राजा मलखान सिंह भी उस स्वयंवर में आया था |राजा रावल रतन सिंह भी पहले से ही अपनी एक पत्नी नागमती होने के बावजूद स्वयंवर में गया था | प्राचीन समय में राजा एक से अधिक विवाह करते थे ताकि वंश को अधिक उत्तराधिकारी मिले | राजा रावल रतन सिंह ने मलखान सिंह को स्वयंमर में हराकर पदमिनी से विवाह कर लिया | विवाह के बाद वो अपनी दुसरी पत्नी पदमिनी के साथ वापस चित्तोड़ लौट आया | पद्मिनी की स्थिति सिंहल द्वीप की राजकन्या के रूप में तो घोर अनैतिहासिक है। ओझा जी ने रत्नसिंह की अवस्थिति सिद्ध करने के लिये कुंभलगढ़ का जो प्रशस्तिलेख प्रस्तुत किया है, उसमें उसे मेवाड़ का स्वामी और समरसिंह का पुत्र लिखा गया है, यद्यपि यह लेख भी रत्नसिंह की मृत्यु 1303 ई. के 157 वर्ष पश्चात् सन् 1460 में उत्कीर्ण हुआ था। भट्टिकाव्यों, ख्यातों और अन्य प्रबंधों के अलावा परवर्ती काव्यों में प्रसिद्ध 'पद्मिनी के महल' और 'पद्मिनी के तालाब' जैसे स्मारकों के बावजूद किसी ठोस ऐतिहासिक प्रमाण के बिना रत्नसिंह की रानी को पद्मिनी नाम दे देना अथवा पद्मिनी को हठात् उसके साथ जोड़ देना असंगत है। यह संभव है कि सतीत्वरक्षा के निमित्त जौहर की आदर्श परंपरा की नेत्री चित्तोड़ की अज्ञातनामा रानी को, चारणों आदि ने, शास्त्रप्रसिद्ध सर्वश्रेष्ठ नायिका पद्मिनी नाम देकर तथा सती प्रथा संबंधी पुरावृत के आधार पर इस कथा को रोचक तथा कथारुढिसंमत बनाने

के लिये, रानी की अभिजात जीवनी के साथ अन्यान्य प्रसंग गढ़ लिए हों। अस्तु, सौंदर्य तथा आदर्श के लोकप्रसिद्ध प्रतीक तथा काव्यगत कल्पित पात्र के रूप में ही पद्मिनी नाम स्वीकार किया जाना ठीक लगता है। इतिहास ग्रंथों में अधिकतर 'पद्मिनी' नाम स्वीकार किया गया है, जबकि जायसी ने स्पष्ट रूप से 'पद्मावती' नाम स्वीकार किया है। जायसी के वर्णन से स्पष्ट होता है कि 'पद्मिनी' से उनका भी तात्पर्य स्त्रियों की उच्चतम कोटि से ही है। जायसी ने स्पष्ट लिखा है कि राजा गंधर्वसेन की सोलह हजार पद्मिनी रानियाँ थीं, जिनमें सर्वश्रेष्ठ रानी चंपावती थी, जो कि पटरानी थी। इसी चंपावती के गर्भ से पद्मावती का जन्म हुआ था। इस प्रकार कथा के प्राथमिक स्रोत में ही स्पष्ट रूप से 'पद्मावती' नाम ही स्वीकृत हुआ है।

इतिहास में भ्रांतियों का मिश्रण

कर्नल टॉड ने अपने राजस्थान के इतिहास में जायसी के उक्त कथानक में कुछ हेर-फेर के साथ प्रायः उसी कहानी को दोहराया है। मुख्यतः भाटों की कथाओं के आधार पर लिखने के कारण कर्नल टॉड का वर्णन ऐतिहासिक बहुत कम रह गया है। उन्होंने राजा रत्नसिंह या रतनसेन के बदले भीमसी (भीमसिंह) का नाम दिया है और वह भी वस्तुतः राणा नहीं बल्कि राणा लखमसी (लक्ष्मण सिंह) के चाचा थे जो कि लक्ष्मण सिंह के बच्चे होने के कारण शासन संभाल रहे थे। कर्नल टॉड ने लक्ष्मण सिंह और उसके संरक्षक के रूप में भीमसिंह के शासन का आरंभ 1275 ईस्वी में माना है; जबकि यह सर्वज्ञात बात है कि अलाउद्दीन खिलजी का आक्रमण 1303 ईस्वी में हुआ था। इसी प्रकार कर्नल टॉड ने पद्मिनी को सिंहल द्वीप के चौहान वंशी हमीर शंख की लड़की बतलाया है। इन परिवर्तनों के सिवा शेष कहानी अपवादों को छोड़कर प्रायः पद्मावत वाली ही है। 14 वीं और 16 वीं शताब्दी के बीच जैन ग्रंथ- नबीनंदन जेनुधर, चितई चरित्रा और रायन सेहरा ने रानी पद्मिनी का उल्लेख किया है।तेजपाल सिंह धामा ने अपने चर्चित शोधपरक उपन्यास अग्नि की लपटें में इन्हें जाफना से प्रकाशित ग्रंथों के आधार पर श्रीलंका की राजकुमारी सिद्ध किया है। इनकी कहानी जायसी के पद्मावत से थोड़ी अलग है। रानी पद्मिनी, राजा रत्नसिंह तथा अलाउद्दीन खिलजी के आक्रमण को लेकर इतिहासकारों के बीच काफी पहले से पर्याप्त मंथन हो चुका है। "इतिहास के अभाव में लोगों ने पद्मावत को ऐतिहासिक पुस्तक मान लिया, परंतु वास्तव में वह आजकल के ऐतिहासिक उपन्यासों की सी कविताबद्ध कथा है, जिसका कलेवर इन ऐतिहासिक बातों पर रचा गया है कि रतनसेन (रत्नसिंह) चित्तौड़ का राजा, पद्मिनी या पद्मावती उसकी राणी और अलाउद्दीन दिल्ली

का सुल्तान था, जिसने रतनसेन (रत्नसिंह) से लड़कर चितौड़ का किला छीना था। बहुधा अन्य सब बातें कथा को रोचक बनाने के लिए कल्पित खड़ी की गई है; क्योंकि रत्नसिंह एक बरस भी राज्य करने नहीं पाया, ऐसी दशा में योगी बन कर उस की सिंहलद्वीप (लंका) तक जाना और वहाँ की राजकुमारी को ब्याह लाना कैसे संभव हो सकता है। उसके समय सिंहलद्वीप का राजा गंधर्वसेन नहीं किन्तु राजा कीर्तिनिश्शंक देव पराक्रमबाहु (चौथा) या भुवनेक बाहु (तीसरा) होना चाहिए। सिंहलद्वीप में गंधर्वसेन नाम का कोई राजा ही नहीं हुआ। उस समय तक कुंभलनेर (कुंभलगढ़) आबाद भी नहीं हुआ था, तो देवपाल वहाँ का राजा कैसे माना जाय ? अलाउद्दीन 7 बरस तक चितौड़ के लिए लड़ने के बाद निराश होकर दिल्ली को नहीं लौटा किंतु अनुमान छः महीने लड़ कर उसने चितौड़ ले लिया था, वह एक ही बार चितौड़ पर चढ़ा था, इसलिए दूसरी बार आने की कथा कल्पित ही है।" इस प्रकार यह स्पष्ट हो जाता है कि जायसी रचित पद्मावत महाकाव्य की कथा में ऐतिहासिकता ढूँढना बहुत हद तक निरर्थक ही है। कुछ नाम ऐतिहासिक अवश्य हैं, परंतु घटनाएं अधिकांशतः कल्पित ही हैं। कुछ घटनाएँ जो ऐतिहासिक हैं भी उनका संबंध 1303 ईस्वी से न होकर 1531 ईस्वी से है। इसी प्रकार कर्नल टॉड का वर्णन भी काफी हद तक अनैतिहासिक ही है। इस संदर्भ में ओझा जी का स्पष्ट कथन है कि "कर्नल टॉड ने यह कथा विशेषकर मेवाड़ के भाटों के आधार पर लिखी है और भाटों ने उसको 'पद्मावत' से लिया है। भाटों की पुस्तकों में समर सिंह के पीछे रत्नसिंह का नाम न होने से टाड ने पद्मिनी का संबंध भीमसिंह से मिलाया और उसे लखमसी (लक्ष्मणसिंह) के समय की घटना मान ली। ऐसे ही भाटों के कथनानुसार टाड ने लखमसी का बालक और मेवाड़ का राजा होना भी लिख दिया, परन्तु लखमसी न तो मेवाड़ का कभी राजा हुआ और न बालक था, किंतु सिसोदे का सामंत (सरदार) था और उस समय वृद्धावस्था को पहुंच चुका था, क्योंकि वह अपने सात पुत्रों सहित अपना नमक अदा करने के लिए रत्नसिंह की सेना का मुखिया बनकर अलाउद्दीन के साथ की लड़ाई में लड़ते हुए मारा गया था, जैसा कि 1460 के कुंभलगढ़ के शिलालेख से ऊपर बतलाया गया है। इसी तरह भीमसी (भीमसिंह) लखमसी (लक्ष्मणसिंह) का चाचा नहीं, किन्तु दादा था, जैसा कि राणा कुंभकर्ण के समय के 'एकलिंगमाहात्म्य' में पाया जाता है। ऐसी दशा में टाड का कथन भी विश्वास के योग्य नहीं हो सकता। 'पद्मावत', 'तारीख़ फिरिश्ता' और टाड के राजस्थान के लेखों की यदि कोई जड़ है तो केवल यही कि अलाउद्दीन ने चितौड़ पर चढ़ाई कर छः मास के घेरे के अनंतर उसे विजय किया; वहाँ का राजा रत्नसिंह इस लड़ाई में लक्ष्मणसिंह आदि कई सामंतो सहित मारा गया, उसकी

राणी पद्मिनी ने कई स्त्रियों सहित जौहर की अग्नि में प्राणाहुति दी; इस प्रकार चितौड़ पर थोड़े-से समय के लिए मुसलमानों का अधिकार हो गया। बाकी बहुधा सब बातें कल्पना से खड़ी की गई है।" कहानी के परंपरागत वर्णन को ताक पर रखने के पश्चात् नग्न सत्य यह है कि सुल्तान अलाउद्दीन ने 1303 ईस्वी में चितौड़ पर आक्रमण किया और आठ माह के विकट संघर्ष के पश्चात् उसे अधिकृत कर लिया। वीर राजपूत योद्धा आक्रांताओं से युद्ध करते हुए खेत रहे और वीर राजपूत स्त्रियाँ जौहर की ज्वालाओं में समाधिस्थ हो गयीं। जो स्त्रियाँ समाधिस्थ हुईं, उनमें संभवतः रत्नसिंह की एक रानी भी थी, जिसका नाम पद्मिनी था। इन तथ्यों के अतिरिक्त और सब कुछ एक साहित्यिक संरचना है और उसके लिए ऐतिहासिक समर्थन नहीं है। इसी प्रकार का मत डॉ० एस० एल० नागोरी एवं जीतेश नागोरी का भी है। यह चितौड़ का प्रथम शाका माना गया है। कहा जाता है कि खिलजी ने किले पर अपनी विजय पताका फहराकर वहाँ के 30,000 नागरिकों को मौत के घाट उतारा। छिताईचरित में जो जायसी से कई वर्षों पूर्व लिखा गया था, पद्मिनी तथा अलाउद्दीन के चितौड़ आक्रमण का वर्णन है। हेमरतन के गोरा-बादल चौपाई में; तथा लब्धोदय के पद्मिनी चरित्र में इस कथा को स्वतंत्र रूप से लिखा गया है।... यह कथा एक राजपूत प्रणाली के अनुरूप विशुद्ध तथा स्वस्थ परंपरा के रूप में चली आयी है उसे सहज में अस्वीकार करना ठीक नहीं। हो सकता है कि कई बातें पाठ भेद से तथा वर्णन शैली से विभिन्न रूप में प्रचलित रही हों, किन्तु उनका आधार सत्य से हटकर नहीं ढूँढा जा सकता। स्थापत्य इस बात का साक्षी है कि चितौड़ में पद्मिनी के महल हैं और पद्मिनी ताल है जो आज भी उस विस्तृत तथा विवादग्रस्त महिला की याद दिला रहे हैं। पद्मिनी के संबंध में दी गयी सभी घटनाएँ सम्भवतः सत्य की कसौटी पर ठीक नहीं उतरें, किन्तु पद्मिनी की विद्यमानता, आक्रमण के समय उसकी सूझबूझ, उसके द्वारा जौहर व्रत का नेतृत्व आदि घटनाओं का एक स्वतंत्र महत्व है।"वस्तुतः अलाउद्दीन खिलजी के आक्रमण एवं युद्ध का प्रमुख कारण अलाउद्दीन की साम्राज्यवादी महत्वाकांक्षा एवं चितौड़ की सैनिक एवं व्यापारिक उपयोगिता थी। गुजरात, मालवा, मध्य प्रदेश, संयुक्त प्रांत, सिन्ध आदि भागों के व्यापारिक मार्ग चितौड़ से होकर गुजरते थे। स्वाभाविक है कि अलाउद्दीन खिलजी जैसा सुल्तान ऐसे क्षेत्र पर अवश्य अधिकार प्राप्त करना चाहता। इसमें कोई संदेह नहीं कि चितौड़ आक्रमण के लिए अलाउद्दीन का प्रमुख आशय राजनीतिक था, परंतु जब पद्मिनी की सुंदरता का हाल उसे मालूम हुआ तो उसको लेने की उत्कंठा उसमें अधिक तीव्र हो गयी।

6

||पन्ना धाई||

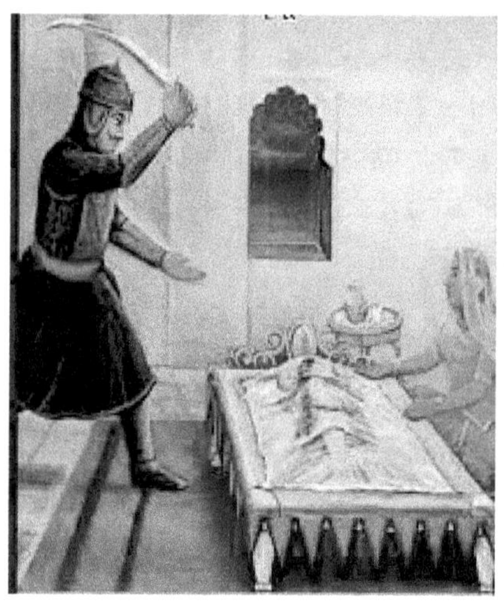

||पन्ना धाई||

चित्तौड़गढ़ के इतिहास में जहाँ पद्मिनी के जौहर की अमरगाथाएं, मीरा के भक्तिपूर्ण गीत गूंजते हैं वहीं पन्नाधाय जैसी मामूली स्त्री की स्वामीभक्ति की कहानी भी अपना अलग स्थान रखती है। बात तब की है, जब चित्तौड़गढ़ का किला आन्तरिक विरोध व षड़यंत्रों में जल रहा था। मेवाड़ का भावी राणा उदय सिंह किशोर हो रहा था। तभी उदयसिंह के पिता के चचेरे भाई बनवीर ने एक षड्यन्त्र

रच कर उदयसिंह के पिता की हत्या महल में ही करवा दी तथा उदयसिंह को मारने का अवसर ढूंढने लगा। उदयसिंह की माता को संशय हुआ तथा उन्होंने उदय सिंह को अपनी खास दासी व उदय सिंह की धाय पन्ना को सौंप कर कहा कि, "पन्ना अब यह राजमहल व चित्तौड़ का किला इस लायक नहीं रहा कि मेरे पुत्र तथा मेवाड़ के भावी राणा की रक्षा कर सके, तू इसे अपने साथ ले जा, और किसी तरह कुम्भलगढ़ भिजवा दे।" पन्ना धाय राणा साँगा के पुत्र राणा उदयसिंह की धाय माँ थीं। पन्ना धाय किसी राजपरिवार की सदस्य नहीं थीं। अपना सर्वस्व स्वामी को अर्पण करने वाली वीरांगना पन्ना धाय का जन्म कमेरी गावँ में हुआ था। राणा साँगा के पुत्र उदयसिंह को माँ के स्थान पर दूध पिलाने के कारण पन्ना 'धाय माँ' कहलाई थी। पन्ना का पुत्र चन्दन और राजकुमार उदयसिंह साथ-साथ बड़े हुए थे। उदयसिंह को पन्ना ने अपने पुत्र के समान पाला था। पन्नाधाय ने उदयसिंह की माँ रानी कर्मावती के सामूहिक आत्म बलिदान द्वारा स्वर्गारोहण पर बालक की परवरिश करने का दायित्व संभाला था। पन्ना ने पूरी लगन से बालक की परवरिश और सुरक्षा की। पन्ना चित्तौड़ के कुम्भा महल में रहती थी। चित्तौड़ का शासक, दासी का पुत्र बनवीर बनना चाहता था। उसने राणा के वंशजों को एक-एक कर मार डाला। बनवीर एक रात महाराजा विक्रमादित्य की हत्या करके उदयसिंह को मारने के लिए उसके महल की ओर चल पड़ा। एक विश्वस्त सेवक द्वारा पन्ना धाय को इसकी पूर्व सूचना मिल गई। पन्ना राजवंश और अपने कर्तव्यों के प्रति सजग थी व उदयसिंह को बचाना चाहती थी। उसने उदयसिंह को एक बांस की टोकरी में सुलाकर उसे झूठी पत्तलों से ढककर एक विश्वास पात्र सेवक के साथ महल से बाहर भेज दिया। बनवीर को धोखा देने के उद्देश्य से अपने पुत्र को उदयसिंह के पलंग पर सुला दिया। बनवीर रक्तरंजित तलवार लिए उदयसिंह के कक्ष में आया और उसके बारे में पूछा। पन्ना ने उदयसिंह के पलंग की ओर संकेत किया जिस पर उसका पुत्र सोया था। बनवीर ने पन्ना के पुत्र को उदयसिंह समझकर मार डाला। पन्ना अपनी आँखों के सामने अपने पुत्र के वध को अविचलित रूप से देखती रही। बनवीर को पता न लगे इसलिए वह आंसू भी नहीं बहा पाई। बनवीर के जाने के बाद अपने मृत पुत्र की लाश को चूमकर राजकुमार को सुरक्षित स्थान पर ले जाने के लिए निकल पड़ी। स्वामिभक्त वीरांगना पन्ना धन्य हैं! जिसने अपने कर्तव्य-पूर्ति में अपनी आँखों के तारे पुत्र का बलिदान देकर मेवाड़ राजवंश को बचाया। पुत्र की मृत्यु के बाद पन्ना उदयसिंह को लेकर बहुत दिनों तक सप्ताह शरण के लिए भटकती रही पर दुष्ट बनबीर के खतरे के डर से कई राजकुल जिन्हें पन्ना को आश्रय देना चाहिए था, उन्होंने पन्ना को आश्रय नहीं दिया। पन्ना जगह-जगह

राजद्रोहियों से बचती, कतराती तथा स्वामिभक्त प्रतीत होने वाले प्रजाजनों के सामने अपने को ज़ाहिर करती भटकती रही। कुम्भलगढ़ में उसे यह जाने बिना कि उसकी भवितव्यता क्या है शरण मिल गयी। उदयसिंह क़िलेदार का भांजा बनकर बड़ा हुआ। तेरह वर्ष की आयु में मेवाड़ी उमरावों ने उदयसिंह को अपना राजा स्वीकार कर लिया और उसका राज्याभिषेक कर दिया। उदय सिंह 1542 में मेवाड़ के वैधानिक महाराणा बन गए। राजस्थान में ही नही अपितू भारतीय संस्कृति में पन्ना धाय का नाम मातृत्व, बलिदान, साहस एवं बलिदान का प्रतीक बन गया है. पन्ना धाय समर्पण और त्याग की प्रतिमूर्ति थी. महाराणा सांगा की मृत्यु के बाद मेवाड़ में अस्थिरता रही. सांगा के बाद रतनसिंह शासक बना लेकिन सनः 1531 में उसकी मृत्यु हो गई. उसके बाद विक्रमादित्य मेवाड़ का शासक बना लेकिन राजा व उसकी माँ हाड़ी रानी कर्मवती के व्यवहार से सामंत व जनता असंतुष्ट थी.बहादुरशाह के आक्रमण के कारण मेवाड़ को अपार जनधन की हानि उठानी पड़ी. सांगा के भाई पृथ्वीराज के औरस पुत्र बनवीर ने सनः 1536 में विक्रमादित्य की हत्या करके मेवाड़ के सिंहासन पर अधिकार कर लिया. वह विक्रमादित्य के छोटे भाई उदयसिंह की भी हत्या करके निश्चिन्त होकर राज्य भोगना चाहता था. उदयसिंह की ही आयु का पन्ना धाय का पुत्र चन्दन था. उदहारण कही पर भी देखने को नही मिलता है. पन्ना धाय ने इस अविस्मरनीय बलिदान के कारण ही उसी दिन से पन्ना धाय को मेवाड़ की वीरांगना के रूप में सम्मान मिल रहा है. पन्ना धाय ने अपने पुत्र का बलिदान देकर स्वामिभक्ति का परिचय दिया. मेवाड़ के इतिहास में पन्नाधाय का त्याग एक अविस्मरणीय घटना हैं.पन्ना धाय खींची चौहान राजपूत थी। पन्ना सर्वस्व स्वामी को अर्पण करने के लिये जानी वाली राणा साँगा के पुत्र उदयसिंह को माँ के स्थान पर दूध पिलाने के कारण पन्ना 'धाय माँ' कहलाई थी। मेवाड़ के इतिहास में जिस गौरव के साथ प्रात: स्मरणीय महाराणा प्रताप को याद किया जाता है, उसी गौरव के साथ पन्ना धाय का नाम भी लिया जाता है, जिसने स्वामीभक्ति को सर्वोपरि मानते हुए अपने पुत्र चन्दन का बलिदान दे दिया था। इतिहास में पन्ना धाय का नाम स्वामिभक्ति के लिये प्रसिद्ध है।

7

||मेवाड़||

Enter Caption

मेवाड़ राजस्थान के दक्षिण-मध्य में स्थित एक रियासत थी। इसे 'उदयपुर राज्य' ('चित्तौड़गढ राज्य') के नाम से भी जाना जाता है। इसमें आधुनिक भारत के उदयपुर, भीलवाड़ा, राजसमन्द, तथा चित्तौड़गढ़, प्रतापगढ़ ,डुंगरपुर,बांसवाड़ा जिले थे। मेवाड़ के राजचिह्न में राजपूत और भील सैनिक अंकित है । सैकड़ों वर्षा तक यहाँ राजपूतों का शासन रहा और इस पर गहलोत तथा सिसोदिया

"

राजाओं ने 1200 वर्ष तक राज किया । वीर प्रसूता मेवाड की धरती राजपूती प्रतिष्ठा, मर्यादा एवं गौरव का प्रतीक तथा सम्बल है। राजस्थान के दक्षिणी पूर्वी अंचल का यह राज्य अधिकांशतः अरावली की अभेद्य पर्वत श्रृंखला से परिवेष्टिता है। उपत्यकाओं के परकोटे सामरिक दृष्टिकोण के अत्यन्त उपयोगी एवं महत्वपूर्ण है। मेवाड अपनी समृद्धि, परम्परा, अधभूत शौर्य एवं अनूठी कलात्मक अनुदानों के कारण संसार के परिदृश्य में देदीप्यमान है। स्वाधिनता एवं भारतीय संस्कृति की अभिरक्षा के लिए इस वंश ने जो अनुपम त्याग और अपूर्व बलिदान दिये सदा स्मरण किये जाते रहेंगे। मेवाड की वीर प्रसूता धरती में रावल बप्पा, महाराणा सांगा, महाराण प्रताप जैसे सूरवीर, यशस्वी, कर्मठ, राष्ट्रभक्त व स्वतंत्रता प्रेमी विभूतियों ने जन्म लेकर न केवल मेवाड वरन संपूर्ण भारत को गौरान्वित किया है। स्वतन्त्रता की अखल जगाने वाले प्रताप आज भी जन-जन के हृदय में बसे हुये, सभी स्वाभिमानियों के प्रेरक बने हुए है। मेवाड का गुहिल वंश संसार के प्राचीनतम राज वंशों में माना जाता है। मान्यता है कि सिसोदिया क्षत्रिय भगवान राम के कनिष्ठ पुत्र लव के वंशज हैं। मेवाड राज्य को प्राचीन काल मे मेदपाट, शिवि, प्राग्वाट आदि नामों से जाना जाता था। भगवान रामचन्द्र के पुत्र कुश के वंशजों मे से 566 ई. में मेवाड में गुहादित्य (गुहिल) नाम का प्रतापी राजा हुआ। जिसने गुहिल वंश की नींव डाली। उदयपुर के राजवंश ने तब से लेकर राजस्थान के निर्माण तक इसी प्रदेश पर राज्य किया। इतने अधिक समय तक एक ही प्रदेश पर राज्य करने वाला संसार में एकमात्र राजवंश यही है। उदयपुर के महाराणा हिन्दुआ सूरज कहलाते थे। उदयपुर राज्य के राज्य चिह्न मे अंकित शब्द ''जो दृढ़ राखै धर्म को, तिहिं राखै करतार'' उनकी स्वतंत्रता प्रियता व धर्म पर दृढ़ रहने को स्वयंमेव ही स्पष्ट करता है। मेवाड में बडनगर नामक एक छोटा राज्य था। जिसकी राजधानी नागदा थी। यहाँ पर शिलादित्य नामक राजा शासन करता था। गुजरात की मेर जाति ने शिलादित्य की हत्या कर दी। इस समय शिलादित्य की पत्नी पुष्पावती तीर्थयात्रा पर गई हुई थी। रानी पुष्पावती गर्भवती थी तीर्थयात्रा से लौटने के बाद रानी पुष्पावती ने गुफा में 'गोह' (गुहादित्य) को जन्म दिया। अपने बच्चे को विजयादित्य नामक नागर जाति के ब्राह्मण को सौंपकर सती हो गई। गुहादित्य ने बडे होकर 566 ई. में मेर जाति को परास्त कर गुहिल वंश की स्थापना की। गुहादित्य (गुहिल) के उत्तराधिकारियों के बारे में प्रामाणिक जानकारी नहीं मिलती है। साक्ष्यों के आधार पर उसके उत्तराधिकारियों का क्रम – शील, अपराजित, भर्तृभट्ट, अल्लट, नरवाहन, शक्तिकुमार, विजयसिंह, नागादित्य रहा होगा। गुहादित्य के बाद महेंद्र

दित्य का पुत्र बप्पारावल (734-753 ई.) ही गुहिल वंश का वास्तविक संस्थापक कहलाया। गुहिल–सिसोदिया राजवंश की उत्पत्ति सूर्यवंश से है, भगवान राम के पुत्र लव को लाहौर का राजा बनाया गया बाद मैं इन्ही के वंश मैं तीसरी शताब्दी मैं राजा कनकसेन हुए जिन्होंने अपनी पत्नी वलभी के नाम पर वलभी नगर बसाया ओर उसे अपनी राजधानी बनाया। इनके चार पुत्र थे- 1. चन्द्रसेन 2. राघवसेन 3. धीरसेन 4. वीरसेन। इनके बड़े बेटे चन्द्रसेन से "गुहिल (सिसोदिया) वंश" चला तथा इनके दूसरे बेटे राघव सेन से "राघव वंश" चला जो अन्य जगहों पर शाशन करने के कारण अलग अलग नामों से जाना गया जैसे गुर्जरप्रदेश के बड़ प्रान्त पर शाशन करने के कारण बड़गुर्जर राजपूत ओर सीकरी पर शाशन करने के कारण सिकरवार, राजोरगड पर शाशन करने के कारण राजोरा, अतः मडाड कहलाये। गुहिल वंश विश्व का सबसे प्राचीन एकमात्र वंश है जिसने एक ही जगह पर 1558 वर्षों तक लगतार शासन किया । 1550 के आसपास मेवाड़ की राजधानी थी (आहड़)[चित्तौड़गढ़|चित्तौड़]। महाराणा प्रताप यहीं के राजा थे। अकबर की भारत विजय में केवल मेवाड़ के राणा प्रताप बाधक बना रहे। अकबर ने सन् 1576 से 1586 तक पूरी शक्ति के साथ मेवाड़ पर कई आक्रमण किए, पर उसका राणा प्रताप को अधीन करने का मनोरथ सिद्ध नहीं हुआ स्वयं अकबर, प्रताप की देश-भक्ति और दिलेरी से इतना प्रभावित हुआ कि प्रताप के मरने पर उसकी आँखों में आंसू भर आये। उसने स्वीकार किया कि विजय निश्चय ही राणा की हुई। यह एक ऐतिहासिक सत्य है कि देश के स्वतंत्रता संग्राम में प्रताप जैसे महान देशप्रेमियों के जीवन से ही प्रेरणा प्राप्त कर अनेक देशभक्त हँसते-हँसते बलिवेदी पर चढ़ गए। महाराणा प्रताप की मृत्यु पर उसके उत्तराधिकारी अमर सिंह ने मुगल सम्राट जहांगीर से सन् 1615 में संधि कर ली।

मेवाड़ का इतिहास बेहद ही गौरवशाली रहा है , मेवाड़ का प्राचीन नाम शिवी जनपद था । चित्तौड़ उस समय मेवाड़ का प्रमुख नगर था । प्राचीन समय में सिकंदर के आक्रमण भारत की तरफ बड़ रहे थे , उसने ग्रीक के मिन्नांडर को भारत पर आक्रमण करने के लिए भेजा , उस दौरान शिवी जनपद का शासन भील राजाओं के पास था । सिकंदर भारत को नहीं जीत पाया, आक्रमण को शिवी जनपद के शासकों ने रोक दिया और सिकंदर की सेना को वापस जाना पड़ा । दरसअल मेवाड़ , भील राजाओं के शासन का क्षेत्र रहा , भीलों ने शासन करने के साथ साथ मेवाड़ धारा का विकास किया । मेवाड़ पर राजा खेरवो भील का शासन स्थापित था , उसी दौरान गुहिलोतो ने मेवाड़ अपने कब्जे में कर लिया । मेवाड़ राज्य की स्थापना लगभग 530 ई। में हुई थी; बाद में यह भी होगा,

और अंततः मुख्य रूप से, राजधानी के नाम पर उदयपुर कहलाएगा। 1568 में, अकबर ने मेवाड़ की राजधानी चित्तौड़गढ़ पर विजय प्राप्त की। 1576 में, मेवाड़ के शासक महाराणा प्रताप ने अकबर को हराया और हल्दीघाटी के युद्ध के बाद मुगलों से मेवाड़ की खोई हुई सभी भूमि को ले लिया। हालांकि, गुरिल्ला युद्ध के माध्यम से, महाराणा प्रताप ने पश्चिमी मेवाड़ पर कब्जा कर लिया। 1606 में, अमर सिंह ने देवरे की लड़ाई में मुगलों को हराया। 1615 में, चार दशक तक झड़प के बाद, Mewar और मुगलों ने एक संधि में प्रवेश किया, जिसके तहत मुगलों के कब्जे के लिए मेवाड़ के कब्जे के लिए मेवाड़ क्षेत्र को वापस कर दिया गया था और मुगल दरबार में भाग लेलेया जब 1949 में उदयपुर राज्य भारतीय संघ में शामिल हो गया, तो उस पर 1,400 वर्षों से मोरी, गुहिलोट और सिसोदिया राजवंशों के राजपूतों का शासन था। चित्तौड़गढ़ सिसोदिया वंशावली ओ की राजधानी थी | मेवाड़ का उत्तरी भाग समतल है। बनास व उसकी सहायक नदियों की समतल भूमि है। चम्बल भी मेवाड़ से होकर गुज़रती है। मेवाड़ के दक्षिणी भाग में अरावली पर्वतमाला है,जो की बनास व उसकी सहायक नदियों को साबरमती व माही से अलग करती है,जो कि गुजरात सीमा में है। अरावली उत्तरपश्चिम क्षेत्र में है। इस कारण यहाँ उच्च गुणवत्ता पत्थर के भण्डार है। जिसका प्रयोग लोग गढ़ निर्माण में करना पसंद करते है। मेवाड़ क्षेत्र उष्णकटिबंधीय शुष्क क्षेत्र में आता है। वर्षा का स्तर 660 मिमी/वर्ष, उत्तर पूर्व में अधिकतया। 90% वर्षा जून से सितम्बर के बीच पड़ती है। दक्षिण पश्चिम मानसून के कारण। मेवाड़ क्षेत्र की परिवर्तित सीमाओं के अनुरूप क्षेत्र की राजधानियाँ भी समयानुसार बदलती रही थी। इतिहास प्रसिद्ध दुर्ग चित्तौड़ के उत्तर में, 1.5 मील दूर स्थित "नगरी" स्थान भिबि- जनपद की राजधानी था, जिसे तत्कालीन समय में मंजिमिका के नाम से जाना जाता था। जनपद के नष्ट होने के पश्चात् 7 वीं शताब्दी तक प्रामाणिक विवरणों के अभाव में इस प्रदेश की राजनीतिक अवस्था का विवरण ज्ञात नहीं होता है, किन्तु बप्पा रावल द्वारा शासन अधिकृत करने के समय से 13 वीं शताब्दी के प्रारंभिक दशक तक एकलिंग, देलवाड़ा, नागद्राह, चीखा तथा अघाटपुर (आयड़) मेवाड़ राज्य की राजधानियाँ व प्रशासनिक केंद्र रह चुके थे। रावल जैतसिंह (1213-1250 ई.) के समय यहाँ की राजधानी नागद्रह (नागदा) थी, जो सुल्तान इल्नुतमिश के आक्रमण के कारण नष्ट हो गई। तब रावल ने अघाटपुर को नवीन राजधानी के रूप में विकसित किया। उसके पुत्र रावल तेजसिंह (1250-1273 ई.) ने सामरिक महत्त्व को देखते हुए चित्तौड़ को अपनी राजधानी बनाया। सुल्तान अलाउद्दीन के चित्तौड़ आक्रमण के समय मेवाड़ की राजधानी

चितौड़ ही थी। 14-15 वीं सदी तक चित्तौड़ व कुंभलगढ़ मेवाड़ की राजधानी रहे हैं। राणा कुंभा (1433-1468) ने कुंभलगढ़ तथा राणा सांगा (1509-1527 ई.) ने चित्तौड़ को अपनी राजधानी बनाया। राणा प्रताप (1572-1597 ई.) तथा उसके पुत्र राणा अमरसिंह प्रथम (1597- 1620 ई.) ने मेवाड़ मुगल संघर्ष काल में गांगुंदा व चावंड नामक स्थानों को संघर्ष कालीन राजधानियाँ बनायी। राणा उदयसिंह (1540-1572 ई.) ने पीछोली नामक गाँव को अपनी राजधानी बनाया। पीछोली गाँव ही 17 वीं शताब्दी के पूर्वाद्ध में उदयपुर नगर के नाम से प्रसिद्ध हो गया। राणा कर्णसिंह (1620 -1628 ई.) के बाद से उदयपुर नगर ही मेवाड़ की स्थायी राजधानी रहा, जब तक राणा भूपालसिंह द्वारा 18 अप्रैल 1948 ई. में इसका विलय कर दिया गया।

मेवाड़ के महाराणा

**कालभोज / बप्पा रावल 734-753

अल्लाट

शक्ति कुमार

मुजं परमार

वेरी सिंह

विजय सिंह

रण सिंह

क्षेम सिंह

रावल सम्पत सिंह 1177 - 1190

रावल कुमार 1190 - 1213

जेत्र सिंह 1213-1253

तेज़ सिंह 1253-1273

समर सिंह 1273-1302

रतन सिंह 1302-1303

खिज्र खा 1303 - 1313

मालदेव चौहान 1313 - 1326

कीर्तीपाल 1326

हमीर सिसोदिया 1326-1364

क्षेत्र सिंह 1364-1382

लाखा सिंह 1382-1421

मोकल सिंह 1421-1433

कुंभा सिंह 1433-1468

उदय सिंह प्रथम 1468-1473

राय मल सिंह 1473/1509

संग्राम सिंह प्रथम 1509-1528

रतन सिंह 1528-1531

विक्रमादित्य सिंह 1531-1536

बनवीर सिंह 1536-1537

उदय सिंह 1537-1572]

प्रताप सिंह (महाराणा प्रताप) 1572-1597

अमर सिंह प्रथम 1597-1620

करन सिंह 1620-1628

जगत सिंह प्रथम 1628-1652

राज सिंह प्रथम 1652-1680

जय सिंह 1680-1698

अमर सिंह द्वितीय 1698-1710

संग्राम सिंह द्वितीय 1710-1734

जगत सिंह द्वितीय 1734-1751

प्रताप सिंह द्वितीय 1751-1753

राज सिंह द्वितीय 1753-1761

अरी सिंह 1761-1773

हम्मीर सिंह द्वितीय 1773-1778

भीम सिंह 1778-1828

जवान सिंह 1828-1838

सरदार सिंह 1838-1842

स्वरूप सिंह 1842-1861

शम्भू सिंह 1861-1874

सज्जन सिंह 1874-1884

फतह सिंह 1884-1930

भूपाल सिंह 1930-1949 (+4 जुलाई 1955).......................

ग्राम- बस्तियों का दैनिक जीवन प्रातः 3 बजे से प्रारंभ हो जाता था। दैनिक नित्य"- कर्म से निवृत होने के बाद स्त्रियाँ आटा पीसने बैठ जाती थी। प्रायः प्रतिदिन दैनिक उपभोग के हिसाब से एक- दो सेर अनाज पीसा जाता था। इसके बाद वे कुँए

से पानी लाने का काम करती थी। दूसरी तरफ कृषक लोग उषा- बेला में ही हल, बैल व अन्य मवेशियों को लेकर खेत चल देते थे। दिन भर काम करने के बाद सायंकाल 5-6 बजे घर आते थे। स्त्रियाँ प्रातः कालीन गृह- कार्य से निवृत्त होकर पुरुषों का हाथ बँटाने के लिए खेत से घर पहुँच जाती थी। साथ में दिन का भोजन भी ले जाती थी। जो प्रायः राब या छाछ, जब या मक्की की रोटी और चटनी- भाजी होती थी। वृद्धाएँ घर में बच्चों की देखभाल करती थीं। बच्चे बड़े होकर गोचरी का कार्य करते थे। सायंकाल में किसान इंधन तथा पशुओं के चारे के साथ घर लौटते थे। साल में खेती के व्यस्ततम दिनों में फसल की पाणत (सिंचाई) के लिए रात को भी खेत में रहना पड़ता था। उसी तरह पके हुए फसलों की सुरक्षा के लिए भी किसान खेतों में बनी डागलियों में रात बिताते थे। फसल कटाई के लिए पूरा परिवार खेत में जुट जाता था। वही व्यावसायिक जातियाँ अपना पूरा दिन कर्मशालाओं में बिताते थे। वहीं वे दिन का भोजन करते थे। शाम में लौटकर भोजन के बाद लोग पारस्परिक बैठक, खेलकूद, किस्से कहानियों, भजन- कीर्तन व ग्राम्य स्थिति की चर्चा के माध्यम से आमोद- प्रमोद करते थे। सर्दियों में लोग अलाव के चारों तरफ लंबी बैठकियाँ करते थे। ग्राम्य- नगरों का जीवन वैसे तो ग्राम्य-जीवन के प्रभाव से मुक्त नहीं था, लेकिन लोगों के पास साधन होने की स्थिति में वे "भगतणों' का नृत्य देखने, मुजरे सुनने, दरबारी क्रिया- कलापों में सेवकाई करने, भजन- कीर्तन तथा दरबार- यात्राओं की जय- जय करने में व्यस्त रहते थे। दैनिक गोठ (मित्र भोग), अमल- पानी, भांग, गांजा, शराब आदि का व्यसन कुलीन वर्ग के दैनिक जीवन का हिस्सा था। राजस्थान के अन्य राज्यों की तरह मेवाड़ में भी सिक्के प्रचलन में थे, लेकिन आर्थिक जीवन में सारे लेन- देन सिक्कों के माध्यम से ही नहीं किये जाते थे। दो राज्यों के बीच वाणिज्य व्यापार में निःसंदेह सिक्कों का ही इस्तेमाल होता था, लेकिन साथ- साथ कई स्थितियों में वस्तु- विनिमय से भी काम चला लिया जाता था। राज्य कर्मचारियों सेवकों तथा दासों को वेतन के रूप में अधिकतर कृषि योग्य भूमि, कपड़े तथा अन्य वस्तुएँ दी जाती थी। साथ- साथ नाम मात्र की ही संख्या में सिक्के दिये जाते थे। आंतरिक व्यापार में मुद्राओं के साथ- साथ 19 वीं शताब्दी के उत्तरार्द्ध तक कौड़ियों का भी प्रचलन रहा। कौड़ियों से जुड़ी गणनाओं में एक है-

20 भाग = 1 कौड़ी

20 कौड़ी = आधा दाम

2 आधा दाम = 1 रुपया

सर जॉन माल्कन के अनुसार

4 कौड़ी = 1 गण्डा

3 गण्डा = 1 दमड़ी

2 दमड़ी = 1 छदाम

2 छदाम = 1 रुपया (अधेला)

4 छदाम = 1 रुपया = 96 कौड़ी

18 वीं सदी के पूर्व यहाँ मुगल शासकों के नाम वाली "सिक्का एलची' का प्रचलन था, लेकिन औरंगजेब के बाद मुगल साम्राज्य का प्रभाव कम हो जाने के कारण अन्य राज्यों की तरह मेवाड़ में भी राज्य के सिक्के ढलने लगे। 1774 ई. में उदयपुर में एक अन्य टकसाल खोली गई। इसी प्रकार भीलवाड़ा की टकसाल 17 वीं शताब्दी के पूर्व से ही स्थानीय वाणिज्य- व्यापार के लिए "भीलवाड़ी सिक्के' ढ़ालती थी। बाद में चित्तौड़गढ़, उदयपुर तथा भीलवाड़ा तीनों स्थानों के टकसालों पर शाहआलम (द्वितीय) का नाम खुदा होता था। अतः यह "आलमशाही' सिक्कों के रूप में प्रसिद्ध हुआ। राणा संग्रामसिंह द्वितीय के काल से इन सिक्कों के स्थान पर कम चाँदी के मेवाड़ी सिक्के का प्रचलन शुरू हो गया। ये सिक्के चितौड़ी और उदयपुरी सिक्के कहे गये। आलमशाही सिक्के की कीमत अधिक थी। 100 आलमशाही सिक्के = 125 चितौड़ी सिक्के

उदयपुरी सिक्के की कीमत चित्तौड़ी से भी कम थी। आंतरिक अशांति, अकाल और मराठा अतिक्रमण के कारण राणा अरिसिंह के काल में चाँदी का उत्पादन कम हो गया। आयात रुक गये। वैसी स्थिति में राज्य- कोषागार में संग्रहित चाँदी से नये सिक्के ढ़ाले गये, जो अरसीशाही सिक्के के नाम से जाने गये। इनका मूल्य था--

1 अरसी शाही सिक्का = 1 चित्तौड़ी सिक्का = 1 रुपया 4 आना 6 पैसा।

राणा भीम सिंह के काल में मराठे अपनी बकाया राशियों का मूल्य- निर्धारण सालीमशाही सिक्कों के आधार पर करने लगे थे। इनका मूल्य था ---

सालीमशाही 1 रुपया = चित्तौड़ी 1 रुपया 8 आना

आर्थिक कठिनाई के समाधान के लिए सालीमशाही मूल्य के बराबर मूल्य वाले सिक्के का प्रचलन किया गया, जिन्हें "चांदोड़ी- सिक्के' के रूप में जाना जाता है। उपर्युक्त सभी सिक्के चाँदी, तांबा तथा अन्य धातुओं की निश्चित मात्रा को मिलाकर बनाये जाते थे। अनुपात में चाँदी की मात्रा तांबे से बहुत ज्यादा होती थी। इन सिक्कों के अतिरिक्त त्रिशूलिया, ढ़ीगला तथा भीलाड़ी तोबे के सिक्के भी प्रचलित हुए। 1805 -1870 के बीच सलूम्बर जागीर द्वारा "पद्मशाही' ढ़ीगला सिक्का चलाया गया, वहीं भीण्डर जागीर में महाराजा जोरावरसिंह ने "भीण्डरिया' चलाया। इन सिक्कों की मान्यता जागीर लेन- देन तक ही सीमित थी। मराठा-

अतिक्रमण काल के "मेहता" प्रधान ने "मेहताशाही" मुद्रा चलाया, जो बड़ी सीमित संख्या में मिलते हैं। राणा स्वरुप सिंह ने वैज्ञानिक सिक्का ढलवाने का प्रयत्न किया। ब्रिटिश सरकार की स्वीकृति के बाद नये रूप में स्वरुपशाही स्वर्ण व रजत मुद्राएँ ढाली जाने लगी। जिनका वजन क्रमशः 116 ग्रेन व 168 ग्रेन था। 169 ग्रेन शुद्ध सोने की मुद्रा का उपयोग राज्य- कोष की जमा - पूँजी के रूप में तथा कई शुभ- कार्यों के रूप में होता था। पुनः राज्य कोष में जमा मूल्य की राशि के बराबर चाँदी के सिक्के जारी कर दिये जाते थे। इसी समय में ब्रिटिशों का अनुसरण करते हुए आना, दो आना व आठ आना, जैसे छोटे सिक्के ढाले जाने लगे, जिससे हिसाब- किताब बहुत ही सुविधाजनक हो गया। रुपये- पैसों को चार भागों में बाँटा गया पाव (1/2), आधा (1/2), पूण (1/3) तथा पूरा (1) सांकेतिक अर्थ में इन्हें। तथा 1 लिखा जाता था। पूर्ण इकाई के पश्चात् अंश इकाई लिखने के लिए नाप में s चिह्न का तथा रुपये - पैसे में o) चिह्न का प्रयोग होता था। ब्रिटिश भारत सरकार के सिक्कों को भी राज्य में वैधानिक मान्यता थी। इन सिक्कों को कल्दार कहा जाता था। मेवाड़ी सिक्कों से इसके मूल्यांतर को बट्टा कहा जाता था। चांदी की मात्रा का निर्धारण इसी बट्टे के आधार पर होता था। उदयपुरी 2.5 रुपया को 2 रुपये कल्दार के रूप में माना जाता था। 1928 ई. में नवीन सिक्कों के प्रचलन के बाद तत्कालीन राणा भूपालसिंह ने राज्य में प्रचलित इन प्राचीन सिक्कों के प्रयोग को बंद करवा दिया। इस प्रकार हम पाते हैं कि यहाँ की आर्थिक व्यवस्था, वस्तु- विनिमय की परंपरा तथा जन- जीवन पर ग्रामीण वातावरण के प्रभाव ने मुद्रा की आवश्यकता को सीमित रखा। वैसे 19 वीं सदी उत्तरार्द्ध में सड़क निर्माण, रेल लाइन निर्माण व राजकीय भवन निर्माण तथा राज का परिमापन मुद्रा में होने लगा था, फिर भी अधिकतर- चुकारा एवं वसूली जीन्सों में ही प्रचलित थी। धातुओं से निर्मित इन मुद्राओं के साथ एक समस्या यह भी थी कि संकटकाल में इन मुद्राओं को ही गलाकर शुद्ध धातु को बेचकर लाभ कमाने की कोशिश की जा रही थी। राज्य में महाराणाओं द्वारा वैज्ञानिक सिक्के के प्रचलन में विशेष रुचि नहीं रहने के कारण शान्तिकाल में भी राज्य- कोषागार समृद्ध नहीं रहा, दूसरी तरह भू- उत्पादन द्वारा राज्य- भंडार समृद्ध रहे। मेवाड़ राज्य में आज की तरह सुसंगठित संचार व्यवस्था नहीं थी। जन- साधारण में जातियों के अपने-अपने नाई, सेवक, भाट ही पारिवारिक संदेशों का आदान- प्रदान करते थे। ऐसी संदेश- प्रक्रिया प्रायः मौखिक होती थी। राज्य कार्य के लिए पैदल (दौड़ायत), ऊँट सवार, सांड़ीवार तथा घुड़सवार रखे जाते थे। वे राज- काज से संबद्ध सूचना वार्ताओं को प्रायः मौखिक रूप से ही इधर- उधर पहुँचाते थे। मौखिक संदेश- प्रक्रिया का कारण संभवतः उस समय का

संशयात्मक राजनीतिक वातावरण था। व्यापारिक पत्र माल वाहनों अथवा यात्रियों के साथ भेजे जाते थे। 19 वीं सदी के पूर्वार्द्ध तक इसी रुढिगत व्यवस्था का प्रयोग किया गया। इस के बाद सूचना संचार के लिए बग्गियाँ काम में भी जाने लगी। अब लिखित सूचना का प्रचलन शुरू हो गया था। किंतु जनसाधारण में अभी भी सूचना- विनिमय की कोई राज्य आधारित व्यवस्था नहीं थी। यह व्यवस्था राणा स्वरुपसिंह के शासन से आरंभ हुई, जो नियमित राजकीय डाक लाने ले जाने का कार्य करती थी। यह व्यवस्था "बामणी- डाक व्यवस्था' के नाम से जानी जाती थी। बामणी डाक व्यवस्था संभवतः बंगाल के हरकारा- डाक व्यवस्था से प्रभावित थी। इस व्यवस्था में ब्राह्मण जाति के लोगों को वार्षिक ठेके के आधार पर डाक संबंधी उत्तरदायित्व प्रदान किया गया था। ब्राह्मण वर्ग के प्रति लोगों का आदर व दया मान था। साथ- ही- साथ चूँकि ब्राह्मण को मारना या लूटना पाप- कर्म माना जाता था, अतः पैसे व पत्र ज्यादा सुरक्षित रहते थे। ठेके में हानि होने की स्थिति में राज्य द्वारा आर्थिक- अनुदान कर क्षतिपूर्ति किया जाता था। ठेका लेने वाले व्यक्ति को डाक- व्यवस्था बनाये रखने के लिए हरकारे रखने पड़ते थे, जिनका मासिक वेतन निश्चित किया जाता था। 19 वीं शताब्दी के उत्तरार्द्ध में यह प्रति माह 4 रुपया था। इस डाक- व्यवस्था को जन- साधारण के उपयोग हेतु राणा शंभूसिंह के शासन- काल में खोला गया। जन- साधारण को प्रति पत्र की कीमत के आधार पर एक निश्चित लागत चुकानी पड़ती थी। मेवाड़ राज्य के अंदर पत्रों के आदान- प्रदान की लागत निश्चित थी, किंतु बाहर भेजी जाने वाली डाक पर अलग से प्रति कोस के हिसाब से पैसा लिया जाता था। 20 वीं शताब्दी के एक दशक तक वामणी डाक नियमित रूप से प्रत्येक परगने के मुख्यालय तक जाती थी। अलग से कोई डाक- कार्यालय नहीं था। ठेकेदार का घर तथा हरकारे स्वयं डाक- घर का कार्य करते थे। सन् 1865 ई. में आंग्ल सरकार ने डाक- घर स्थापित किया। इसके साथ ही नसीराबाद, खेरवाड़ा, कोटड़ा व छावनी पर छावनी के छाक- घर खुले। इनका प्रयोग ब्रिटिश भारत सरकार, एजेंटों एवं राज्य के कर्मचारियों के समाचारों का आदान- प्रदान करना था। रेलवे के विकास के बारे में जन- साधारण के प्रयोग के लिए प्रत्येक रेलवे- स्टेशन पर प्रशासन ने एक- एक डाक घर तथा तार- घर खोल दिया। 19 वीं सदी के अंत तक जन- साधारण की सूचना नियमित तथा व्यवस्थित रूप से आने- जाने लगी थी।

रणकपुर जैन मन्दिर : मेवाड़ राज्य में जन-जीवन में ज्यादातर कुटीर ग्रामोद्योग का प्रचलन था। इन उद्योगों का विस्तार आत्मनिर्भर आर्थिक- व्यवस्था के अनुरुप राज्य की माँग तथा पूर्ति तक सीमित था। ज्यादातर उद्योग-

धंधे जाति समाज की जातियों व वंशानुगत स्थितियों पर आधारित थे। जातिगत उद्योगों में कार्यरत शिल्पियों के दो स्तर थे -

ग्राम्य शिल्पी

नगर शिल्पी

ग्राम्य शिल्पी कृषि तथा ग्राम्य-जीवन की आवश्यकताओं की पूर्ति के लिए कार्य करते थे। इनका आर्थिक जीवन कृषि- आश्रित रहता था। वे अद्र्ध- कृषक हो सकते थे। नगर शिल्पी कुशल शिल्पी की श्रेणी में आते थे। उन्हें दो श्रेणियों में बाँटा गया है -

नगर शिल्पी

श्रमिक शिल्पी

व्यवसायी शिल्पी

श्रमिक शिल्पियों में भवन-निर्माण करने वाले मिस्री व अन्य कारीगर, कपड़ों की सिलाई करने वाले महिदाज, रेजा बुनने वाले बलाई, कपड़ा रंगने वाले रंगरेज, कागज बनाने वाले कागदी, सोना- चाँदी के बरक बनाने वाले, कपड़ो की छपाई करने वाले छीपा, बर्तन गढ़ने वाले कसारा इत्यादि जाति के लोग प्रमुख है। सुनार, लुहार, सुथार, कुम्हार, दर्जी, जीणगर, सिकलीगर, अंतार- गंधी, उस्ता, पटवा, कलाल आदि जातियाँ व्यवसायी शिल्पियों के वर्ग में आते थे।

1. वस्त्र उद्योग

प्रत्येक गाँव में चर्खे द्वारा सूत कातने तथा मोटे सूती कपड़े (रेजा) की बुनाई का काम किया जाता था। एक कहावत के अनुसार - मोटो खाणों, मोटो पेरणों अर छोटो रेहणों अर्थात आदर्शवान नम्र व्यक्ति मोटे अनाज (मक्की- धान आदि) खाते है तथा रेजा पहनते है। मेवाड़ राज्य के मध्य एवं पूर्वी दक्षिणी भाग में कपास का उत्पादन होने के कारण यह क्षेत्र रेजाकारी का प्रमुख केंद्र था। मुस्लिम जाति के जुलाहे बारीक कपड़े की बुनाई का काम करते थे, लेकिन इन वस्त्रों का प्रचलन मात्र अभिजात व कुलीन वर्ग में ही होने के कारण मोटे रेजा उद्योग जैसा प्रचलित नहीं हो पाया। वस्त्र- निर्माण, रंगाई, छपाई व कढ़ाई का काम मुस्लिम जाति के रंगरेजों, छिपाओं तथा हिंदूओं में पटवा लोगों द्वारा किया जाता था। छपाई में लकड़ी के ब्लाकों का प्रयोग होता था, जिसका निर्माण शिल्पी- सुथार करते थे। गोटे- किनारी के व्यवसाय पर पारख जाति के ब्राह्मणों का एकाधिकार था।

2. काष्ठ- उद्योग : मेवाड़ राज्य की तिहाई भूमि वनाच्छादित थी। सीसम, सागवान, आम, बबूल व बाँस के वृक्ष बहुतायत में थे। लकड़ियों का प्रयोग विशेष रूप से कृषि- उपकरण, भवन तथा बरतन बनाने में होता था। लकड़ी में खुदाई व

नक्काशी का काम सुथार लोग करते थे।

3. लुहारी व चर्मकारी उद्योग : ग्राम्य लुहार, चमार व गाडूलिया- लुहार (एक घुमक्कड़ व्यवसायी जाति) कृषि के लिए लौह- उपकरणों, जैसे हल, कुदाल, नीराई- गुड़ाई करने की खाप, चड़स आदि तथा घरेलू- सामानों (चिमटा, दंतुली, सांकल, चाकू आदि) बनाने का कार्य करती थी। नगरों में यह काम सिकलीबर, जीणगर व मोची द्वारा किया जाता था।

4. बर्तन – उद्योग : जन- साधारण की स्थानीय आवश्यकताओं की पूर्ति के लिए मिट्टी के बर्तन बनाये जाते थे। बांस की सुलभता के कारण बांस के बर्तनों का भी प्रचलन था। बांस का कार्य गांछी तथा हरिजन जाति के लोग करते थे। वे टोकरियाँ, छाब, कुंडया, टाटा आदि बनाने का कार्य करते थे। तांबा, पीतल तथा कांसा के मिश्रित बर्तनों का निर्माण कार्य कसारा जाति के लोग करते थे। उदयपुर में पीतल, तांबा आदि के साथ- साथ सोनियों द्वारा सोने- चाँदी के बरतन भी बनाने के कारोबार किया जाता था।

5. आभूषण उद्योग : कलात्मक आभूषण बनाने तथा जड़ाई करने का कार्य सोनी तथा जड़िया जाति के लोग करते थे। वे तलवारों व कटारियों की मूठों पर भी जड़ाई व खुदाई का काम करते थे। मीनाकारी का काम विशेष रूप से नाथद्वारा में होता था।

6. अन्य उद्योग : उपरोक्त उद्योगों के अलावा यहाँ मूर्ति एवं चित्रकारी, चूड़ी, इत्र, कागज व शराब बनाने के उद्योग विकसित थे। चतारा उद्योग का व्यापक प्रचलन विभिन्न ठिकानों, हवेलियाँ व लोक- शिल्प के रूप में सभी घरों में था। वैसे तो कागज का गुजरात से आयात किया जाता था, लेकित मेवाड़ में भी घास की गुदा, मांस, कपड़ों को सड़ाकर लेप तैयार कर मोटा कागज बनाने का प्रचलन था। बनाने वाले "कागदी" कहलाते थे। बारुद सोनगरों द्वारा तैयार किये जाते थे। क्रलाल जाति के लोग महुआ, केशव व गुलाल से शराब बनाते थे। राजमहलों में कई कारखाने काम करते थे। वहाँ शिल्पियों को शासन द्वारा बेगार में अथवा वेतन- मजदूरी पर काम करना होता था। यहाँ मुख्यतः पत्थर - नक्काशी, मूर्ति शिल्प, चित्रकारी, वस्त्र- सिलाई, आभूषण- जड़ाई, डोली, स्वर्णकारी, औषधि व नाव आदि बनाने का काम होता था। कारखाने के उत्पादों का प्रयोग राज्य के मर्दाना महल तथा जनाना महल में रहने वाले लोग करते थे।

मेवाड़ राज्य के उद्योग-धंधे :-

दुपट्टा एवं छींट के वस्त्र – हम्मीरगढ़ , रेजा की जाजम व पछेवड़ा, वस्त्र-बंधाई, रंगाई व छपाई -- चितौड़, अकोला, उदयपुर ,पगड़ियां, मोठड़े, चूंदड़ियाँ व लहरियों

की छपाई व रंगाई – उदयपुर ,बहुमूल्य कपड़ों पर सोने चांदी के तार तथा रेशम के धागों द्वारा कढ़ाई – उदयपुर , कपास तथा ऊन ओटने का कारखाना – भीलवाड़ा , लकड़ी के कलात्मक खिलौने व चुड़ियाँ -- उदयपुर, भीलवाड़ा, जहाजपुर, शाहपुर , पावड़ा पर पॉलिश -- भीलवाड़ा, जहाजपुर, शाहपुर , भवन- निर्माण में उपयुक्त कलात्मक काष्ठ - निर्मित वस्तुएँ -- सलूम्बर, कुरबड़, भीण्डर , तलवार, खंजर- छूरी, कटारी, भाले ढ़ाल, हाथी, घोड़े तथा ऊँटों की जीण या काठी – उदयपुर, मिट्टी के कलात्मक बर्तन कुँआरिया -- उदयपुर तथा कपासन , लौह-निर्मित हमामदस्ता व तगारियाँ – विगोद , ताँबा, पीतल व कांसा आदि धातुओं के बरतन -- भीलवाड़ा, उदयपुर , सोने-चाँदी के बरतन – उदयपुर , आभूषण निर्माण व नगीना-जड़ाई – उदयपुर , मीनाकारी – नाथद्वारा , हाथीदाँत, लाख व नारियल की चूड़ियाँ -- उदयपुर, भीलवाड़ा , मोमबत्ती – कोठारिया , गुलाबजल व गुलाब का इत्र – खमनोर , कंबल – देवगढ़ , हरे घीया पत्थर की मूर्तियाँ – ऋषभदेव , भीतिचित्र व कलमकारी उद्योग -- नाथद्वारा, उदयपुर , मोटा कागज उद्योग – घुसुन्डा , बारुद -- केवला, चित्तौड़ व पुर , देशी साबुन -- उदयपुर, भीण्डर |

वाणिज्य-व्यवस्था से वणिक-समूह प्रत्यक्ष रूप से जुड़ा था। व्यवसाय की दृष्टि से वणिकों को तीन श्रेणियों में बाँटा जा सकता है -

ग्राम्य वणिक

नगर वणिक तथा

बोहरा या साहूकार

साहूकार तथा अन्य संपन्न द्विज जाति के व्यक्ति ग्राम्य- वणिक तथा नगर- वणिक के मध्य की कड़ी होते थे। वे गाँवों में उधार लेन- देन तथा माल क्रय- विक्रय का कार्य करने थे तथा साथ - ही साथ नगर-वाणिज्य की आवश्यकतानुसार ग्राम्य- भंडार से माल को मंडी में थोक से विक्रय करते थे। इस प्रकार दोहरा व्यापारी ग्रामीण प्रजा के लिए बैंक तथा मंडी माल के मुख्य संग्रहकर्त्ता एवं वितरक का कार्य करते थे। कुछ सौदे बोहरों के बिना, प्रत्यक्ष भी किये जाते थे। माल संग्रह प्रायः कृषक अथवा ग्राम- भंडार में ही रखा जाता था तथा आवश्यकतानुसार मंगवाया जाता था। इससे दलाली के 4 से 6 s तक की बचत होती थी। अच्छी स्थिति वाले कृषक तथा जागीरदार अथवा उपज सीधे मंडियों में बेचते थे। राज्य द्वारा दलालों को दलाली- पट्टे दिये जाते थे। दलाली का वार्षिक शुल्क आमदनी के अनुपात में लिया जाता था। शुल्कों को संग्रह करने का वार्षिक ठेका प्रत्येक वाणिज्य- व्यापार समूह के प्रमुख आढ़तिया को प्रदान कर दिया जाता था। बिना राज्याज्ञा का कोई व्यक्ति दलाली नहीं कर सकता था। राज्य की तरफ से सहणा

और ढ़ाणी मंडी में राज्यहितों का ध्यान रखते थे। पट्टा पद्धति द्वारा राज्य के क्षेत्रीय वाणिज्य- व्यापार पर प्रत्यक्ष नियंत्रण रहता था। व्यापारी मनमाने भाव नहीं बढ़ा सकते थे। माल की कमी हो जाने पर माल की आपूर्ति राज्य द्वारा राज्य भंडार से की जाती थी या फिर बाहर से राज्य की जमानत पर मंगवाया जाता था।

गाँवों में व्यापार का काम साप्ताहिक (साती) अथवा मासिक (मासी) हटवाड़ (बाजार) लगा कर किया जाता था। ऐसे हटवाड़ प्रत्येक 10-12 गाँवों के मध्य लगाये जाते थे। राज्य के आंतरिक व्यापार के प्रमुख केन्द्र उदयपुर, भीलवाड़ा, राशमी, समवाड़, कपासन, जहाजपुर तथा छोटी सादड़ी थे। अंतर्राज्यीय व्यापार के लिए मेवाड़ के वणिक-गण समुह बना कर क्रय-विक्रय हेतु दुरस्थ प्रदेशों में जाते थे। ये व्यापारिक यात्राएँ सर्दी के बाद प्रारंभ हो जाती थी तथा वर्षाकाल से पूर्व समाप्त हो जाती थी। आलोच्यकाल में व्यापारिक यातायात का मुख्य साधन कच्चे व पथरीले मार्ग रहे थे। इन्हीं मार्गों से बनजारे बैलों व भैंसों द्वारा, गाडुलिया लुहार बैलगाड़ियों से, रेबारी लोग ऊँटों द्वारा, कुम्हार तथा ओड़ लोग खच्चर व गधों पर माल लाने- ले जाने का काम करते थे। वैसे स्थान जहाँ पशुओं द्वारा ढ़लाई संभव नहीं थी, माल आदमी की पीठ पर लाद कर लाया जाता था। लंबी दूरी पर माल-ढ़लाई का कार्य चारण, बनजारा तथा गाड़ूलिया लुहार, जैसे लड़ाकू - बहादुर जाति के लोग संपन्न करते थे। चारण जाति को समाज में ब्राह्मण - तुल्य स्थान प्राप्त था, अतः इनके काफिलों का लूटना पाप माना जाता था। व्यापारिक काफिले, जो बैलों के झुण्ड पर माल लाद कर चलते थे, बालद (टांडा) कहलाते थे। एक बालद में एक से एक हजार तक बैल हो सकते थे। ऊँटों का काफिला एक दिन में करीब 22 मील की दूरी तय करता था, वहीं घोड़े से 50 मील तक की यात्रा की जा सकती थी। बैलगाड़ी, गधे, खच्चर आदि एक दिन में 25-30 मील की दूरी तय कर लेते थे। यात्रा के दौरान रात्रि को मार्ग पर स्थित गाँवों, धर्मशालाओं, धार्मिक स्थलों या छायादार वृक्षों के आस- पास विश्राम किया जाता था, जहाँ पानी के लिए कुँए बावड़ियों की व्यवस्था होती थी। मार्ग स्थित सभी बावड़ियों के किनारे पशु के पेय हेतु प्याउएँ बनी होती थी। 19 वीं शताब्दी के उत्तरार्द्ध में यात्रियों व व्यापारियों को सुरक्षार्थ संबद्ध जागीरदारों का रखवाली एवं बोलाई नामक राहदरी (मार्ग- शुल्क) देना पड़ता था। वैसे तो ब्रिटिश संरक्षण काल में इन शुल्कों को समाप्त कर दिया गया, फिर भी जागीरदारों इन अधिकारों का अनधिकृत प्रयोग करते थे। मराठा अतिक्रमण काल में मार्ग का सुरक्षित यात्रा बीमा तथा प्रति बैल के हिसाब से व्यापारिक माल बीमा देना पड़ता था। वर्षा के दिनों में मार्ग अवरुद्ध हो जाने की स्थिति में कीर नामक जाति के लोग "उतराई" शुल्क लेकर लोगों को सुरक्षित

नदी पार कराती थी। अभिजात्य तथा संपन्न वर्ग के लोग पालकियों व बग्गियों पर यात्रा करते थे। व्यापारिक माल की आमद (आयात) और निकास (निर्यात) पर व्यापारियों को दाण, बिस्वा एवं मापा नामक शुल्क राज्य को देना पड़ता था। एक गाँव से दूसरे गाँव माल ले जाने के लिए ग्राम- पंचायतों को ""माना' चुकाना पड़ता था। दाण व बिस्वा के अधिकार प्रायः राणा के पास होता था, लेकिन 18 वीं सदी में विशिष्ट सैन्य- योग्यता प्रदर्शित करने वाले क्षत्रियों को भी दाण लेने के अधिकार प्रदान किये गये थे। इन अधिकारों का सन् 1818 ई. के बाद केंद्रीकरण करने की व्यवस्था की गई, जो राणा स्वरुप सिंह तक चली भी। फिर से ठेके की सायर (चुंगी) व्यवस्था तोड़कर स्थान- स्थान पर राज्य के दाणी- चौतरे बनाये गये। रेल की सुविधा आ जाने के बाद प्रत्येक स्टेशनों पर दाणी - घर बनाये गये। दाणी व हरकारे नियुक्त किये गये। यहाँ से माल उतारने व माल चढ़ाने की चुंगी ली जाती थी। पहले चुंगी नगों की गिनती, अनाज की तौल व पशु गणना के आधार पर ली जाती थी। बाद में 20 वीं सदी के पूर्वार्द्ध में शुल्क लिया जाने लगा। आयात शुल्क निर्यात शुल्क से अधिक लिया जाता था। पूण्यार्थ धर्मार्थ वस्तुओं, लड़की के विवाह व मृत्युभोज की वस्तुओं पर चुंगी नहीं ली जाती थी।

मेवाड़ भील कॉर्प

मेवाड़ भील कॉर्प का सेवा और देशभक्ति का एक लंबा, बहादुर और सफल इतिहास है । 1837 में, महिकांता के राजनीतिक एजेंट कर्नल जेम्स आउट्राम ने एक ब्रिटिश अधिकारी की कमान में भील वाहिनी की स्थापना का प्रस्ताव रखा। परिणामस्वरूप, 1 जनवरी 1841 को मेवाड़ भील कोर की स्थापना हुई। अप्रैल 1841 में गवर्नर जनरल ने अपनी सलाहकार परिषद की सलाह पर मेवाड़ भील कोर के गठन को स्वीकृति प्रदान की। मेवाड़ भील कोर का मुख्यालय उदयपुर राज्य में खेरवाडा रखा गया । मेवाड़ भील कॉर्प ने उस दौरान महत्वपूर्ण भूमिका निभाई भिलप्रांत में पक्की सड़कों का निर्माण कराने और बाहरी दुनिया से व्यापार शुरू करने का श्रेय मेवाड़ भील कॉर्प को ही है , यदि उस दौरान यह भील सेना नहीं होती तो राजाओं की जमीन बिक जाती थी ।

जब मेवाड़ रियासत ने अंग्रेजो से सन्धि की तब से वे विद्रोहियों को रोकने के लिए दिन में पुलिस थाने बनाते और खेरवाडा के आदिवासी लोग उन्हें रात में तोड़ कर पहाड़ों में चले जाते तो अंग्रेज परेशान हो गए थे तब यहां के एक भील नेता के साथ सन्धि की तब उन्होंने यह बात कही की एक सेना जिसमें केवल आदिवासी ही उन्हीं को भर्ती किया जाए , तब ही हम आप लोगों का साथ देने के लिए तैयार हैं इस तरह से 1841 मे मेवाड़ भील कॉर्प की स्थापना हुई और प्रथम कमांडेंट भी

भील नेता ही बना ।

मेवाड़ के प्राचीन नाम:-

महाभारत काल में मेवाड़ शिवी जनपद के अन्तर्गत आता था। शिवी की राजधानी मध्यमिका (वर्तमान चित्तौड़गढ़) थी।

मेदपाट – मेव जाति की अधिकता के कारण मेवाड़ को मेदपाट कहा जाता था ।

उदसर – भीलों का मुख्य क्षेत्र होने के कारण मेवाड़ को उदसर भी कहा जाता था।

प्रागवाट – शक्तिशाली, सम्पन्न राजाओ का क्षेत्र क्षेत्र

मेरुनाल – पहाड़ी क्षेत्र होने के कारण मेवाड़ को प्राचीन काल में मेरुनाल भी कहा गया।

मेवाड़ का राज्य आदर्श वाक्य– "जो दृढ़ राखै धर्म तिही राखे करतार"

मेवाड़ का राष्ट्र ध्वज :-

मेवाड़ के ध्वज में सबसे ऊपर उगते हुए सूर्य की आकृति अंकित है।

एक तरफ व्यक्ति के हाथ में भाला (भील व्यक्ति) है तथा दूसरी तरफ व्यक्ति (सिसोदिया व्यक्ति) के हाथ में तलवार है।

ध्वज के नीचे मेवाड़ का आदर्श वाक्य अंकित है – "जो दृढ़ राखै धर्म तिही राखे करतार"

भाला लिए व्यक्ति भील जाति का है। इतिहासकारों के अनुसार व्यक्ति पूँजा भील है। मेवाड़ का वर्तमान राजकीय ध्वज महाराणा प्रताप के काल में निर्मित है।

मेवाड़ राजाओं के प्रमुख शस्त्र – तलवार व भाला थे ।

मेवाड़ के महाराणाओं को हिंदुआ सूरज कहा जाता हैं

मेवाड़ के महाराणा कोई भी शुभ कार्य करने या युद्ध में जाने से पहले एकलिंग जी से आज्ञा लेते जिसे आसका मांगना कहते थे

गुहिल वंश के कुलदेवता- एकलिंग नाथ जी हैं, एकलिंग नाथ जी का मंदिर कैलाशपुरी (उदयपुर) में स्थित है।

जिसका निर्माण बप्पा रावल द्वारा कराया गया।

एकलिंगनाथ जी मंदिर को पाशुपात सम्प्रदाय की पीठ भी माना जाता है।

गुहिल वंश के आराध्य देव – गढ़बौर देव हैं, गढ़बौर देव का मन्दिर राजसमंद में स्थित है।

गढ़बौर देव का अन्य नाम – गढ़बौर चारभुजा नाथ।

सिसोदिया वंश की कुलदेवी- बाणमाता।

गुहिलों की आराध्य देवी- गढ़बौर माता हैं, गढ़बौर माता का मन्दिर राजसमंद में स्थित है।

गुहिल वंश की स्थापना-566 ई. में गुहादित्य द्वारा।

मुहणोत नैणसी तथा कर्नल जेम्स टॉड ने गुहिल वंश की कुल 24 शाखाएँ बतायी।

गुहिलों की उत्पत्ति के सिद्धान्त व विभिन्न इतिहासकारो के मत :-

अबुल फजल के अनुसार गुहिल ईरानी बादशाह नौशेखाँ आदिल के वंशज है।

आहड़ शिलालेख के अनुसार डॉ डी आर भंडारकर ने इन्हे ब्राह्मणो की संतान बताया हैं

गोपीनाथ शर्मा के अनुसार गुहिल मुख्यतः आनंदपुर (वडनगर गुजरात) के ब्राह्मण थे।

कर्नल जेम्स टॉड के अनुसार गुहिल वल्लभीनगर शासक शिलादित्य व पुष्पावती के वंशज है।

डॉ गौरीशंकर ओझा और मुहणौत नैणसी के अनुसार गुहिल सूर्यवंशी थे

नयनचन्द्र सुरी भी इस मत के समर्थक थे की गुहिल रघुवंशी व सूर्यवंशी थे।

कान्हा व्यास ने एकलिंग महात्म्य में गुहिलों की विप्र (ब्राह्मण) कहा हैं

गुहिलादित्य या गुहादित्यः-

जैन ग्रंथो के अनुसार :-

पिता- शिलादित्य वल्लभीनगर के शासक।

माता- पुष्पावती

पुष्पावती द्वारा गुफा में जन्म देने के कारण नाम गुहादित्य रखा गया ।

लालन-पालन वीरनगर की ब्राह्मणी कमलावती ने किया ।

गुहादित्य भील जाति के सहयोग से शासक बना।

मण्डेला भील ने अपना अंगूठा काटकर गुहादित्य का राज्याभिषेक किया।

गुहिलादित्य ने 566 ई. में भीलों के सहयोग से गुहिल वंश की स्थापना की ।

इसी कारण गुहिलादित्य को वंश का संस्थापक, आदिपुरुष, मूलपुरुष कहा जाता हैं

गुहादित्य का आठवाँ वंशज बप्पा रावल था।

बप्पा रावल

बप्पा रावल (734-753 ई.)-

जन्म – 713 ई. ईडर (गुजरात)

पिता – महेन्द्र द्वितीय

गुहिल वंश का वास्तविक संस्थापक बप्पा रावल को माना जाता हैं

बप्पा रावल ने हारित ऋषि के आशीर्वाद से 734 ई. में मान मौर्य को पराजित कर चित्तौड़गढ़ पर अधिकार किया।

734 ई. में मेवाड़ के शासक बनकर अपनी राजधानी नागदा को बनाया।

नैणसी, श्यामलदास एवं कर्नल जेम्स टॉड के अनुसार बप्पा रावल का वास्तविक नाम कालभोज था

रणकपुर प्रशस्ति में बप्पा रावल व कालभोज दोनों को अलग अलग बताया गया हैं

कुम्भलगढ़ प्रशस्ति में बप्पा रावल को विप्रवंशीय बताया गया है।

आहाड़ शिलालेख में कालभोज को मुकुटमणि कहा गया हैं

सिंध शासक दाहरसेन को भी बप्पा रावल ने पराजित किया।

735 ई. में बप्पा ने ईराक के शासक हज्जात को पराजित किया।

738 ई. में बप्पा ने अरबी आक्रांता जुनैद को पराजित किया।

पाकिस्तान के रावलपिंड़ी शहर बप्पा रावल के नाम पर हैं जंहा बप्पा रावल ने सैनिक चौकी स्थापित की थी।

बप्पा रावल ने गजनी (अफगानिस्तान) के शासक सलीम को भी पराजित किया।

बप्पा रावल के समकालीन चालुक्य (सोलंकी) शासक विजयदित्य द्वितीय (गुजरात में) था।

बप्पा रावल के समकालीन प्रतिहार शासक नागभट्ट थे।

बप्पा रावल ने एकलिंगनाथ जी मंदिर का निर्माण कैलाशपुरी (उदयपुर) में करवाया गया था इसी मंदिर के पास हारित ऋषि का आश्रम स्थित है।

बप्पा रावल द्वारा निर्मित मंदिर

एकलिंगनाथ जी मंदिर (कैलाशपुरी) उदयपुर – कुल देवता

आदिवराह मन्दिर (कैलाशपुरी)

सास-बहू मंदिर (नागदा)

सी वि वैद्य ने बप्पा रावल को चार्ल्ससमार्टिन की संज्ञा दी

बप्पा रावल मेवाड़ के प्रथम शासक थे जिन्होंने सोने का सिक्का चलाया जो अजमेर से प्राप्त हुआ जिसका वजन 115 ग्रेन था जिस पर कामधेनु (नंदी), बोप्प शब्द, त्रिशुल अंकित है।

मेवाड़ में सर्वप्रथम सोने के सिक्के बप्पा रावल ने चलाएँ।

753 ई. में बप्पा रावल ने राजकार्य से सन्यास लिया। बप्पा रावल की मृत्यु 810 ई. में 97 वर्ष की आयु मे।

बप्पा रावल की समाधि कैलाशपुरी (उदयपुर) में स्थित है।

ओझा के अनुसार बप्पा रावल की मृत्यु नागदा में हुई लेकिन कर्नल जेम्स टॉड के अनुसार बप्पा रावल की मृत्यु खुरासन में हुई।

अल्लट या आलू रावल

उपाधि – आलु रावल

प्रथम शासक जिन्होंने नौकरशाही व्यवस्था की शुरुआत की ।

इनका विवाह हूण राजकुमारी हरियादेवी से हुआ था – प्रथम अन्तर्राष्ट्रीय विवाह

इन्होनें आहड़ को अपनी नई राजधानी बनाया (पहले नागदा)

इनके शासनकाल का आहड़ में सारणेश्वर मंदिर का शिलालेख प्राप्त हुआ।

जगत गाँव उदयपुर में जगत अम्बिका मन्दिर माता के मंदिर का निर्माण करवाया जिसे मेवाड़ का खजुराहो कहा जाता हैं

इस मन्दिर को शक्तिपीठ भी कहा जाता है।

अल्लट के पश्चात उत्तराधिकारी – नरवहन, शालवाहिन हुए थे।

शक्ति कुमार

मालवा के शासक मुंज परमार ने शक्तिकुमार को पराजित किया था। उस आक्रमण के समय राष्ट्रकूट शासक धवल ने शक्ति कुमार की सहायता की थी।

मुंज परमार के छोटे भाई नरसंवसाक के पुत्र भोज परमार (त्रिभुवन परमार) ने चित्तौड़गढ़ में त्रिभुवन नारायण मंदिर का निर्माण करवाया जिसे वर्तमान में मोकल मंदिर के नाम से जाना जाता है।

शक्ति कुमार के पश्चात बनने वाले उत्तराधिकारी अम्बा प्रसाद, शुचि वर्मा, हस्तपाल हुए थे।

वैरिसिंह

आहड़ नगर के परकोटे का निर्माण करवाया।

विजय सिंह

रण सिंह या कर्ण सिंह

इनके शासन काम गुहिल वंश दो शाखाओ में बंट गया

रावल शाखा – रणसिंह के पुत्र खेम सिंह ने चितोड़ पर शासन किया और

राणा शाखा – रण सिंह का पुत्र राहप सिसोदा ठिकाने पर चला गया व सिसोदिया वंश की नींव रखी

रावल सामंत सिंह

रावल सामंत सिंह का विवाह पृथ्वीराज चौहान तृतीय की बहन के साथ हुआ था

तराइन के प्रथम युद्ध 1191 ई. में पृथ्वीराज तृतीय का सहयोग करने वाले मेवाड़ के शासक। इस युद्ध में सामंतसिंह वीरगति को प्राप्त हुए थे।

सामंत सिंह के समकालीन जालौर के शासक कीर्तिपाल चौहान थे कीर्तिपाल चौहान ने सामंतसिंह को पराजित कर आहड़ पर अधिकार कर लिया।

सामंत सिंह के उत्तराधिकारी कुमार सिंह ने आहड़ पर पुन: अधिकार स्थापित किया।

रावल जैत्रसिंह 1213-1253 ई.

जैत्र सिंह चित्तौड़गढ़ को राजधानी बनाने वाला प्रथम शासक था।

रावल जैत्र सिंह को मेवाड़ में नव शक्ति का संचारक माना जाता हैं।

डॉ.दशरथ शर्मा ने रावल जैत्रसिंह को चित्तौड़गढ़ का प्रथम विजेता कहा है।

इनके समकालीन दिल्ली का शासक इल्तुतमिश था।

रावल जैत्रसिंह के समकालीन मालवा शासक देवपाल परमार था जिसे जैत्रसिंह ने पराजित किया।

रावल जैत्रसिंह ने गुजरात के गुर्जर प्रतिहार शासक वीर धवल व लवण्य प्रसाद, नाडोल के चौहान शासक उदयसिंह को पराजित किया।

उदयसिंह ने मेवाड़ के साथ मैत्रीपूर्व संबंध स्थापित करने हेतु अपनी पुत्री रूगादेवी का विवाह जैत्रसिंह के पुत्र तेजसिंह के साथ किया।

भूताला का युद्ध :- 1226/1227

मध्य – जैत्रसिंह (मेवाड़) व इल्लतुतमिश (दिल्ली)

1226 ई. में जैत्रसिंह व दिल्ली शासक इल्तुतमिश के मध्य राजसंमद में भूताला का युद्ध लड़ गया, जिसमें जैत्रसिंह विजेता रहा।

युद्ध का समय 1222 ई.– 1229 ई. के मध्य हैं।

इस युद्ध के पश्चात मुस्लिम सैनिकों ने आहड़ व नागदा को क्षति पहुँचाई जिस कारण जैत्रसिंह ने अपनी राजधानी चित्तौड़गढ़ को बनाया गया।

इल्तुतमिश के पश्चात् दिल्ली का मुख्य शासक नासिरुद्दीन बना।

नासिरद्दीन का भाई जलालुद्दीन कन्नौज (U.P.) का शासक था।

1248 ई. में मेवाड़ शासक जैत्रसिंह द्वारा जलालुद्दीन को शरण देने पर नासिरुद्दीन द्वारा असफल आक्रमण किया गया।

इनका शासन काल मध्यकालीन मेवाड़ का स्वर्ण युग था

रावल तेजसिंह 1253 ई. – 1273 ई.

शासनकाल – 1253 ई. – 1273 ई.

इनकी उपाधियाँ – महाराजाधिराज, परमभट्टारक, उमापतिवार लब्ध प्रौढ़प्रताप (शक्तिशाली व उदारक शासक)" आदि

इनके शासनकाल में ही मेवाड़ का प्रथम चित्रित ग्रंथ श्रावक प्रतिक्रमण चूर्णी 1260 ई. में कमलचन्द्र नामक चित्रकार द्वारा चित्रित किया गया था।

वर्तमान में यह ग्रन्थ पाटन में सुरक्षित हैं

मेवाड़ चित्र शैली राजस्थान की सबसे प्राचीन चित्र शैली हैं

1255–56 ई. में दिल्ली सुल्तान नासिरुद्दीन ने कुतलुग खाँ को कैद करने हेतु मेवाड़ पर बलवन के नेतृत्व में आक्रमण किया लेकिन वह आक्रमण असफल रहा।

इनके समकालीन दिल्ली का शासक नासिरुद्दीन था

तेजसिंह ने चितोड़ में श्यामपाश्र्वनाथ मंदिर का निर्माण करवाया।

1260 ई. में गुजरात के शासक बीसलदेव को पराजित कर "उमापतिवार लब्ध प्रौढ़प्रताप (शक्तिशाली व उदारक शासक)" की उपाधि धारण की।

रावल समरसिंह 1273 ई. – 1302 ई.

शासनकाल – 1273 ई. – 1302 ई. तक

इनकी उपाधि – त्रिलोका

इन्होने मेवाड़ में प्रथम बार जीव हत्या पर प्रतिबंध अपने दरबारी विद्वान (जैन) रत्नप्रभ सूरी व पार्श्वचन्द्र के कहने पर लगाया था ।

इनके प्रमुख दरबारी विद्वान – भावशंकर, दयाशंकर, रत्नप्रभ सूरी, पार्श्वचन्द्र जैन

प्रमुख शिल्पी – कर्मसिंह, पद्मसिंह व केल्लसिंह

समर सिंह के समकालीन दिल्ली शासक :-

जलालुद्दीन खिलजी (1290 ई. – 96 ई.)

अलाउद्दीन खिलजी (1296 ई.– 1316 ई.)

1299 ई. में अलाउद्दीन खिलजी के सेनापति उलूग खां के गुजरात अभियान पर जाते समय समरसिंह ने उलूग खां को आर्थिक वसूला था ।

समर सिंह के शासनकाल के कुल 8 शिलालेख प्राप्त हुए :-

आबु शिलालेख

दरीबा शिलालेख

चीरवा शिलालेख

पाँच चित्तौड़गढ़ शिलालेख

रावल समरसिंह के दो पुत्र थे

कुंभकर्ण – कुंभकर्ण नेपाल चला गया और वंहा गुहिल वंश की स्थापना की । नेपाल का राजवंश यही से निकला।

रतनसिंह – रतन सिंह मेवाड़ का अगला शासक बना।

नेपाल के शासको को भी 'राणा कहा जाता हैं ।

1302 ई. में समरिसंह की मृत्यु हो गई।

रावल रतनसिंह 1302 ई.- 1303 ई.

रावल समरसिंह के पश्चात् रावल रतनसिंह ने मेवाड़ का शासक बना

इसका शासनकाल 1302 ई.- 1303 ई. तक का था।

रावल रतन सिंह रावल शाखा का अंतिम शासक था।

इनका दरबारी विद्वान राघव चेतन था।

रानी पद्मिनी –

रानी पद्मिनी सिंहल द्वीप (श्रीलंका) के राजा गंधर्वसेन व रानी चंपावती की पुत्री थी।

पद्मिनी की सुन्दरता का बखान हीरामन जाति का तोता करता था।

रानी पद्मिनी रतनसिंह का गंधर्व विवाह हुआ।

पद्मिनी व रतनसिंह के विवाह के पश्चात् गौरा (रानी पद्मिनी के चाचा) – बादल (रानी पद्मिनी के भाई) व 1600 महिलाऐं पद्मिनी के साथ मेवाड़ आई।

राघव चेतन एक जाना – माना तांत्रिक था जिसका पता चलने पर रतनसिंह ने राघव चेतन को मेवाड़ छोड़ने का आदेश दिया।

तत्पश्चात् राघव चेतन अल्लाउद्दीन खिलजी की शरण में गया।

अलाउद्दीन को पद्मिनी की जानकारी राघव चेतन ने दी । (पद्मावत ग्रन्थ के अनुसार)

अल्लाउद्दीन खिलजी के आक्रमण के कारण –

अल्लाउद्दीन खिलजी की साम्राज्यवादी व महत्वकांक्षी निति।

चित्तोड़ का मालवा तथा गुजरात के बिच में पड़ना (यह आक्रमण करने का सबसे प्रभावी कारण था)

रानी पद्मिनी की प्रबल आकांक्षा (मलिक मोहम्मद जायसी के ग्रन्थ पद्मावत के अनुसार)

डॉ. दशरत शर्मा के अनुसार चित्तौड़गढ़ पर आक्रमण का मुख्य कारण दुर्ग का सामरिक महत्व था।

अल्लाउद्दीन खिलजी की सेना आक्रमण हेतु 28 जनवरी 1303 को रवाना हुई जबकि अल्लाउद्दीन खिलजी को 26 अगस्त, 1303 को चित्तौड़ पर विजय प्राप्त हुई।

अल्लाउद्दीन खिलजी के आक्रमण के समय रावल रतनसिंह के सेनापति गौरा-बादल (चाचा-भतिजा) थे

गौरा-बादल ने केसरिया किया और अपने शौर्य का परिचय देते हुए रतनसिंह और गौरा व बादल लड़ते हुए वीरगति को प्राप्त हुए।

इधर चित्तोड़ गढ़ दुर्ग में अल्लाउद्दीन खिलजी से अपने बचाव के लिए रानी पद्मिनी ने 1600 महिलाओं के साथ 26 अगस्त 1303 को जौहर किया।

चित्तोड़ गढ़ का प्रथम शाका – 1303 ई.

केशरिया – रावल रतनसिंह के नेतृत्व में हुआ

जोहर – रानी पद्मिनी के नेतृत्व में हुआ

अल्लाउद्दीन खिलजी ने चित्तौड़ गढ़ का नाम खिज़्राबाद रख कर इसे अपने पुत्र खिज्र खा को सौंप दिया। खिजरा खा ने चित्तौड़ पर 1303 ई. -1313 ई. तक शासन किया।

ग्रन्थ पद्मावत में इस युद्ध में रतनसिंह को हृदय, पद्मिनी की बुद्धि व अलाउद्दीन को माया की संज्ञा दी गई है।

चित्तौड़ विजय के पश्चात् अल्लुद्दीन खिलजी ने गंभीरी नदी पर बांध बनवाया।

चित्तौड़गढ़ में था बाई पीर की दरगाह पर शिलालेख लिखवाया।

सिसोदा ठिकाने के सामंत लक्ष्मण ने सिंह चितोड़ किले रक्षा में अपने 7 पुत्रो सहित अपना बलिदान दिया। 1303 के आक्रमण के बाद।

लेकिन G H ओझा इस घटना को काल्पनिक बताते हैं और आक्रमण (यह आक्रमण 1303 वाला नहीं हैं) का कारण अल्लाउद्दीन खिलजी का गुजरात तक अधिकार करने की लालसा बताते हैं जबकि गोपीनाथ शर्मा इस आक्रमण को काल्पनिक नहीं वास्तविक मानते हैं

पद्मावत ग्रन्थ – 1540 ई. में शेरशाह सूरी के शासनकाल में अवधी भाषा में पद्मावत ग्रन्थ की रचना मालिक मुहम्मद जायसी द्वारा की गई।

खजाइन उल फतुह या तारीख ए अलाइ – इसका रचनाकार आमिर खुशरो था जो अल्लाउद्दीन के सैनिक अभियान में साथ था। इस ग्रन्थ में आमिर खुशरो ने अल्लाउद्दीन खिलजी की चित्तौड़ विजय का सजीव वर्णन किया

तारीख ए फरिश्ता – इसका लेखक फरिश्ता पद्मिनी को रावल रतन सिंह की पुत्री बताता हैं।

1313 ई. 1320 ई. तक चित्तौड़ शासक मालदेव (जालौर शासक कान्हड़देव का भाई) रहा।

मालदेव ने सिसोदा सामन्त हम्मीर के साथ अपनी पुत्री का विवाह किया।

1320 ई.-1326 ई. तक चित्तौड़गढ़ पर जैसासिंह का अधिकार रहा।

राणा हम्मीर ने जैसासिंह को पराजित कर चित्तौड़गढ़ पर अधिकार किया।

राणा हम्मीर (1326-1364 ई.)

उपनाम या उपाधि –

राणा हम्मीर को कीर्ति स्तम्भ प्रसस्ति में विषम घाटी पंचानन (विषम समय में सिंह के समान) की उपाधि दी गई हैं

जयदेव द्वारा रचित गीत गोविन्द व महाराणा कुम्भा द्वारा लिखित टिका रसिक प्रिया में राणा हम्मीर को वीर राजा कहा गया हैं।

इन्हे मेवाड़ का उद्धारक भी कहा जाता हैं (भामाशाह को भी मेवाड़ का उद्धारक कहा जाता हैं)

कर्नल जेम्स टॉड ने हिंदू राजा की संज्ञा दी हैं। कर्नल जेम्स टॉड ने राणा हम्मीर के लिए लिखा कि "भारत में हम्मीर ही एक प्रबल राजा बचा है, बाकि राजवंश नष्ट हो गये।"

राणा हम्मीर को छापामार या गुरीला युद्ध पद्धति का जनक माना जाता है। जिसका सर्वाधिक प्रयोग राणा उदयसिंह व महाराणा प्रताप ने किया।

इन्हे सिसोदिया वंश का संथापक व आदिपुरुष माना जाता हैं

राणा हम्मीर ने चित्तौड़गढ़ में अन्नापूर्णा माता मंदिर का निर्माण करवाया था।

1364 ई. में हम्मीर की मृत्यु हो गई।

क्षेत्र सिंह या खेता (1364 – 1382)

इन्होने मालवा के शासक दिलावर खां को पराजित किया।

चाचा व मेरा नामक इनके दो दासी पुत्र थे जिन्होंने राणा लाखा के पुत्र राणा मोकल की हत्या की।

लक्ष्मणसिंह या राणा लाखा (1382-1421 ई.)

दरबारी विद्वान् –

झोटिंग भट्ट – इनको राणा लाखा ने पीपली गांव दान में दिया।

धनेश्वर भट – इनको पंचदेवालय नामक गांव दान में दिया।

इन्हें गौरवदान व गरिमादान पद्धति का जनक कहा जाता है।

राणा लाखा के काल में पिछु या छिड़ीमार नामक बन्जारे ने पिछौला झील (वर्तमान उदयपुर में) का निर्माण करवाया।

इनके शासन काल में जावर (उदयपुर) में चाँदी की खान निकली।

राणा लाखा ने समकालीन दिल्ली शासक ग्यासुद्दीन तुगलक को पराजित किया था ।

राणा लाखा का हंसा बाई से विवाह –

राणा लाखा के समकालीन मारवाड़ का शासक राव चूड़ा था।

राव चूड़ा का पुत्र – रणमल, पुत्री – हंसाबाई थी।

राव चूड़ा के पुत्र रणमल ने अपनी बहिन हंसा बाई का विवाह सशर्त की – "हंसाबाई का पुत्र ही मेवाड़ का उत्तराधिकारी होगा" लाखा से करवाया।

परिणाम स्वरूप राणा लाख व हंसा बाई से राणा मोकल का जन्म हुआ जो मेवाड़ के अगले उत्तराधिकारी बने।

कुंवर चूड़ा – मेवाड़ का भीष्म पितामह

राणा लाखा का बड़ा पुत्र राणा चुंडा ने जीवन भर मेवाड़ की सेवा करने की प्रतिज्ञा ली। तथा वचन दिया की मै या मेरा कोई भी वंशज मेवाड़ का उत्तराधिकारी नहीं बनेगा। इस कारण इन्हे मेवाड़ का "भीष्म पितामह" एवं "मेंवाड़ का राम" कहा जाता है।

कालान्तर में चूड़ा के वंशज चुण्डावत कहलाये।

मेवाड़ में पट्टे जारी करने का अधिकार चुंडावतों का था।

सलूम्बर के चुण्डावत रावत जी कहलाते थे जो मेवाड़ महाराणाओं के तलवार बांधते थे।

चुण्डावत हरावल सेना का नेतृत्व करते थे।

राणा मोकल (1421-1433 ई.)

राणा मोकल ने चित्तोड़ गढ़ में समधीश्वर महादेव मंदिर का निर्माण करवाया।

राणा मोकल को मेवाड़ में तुलादान पद्धति के जनक मन जाता है।

मोकल ने जीवनकाल में कुल 25 बार तुलादान किया।

इनके दरबारी विद्वान – विष्णुभट्ट, योगेश्वर भट्ट।

प्रमुख शिल्पी – धन्ना, पन्ना, मन्ना, वीसल

राणा मोकल अल्पायु में शासक बनने के कारण रणमल राठौड़ को उनका संरक्षक नियुक्त किया।

मेवाड़ में वेदशालाओं को स्थापित कराने का श्रेय राणा मोकल को दिया जाता हैं।

इन्होने झालावाड़ में विष्णु वराह मंदिर का निर्माण करवाया।

राणा मोकल ने एकलिंगनाथ मंदिर का जीर्णोद्धार करवाया, इस कारण इस मंदिर को वर्तमान में मोकल मंदिर कहा भी जाता है।

रणमल राठौड़ ने मोकल के काल में मेवाड़ में राठौड़ों का प्रभाव बढ़ाते हुए उच्च पदो पर नियुक्तियाँ शुरू की।

जिससे राठौड़ो के बढ़ते प्रभाव से नाखुश होकर चाचा व मेरा और महपा पंवार नामक सरदारो ने राणा मोकल की हत्या की।

राणा मोकल की मृत्यु के पश्चात राणा कुम्भा मेवाड़ के अगले शासक हुए।

राणा कुंभा (1433-1468 ई.)

राणा कुम्भा का जन्म – 1403 ई.

पिता – मोकल

माता – सौभाग्यदेवी

पत्नी – कुंभलमेरू

पुत्र – रायमल, ऊदा

पुत्री – रमाबाई (रमाबाई संगीत व साहित्य में निपुण थी इस कारण जावर शिलालेख (उदयपुर) में वागीश्वरी कहा गया हैं।)

राज्याभिषेक – 1433 ई. चित्तौड़गढ़

गुरू – हिरनांद आर्य

संगीतगुरू – सारंग व्यास, कान्हा व्यास

राणा कुंभा की प्रमुख उपाधियाँ

हालगुरू – पहाड़ी दुर्गों का स्वामी होने के कारण।

राज गुरु – राजनीती में दक्ष होने के कारण।

हिन्दु सुरताण – मुस्लिम इतिहासकारो द्वारा।

अभिनव भरताचार्य – संगीत में विपुल ज्ञान के कारण।

चापगुरू – धनुर्विद्या में निपुण होने के कारण।

दानगुरू –

युद्धगुरू –

संगीतगुरू –

राणे-राय –

साहित्य गुरु –

राव – राय –

स्थापत्य गुरू –

अश्वपति –

नरपति –

शैवगुरू –

राणा कुम्भा ने शासक बनते सबसे पहले के पिता के हत्यारें (चाचा, मेरा व महपा पंवार) से बदला लेने की योजना बनाई। कुम्भा के शासक बनते ही मालवा के शासक मुहमद खिलजी प्रथम की शरण में चले गए (चाचा, मेरा व महपा पंवार) ।

राणा कुम्भा ने मालवा के शासक मुहमद खिलजी प्रथम पर आक्रमण किया।

सांरगपुर का युद्ध – 1437 ई. मध्यप्रदेश (मालवा)

सांरगपुर का युद्ध राणा कुम्भा व महमुद खिलजी प्रथम के मध्य हुआ।

जिसमे राणा कुम्भा की विजय हुए।

राणा कुम्भा की इस विजय को मालवा विजय कहा गया तथा इस विजय

(सारंगपुर) के उपलक्ष में चित्तैड़गढ दुर्ग में विजय स्तम्भ का निर्माण करवाया गया ।

वीर विनोद ग्रंथ के अनुसार सारंगपुर युद्ध 1439 ई. में हुआ।

विजय स्तम्भ –

विजय स्तम्भ को विष्णु स्तम्भ भी कहा जाता हैं।

इसका निर्माण 1440 – 1448 के मध्य हुआ।

विजय स्तम्भ कुल 9 मंजिला ईमारत हैं

राठौड़ों के बढ़ते प्रभाव को रोकना –

राणा कुम्भा में 1438 ई. में दासी भारमली की सहायता से रणमल राठौड़ की हत्या करवा दी।

जिससे रणमल के पुत्र राव जोधा मेवाड़ को छोड़कर मण्डोर (जोधपुर – मारवाड़) चले गये।

अंततः हंसाबाई के सहयोग से राव जोधा व राणा कुम्भा के बिच आंवल – बांवल की सन्धि हुई।

आंवल – बांवल की संधि (1452 – 53 ई.)

यह संधि मेवाड़ के राणा कुम्भा और मारवाड़ के राव जोधा के बिच हुई।

यह सन्धि सोजत (पाली) नामक स्थान पर हुई।

इस सन्धि के तहत मेवाड़ व मारवाड़ की सीमाओं का निर्धारण हुआ।

जंहा तक आंवला के पेड़ हैं वहा तक मेवाड़ और जंहा बबुल के पेड़ हे वंहा तक मारवाड़ हॉगा।

इस सन्धि के के पश्चात राव जोधा ने पुत्री शृंगार देवी का विवाह कुम्भा के पुत्र रायमल के साथ करवाय ।

राणा कुंभा के समकालीन शासक

नागौर – फिरोज खाँ, शम्स खाँ तथा मुजाहिद खाँ

गुजरात – (5 शासक हुए) कुतुबुद्दीन शाह

सिरोही – अचलदास खिंची

हड़ौती – सांडा (कोटा) भाणा (बूंदी)

मालवा – महमूद खिलजी I

1442 ई. में महमूद खिलजी I ने कुंभलगढ़ व चित्तौड़गढ़ पर असफल आक्रमण किया।

महमूद खिलजी प्रथम ने बाण माता मूर्ति को खण्डित किया।

महमुद खिलजी प्रथम ने माण्डलगढ़ (भीलवाड़ा) पर 1446, 1446 एवं 1456 ई. में तीन बार असफल आक्रमण किया।

1444 ई. में राणा कुंभा के बहनोई अचलदास खीची पर महमूद खिलजी ने आक्रमण कर गागरोन दुर्ग झालावाड़ पर अधिकार किया।

1455 ई. में महमूद खिलजी प्रथम ने अजमेर में राणा कुंभा के किलेदार गजाधर सिंह को पराजित कर यहाँ अधिकार किया एवं किलेदार नियामतुल्ला खाँ को नियुक्त कर इसे सैफ खाँ की उपाधि दी।

राणा कुंभा का गुजरात से संबंध

राणा कुंभा के समकालीन गुजरात में कुल 5 शासक आये।

1455 ई. में गुजरात के शासक कुतुबुद्दीन शाह ने कुंभलगढ़ पर असफल आक्रमण किया।

चंपानेर संधि- 1456 ई.

यह संधि गुजरात शासक कुतुबुद्दीन शाह व मालवा शासक महमूद खिलजी प्रथम के मध्य हुई।

इनकी योजना थी की गुजरात और मालवा की सयुंक्त सेना के मेवाड़ आक्रमण से राणा कुम्भा को पराजित कर मेवाड़ राज्य को आधा आधा आपस में बाँट लेंगे

इस संधि में कुतुबुद्दीन शाह को निमंत्रण महमुद खिलजी-I द्वारा चांद खाँ के माध्यम से भेजा गया।

चंपानेर संधि के कारन गुजरात व मालवा की संयुक्त सेना 1457 ई. में राणा कुंभा पर आक्रमण किया।

बदनौर युद्ध या बैराठगढ़ का युद्ध- 1457 ई.

बदनौर भीलवाड़ा में स्थित हैं।

इस युद्ध में एक तरफ मेवाड़ (राणा कुम्भा) की सेना थी तो दूसरी तरफ गुजरात (शासक कुतुबुद्दीन शाह) व मालवा (महमूद खिलजी) की सयुंक्त सेना थी।

गुजरात और मालवा की सयुंक्त सेना होने के बाद भी इस युद्ध में राणा कुम्भा विजय हुए

कुंभा ने बदनौर (भीलवाड़ा) विजय के उपलक्ष में कुशालमाता मंदिर (बदनौर- भीलवाड़ा) का निर्माण करवाया।

1458 ई. में राणा कुंभा ने नागौर शासक शम्स खाँ के उपर आक्रमण किया।

शम्स खां ने अपनी पूत्री नगा का विवाह गुजरात शासक कुतुबुद्दीन शाह के साथ कर सैनिक सहायता मांगी।

1458 ई. में शम्स खाँ व गुजरात की संयुक्त सेना को राणा कुंभा ने पराजित किया और नागौर पर अधिकार किया।

1458 ई. में आबु कुन्थन देव की सहायता से कुतुबुद्दीनशाह ने राणा कुंभा पर आक्रमण किया परन्तु वह असफल रहा ।

1459 ई. में गुजरात शासक फतेह खां बना जो मुहम्मद शाह बेगड़ा के नाम से प्रसिद्ध हुआ ।

1460 ई. में मुहम्मद शाह बेगड़ा ने जुनागढ़(GJ) शासक मण्डलिक (राणा कुंभा का दामाद – रमाबाई का पति) के उपर आक्रमण किया।

1460 ई. कुंभा व मण्डलिक की सेना ने बेगड़ा को पराजित किया।

कुंभा की स्थापत्य कला

वीर विनोद ग्रन्थ के अनुसार मेवाड़ में स्थित कुल 84 दुर्गों में से 32 दुर्गों का निर्माण राणा कुंभा ने करवाया इस कारण कुंभा को स्थापत्य गुरु कहा जाता है।

दुर्ग

कुंभलगढ़ दुर्ग

यह दुर्ग राजसमंद में स्थित हैं।

कुंभलगढ़ दुर्ग का वास्तुकार मण्डन था।

चित्तौड़गढ़ दुर्ग

चित्तौड़गढ़ दुर्ग का आधुनिक निर्माता राणा कुम्भा को कहा जाता है।

चित्तौड़गढ़ दुर्ग को राणा कुंभा के काल में चित्रकूट कहा जाता था।

चित्तौड़गढ़ दुर्ग का मूल निर्माता चित्रांगद मौर्य ने करवाया था।

चित्तौड़गढ़ दुर्ग में मालवा विजय के उपलक्ष्य में 9 मंजिल विजय स्तंभ का निर्माण राणा कुंभा ने करवाया।

विजयस्तंभ का जीर्णोद्धार मेवाड़ महारणा स्वरूप सिंह ने करवाया था।

बैराठगढ़ – भीलवाड़ा में

भौमट दुर्ग – उदयपुर

अचलगढ़ दुर्ग – सिरोही

बसंती दुर्ग – माउंट आबू, सिरोही

मंदिर

चित्तौड़गढ़ में राणा कुंभा ने कुंभश्याममंदिर का निर्माण करवाया जो पंचायतन शैली में निर्मित हैं ।

बदनौर युद्ध विजय के उपलक्ष में बदनौर (भीलवाड़ा) में कुशालमाता या बदनौर माता का निर्माण करवाया।

राणा कुंभा ने दिल्ली सुल्तान सैय्यद मोहम्मद शाह को पराजित कर दिल्ली में बिरला मंदिर का निर्माण करवाया।

कुंभलगढ़ में मामादेव कुण्ड का निर्माण करवाया।

राणा कुंभा के काल में मंत्री धारणकशाह द्वारा वास्तुकार देपाक के निर्देशन में रणकपुर (पाली) का जैन मंदिर का निर्माण करवाया गया। इस मंदिर को चौमुखा मंदिर, स्तंभों का वन इत्यादि नामों से जाना जाता है।

राणा कुंभा के काल में ही चित्तौड़गढ़ दुर्ग में वेलका द्वार श्रृंगार चंवरी मंदिर का निर्माण करवाया गया।

श्रृंगार चंवरी मंदिर – जैन मंदिर

यहां (श्रृंगार चंवरी) पर राणा कुम्भा की पुत्री रमा बाई (वागीश्वरी) का विवाह हुआ था ।

राणा कुंभा का साहित्य में योगदान

कुंभा द्वारा लिखित ग्रंथ –

संगीत राज – 5 भागों में विभक्त

(i) पाठ्यरत्न कोष

(ii) वाद्यरत्न कोष

(iii) नाट्य/नृत्य रत्न कोष

(iv) गीत रत्न कोष

(v) रस रत्न कोष

संगीत मीमांसा

संगीत रत्नाकार

कामशास्त्र परआधारितग्रंथ – काम प्रबोध

सूड़ प्रबंध

एकलिंग महात्म्य :- राणाकुंभा तथा कान्हा तथा द्वारा रचित

कुंभा द्वारा लिखित प्रथम भाग, राजवर्णन कहलाता है।

विजयस्तंभ की 9 वीं मंजिल पर राणा कुंभा ने कीर्ति प्रशस्ति की रचना करवाई।

इस प्रशस्ति की रचना कवि अत्रि ने शुरू लेकिन रचना पूर्ण उनके पुत्र कवि महेश ने की।

कुंभा के प्रमुख दरबारी विद्वान – भुवनसुन्द्र (जैन विद्वान), जयचंद्र सूरी, सोमदेव सोमसुंदर, महेशचंद्र सूरी।

वास्तुकार (शिल्पी) – मण्डन, नाथा, गोविंद, पौजा, पूंजा, अत्रिभट्ट, महेश भट्ट, दाना

मण्डन के प्रमुख ग्रंथ –

वैद्य मण्डन – इस ग्रंथ में व्याधियों, बीमारियों का निदान बताया गया है।

शकुन मण्डन – शकुन शास्त्र का वर्णन

कोदेन मण्डन – इस ग्रंथ में धनुर्विद्या के बारे में जानकारी दी गई है।

प्रासाद मण्डन – इस ग्रंथ में देवालय निर्माण की जानकारी दी गई है।

राजवल्लभ मण्डन – 14 अध्यायों में विभक्त ग्रंथ इस ग्रंथ से आवासीय भवन एवं राजप्रासादों के निर्माण से संबंधित जानकारी दी गई है।

रूपमण्डन – 6 अध्यायों में विभक्त है।

यह ग्रंथ मूर्तिकला से संबंधित है।

छठे अध्याय में जैन धर्म की मूर्तियों से संबंधित वर्णन है।

रूपावतर मण्डन (मूर्ति प्रकरण) – मूर्तिकला से संबंधित यह ग्रंथ 8 अध्यायों में विभक्त है।

वास्तुमण्डन तथा वास्तुकार में वास्तुकला का वर्णन है।

मण्डन के भाई का नाम नाथा तथा इनके ग्रंथ का नाम वास्तु मंजरी

मण्डन के पुत्र का नाम गोविंद

गोविंद के प्रमुख ग्रंथ – कलानिधि, उद्धार धारिणी, द्वारा दीपिका

राणा कुंभा की हत्या 1468 ई. में मामादेव कुण्ड के पास कुंभलगढ़ (राजसमंद) में पुत्र ऊदा द्वारा की गई।

इस लिए इतिहास में उदा को मेवाड़ का पितृहन्ता कहते हैं

कर्नल जेम्स टॉड ने कहा – कुंभा में लाखा जैसी प्रेम कला एवं हम्मीर जैसी शक्ति थी। जिसने मेवाड़ के झंडे को घग्घर नदी के तट पर फहराया।

राणा सांगा (1509-1528 ईस्वी) –

महाराणा साँगा के पिता रायमल व माता शृंगार देवी थी।

महाराणा साँगा का जन्म 12 अप्रैल, 1482 को हुआ तथा सांगा 1509 ई. में मेवाड़ का शासक बना।

महाराणा सांगा को हिन्दूपत व सैनिकों का भग्नावशेष (शरीर पर लगभग 80 घाव) नामों से जाना जाता है।

महाराणा सांगा राजस्थान का अंतिम हिन्दू राजा था, जिसके सेनापतित्व में पूरे राजपूतों ने मुगलों को भारत से बाहर निकालने का प्रयास किया।

खतौली का युद्ध - राणा साँगा ने 1517 में खातोली (बूंदी) के युद्ध में इब्राहिम लोदी को परास्त किया।

बाड़ी का युद्ध - राणा सांगा ने 1518 में बाड़ी (धौलपुर) के युद्ध में इब्राहिम लोदी को परास्त किया।

गागरोन का युद्ध - राणा सांगा ने 1519 में गागरोन के युद्ध (झालावाड़) में मालवा के महमूद खिलजी द्वितीय को पराजित किया।

बयाना का युद्ध - 16 फरवरी, 1527 ई. में हुये बयाना के युद्ध में साँगा के सैनिकों ने बाबर के सैनिकों (दुर्ग रक्षक बाबर का बहनोई मेहंदी ख्वाजा) को हराकर बयाना दुर्ग पर अधिकार कर लिया।

खानवा का युद्ध - यह युद्ध राणा सांगा एवं बाबर के मध्य 17 मार्च, 1527 को लड़ा गया। खानवा के युद्ध में राणा साँगा बाबर से पराजित हो गया। खानवा के युद्ध (रुपवास-भरतपुर) में बाबर ने 'जिहाद/धर्म युद्ध' का नारा दिया। इस युद्ध में सांगा ने 'पाती परवन' प्रथा का प्रयोग किया जिसके तहत इसमें राजस्थान के 7 राजा, 9 राव तथा 104 सामंत शामिल हुए। बाबर ने इस युद्ध में 'तुलुगमा युद्ध पद्धति' का प्रयोग किया जिसमे उनकी सेना के पास तोपें एवं बंदूकें थी। युद्ध में सांगा के सिर पर एक तीर लगा जिससे सांगा घायल हो थे, उन्होंने अपना राजचिह्न एवं हाथी सादड़ी के झाला अज्जा को दे दिए एवं युद्ध का मैदान छोड़कर बसवा गांव (दौसा) पहुँच गए। बसवा (दौसा) में 'सांगा का चबूतरा' बना हुआ है।

साँगा को कालपी (मध्यप्रदेश) नामक स्थान पर साथियों ने जहर देकर 30 जनवरी, 1528 ई. को मार दिया।

महाराणा सांगा का दाह संस्कार माण्डलगढ़ में किया गया, जहाँ इसकी छतरी बनी हुई है।

महाराणा साँगा ने इब्राहीम लोदी के भाई महमूद लोदी व हसन खाँ मेवाती दो अफगानों को शरण दी थी।

मेवाड़ के महाराणा सांगा ने प्रतिज्ञा की थी, कि "जब तक वह अपने शत्रु को पराजित नहीं कर लेगा, तब तक चित्तौड़ के फाटक में प्रवेश नहीं करेगा"|

विक्रमादित्य -

विक्रमादित्य छोटी उम्र में राजा बना जिस कारण राजकार्य का संचालन इनकी माता हाडारानी कर्मावती करती थी।

विक्रमादित्य के शासन काल में 1533 ई० में गुजरात के बहादुर शाह ने आक्रमण किया। लेकिन हाडा रानी कर्मावती ने संधि कर ली जिससे बहादुर शाह

वापस चला गया।

विक्रमादित्य के शासन काल में 1534 ई० में गुजरात के बहादुर शाह ने फिर से आक्रमण किया। हाड़ारानी कर्मवती/कर्णवती ने बादशाह हुमायूँ से सहायता के लिए राखी भेजी थी, लेकिन हुमायूँ की समय पर मदद न मिलने के कारण विक्रमादित्य व उदयसिंह को ननिहाल बूँदी भेज दिया गया। हाड़ारानी कर्मावती ने दुर्ग की जिम्मेदारी देवलिया के बाघसिंह को सौंपी। देवलिया (प्रतापगढ़) के रावत बाघसिंह के नेतृत्व में सैनिकों ने युद्ध किया व लड़ते हुये मारे गये (केसरिया) तथा हाड़ारानी कर्मावती ने 1200 महिलाओं के साथ जौहर किया। यह चित्तौड़गढ़ का दूसरा साका था।

पृथ्वीराज सिसोदिया की दासी पूतलदे के पुत्र बनवीर ने विक्रमादित्य की 1536 ईस्वी को हत्या कर दी लेकिन उदयसिंह को स्वमीभक्ता पन्नाधाय ने अपने पुत्र चन्दन का बलिदान देकर बचा लिया और उदयसिंह को लेकर कुम्भलगढ़ चली गयी। वहां के किलेदार आशा देवपुरा ने उन्हें अपने पास रखा।

राणा उदयसिंह (1537-1572 ईस्वी) -

महाराणा उदयसिंह के पिता का नाम महाराणा संग्राम सिंह व माता का नाम कर्मावती था।

राणा उदयसिंह का जन्म चित्तौड़गढ़ दुर्ग हुआ।

राणा उदयसिंह का 1537 ई० में कुम्भलगढ़ में प्रथम राज्याभिषेक हुआ। उदयसिंह ने 1540 ई० में बनवीर की हत्या कर चित्तौड़ पर अधिकार कर लिया था तथा उदयसिंह का दूसरा राज्याभिषेक चित्तौड़गढ़ में 1540 में हुआ था।

उदयसिंह मेवाड़ का ऐसा प्रथम शासक था जिसने अफगान शेरशाह सूरी की अधीनता स्वीकार की एवं चित्तौड़गढ़ की चाबियाँ शेरशाह सूरी के पास भेज दी व 1559 में धूणी नामक स्थान पर उदयपुर नगर बसाया तथा उदयसागर झील भी बनवायी।

उदयसिंह के शासन काल में 1567-68 में अकबर ने चित्तौड़ पर आक्रमण किया। उदयसिंह सेनापतियों जयमल व फत्ता को किले का भार सौंपकर गोगुन्दा चला गया। 23 फरवरी, 1568 ई. को जयमल, फत्ता एवं जयमल के भतीज कल्लाजी (चार हाथ के लोक देवता) इस युद्ध में मारे गये(केसरिया) व उनकी रानियों ने फूल कँवर (वीर फत्ता की पत्नी) के नेतृत्व में जौहर किया, यह चित्तौड़ का तीसरा व अन्तिम साका था।

उदयसिंह का 28 फरवरी, 1572 को होली के दिन गोगुन्दा में देहांत हो गया। यही पर उसकी छतरी बनी हुई है।

अकबर ने उदयसिंह को अपने अधीन करने के लिए दो शिष्टमण्डल भेजे, जिनमे पहला शिष्टमंडल - राजा भारमल तथा दूसरा शिष्टमंडल - टोडरमल व भगवंत दास के नेतृत्व में भेजा ।

महाराणा प्रताप (1572-1597 ईस्वी) -

महाराणा प्रताप के उपनाम - मेवाड़ का रक्षक, मेवाड़ केसरी, हल्दीघाटीका शेर, पाथळ (साहित्यिक नाम), राणा कीका, गजकेसरी, नीला घोडा रा असवार आदि।

महाराणा प्रताप का जन्म 9 मई, 1540 ई० में उदयसिंह व जयवंता बाई (पाली के अखैराज सोनगरा की पुत्री) के यहाँ कुम्भलगढ़ दुर्ग (राजसमन्द) में हुआ।

महाराणा प्रताप के बचपन का नाम कीका था।

महाराणा प्रताप का सर्वाधिक बचपन राजसमंद जिले में गुजरा।

महाराणा प्रताप का प्रथम बार राज्याभिषेक 28 फरवरी, 1572 को गोगुन्दा में हुआ तथा इनके तलवार कृष्णदास ने बांधी।

महाराणा प्रताप को समझाने (समझौता) के लिए अकबर ने चार बार क्रमशः जलाल खाँ कोरची (1572 में पहली बार), मानसिंह कच्छवाहा (जून 1573 में दूसरी बार),भगवंतदास (सितम्बर 1573 में तीसरी बार) व टोडरमल (दिसंबर 1573 में अंतिम बार) के नेतृत्व में चार शिष्टमण्डल भेजे।

हल्दीघाटी का युद्ध - 18 जून (ए.एल. श्रीवास्तव एवं राजस्थान बोर्ड की पुस्तकों के अनुसार) 21 जून (डॉ. गोपीनाथ शर्मा एवं हिन्दी साहित्य अकादमी की पुस्तकों के अनुसार) 1576 ई. में अकबर की तरफ से मानसिंह तथा महाराणा प्रताप (हरावल भाग का नेतृत्व हाकिम खां सूरी ने किया) के मध्य हल्दीघाटी का युद्ध हुआ। इसमें प्रताप की पराजय हुई, लेकिन वे प्रताप को बन्दी नहीं बना सके। हल्दीघाटी के युद्ध में मुगलों और महाराणा के सैनिकों के साथ-साथ दोनों पक्षों के लूणा, रामप्रसाद, गजराज, गजमुक्त हाथियों ने बहुत वीरता दिखाई थी। युद्ध में महाराणा प्रताप घायल होने के बाद राजचिहन झाला बींदा/मन्ना को धारण करवाकर युद्ध भूमि से बाहर बलीचा चले गए। वहां पर प्रताप के घोड़े चेतक ने अंतिम साँस ली थी। यहां बलीचा में चेतक का चबूतरा/स्मारक बना हुआ है।

रक्त तलाई का सम्बन्ध हल्दीघाटी से है।

हल्दीघाटी के युद्ध को कर्नल जैम्स टॉड ने 'राजस्थान/मेवाड़ की थर्मोपल्ली' कहा।

हल्दीघाटी के युद्ध को अबुल फजल ने 'खमनौर का युद्ध' कहा।

हल्दीघाटी के युद्ध का आँखों देखा हाल लिखते हुए बदायूनी ने इसे 'गोगुन्दा का युद्ध' कहा।

हल्दीघाटी के युद्ध को डॉ. गोपीनाथ शर्मा ने 'अनिर्णायक युद्ध' कहा।

दिवेर का युद्ध - महाराणा प्रताप ने मेवाड़ की भूमि को मुक्त करने के लिए अभियान दिवेर से प्रारम्भ किया था। 1582 ई० में प्रताप व अकबर के मध्य दिवेर का युद्ध हुआ जिसे कर्नल जैम्स टॉड ने मैराथन का युद्ध कहा क्योंकि यहाँ से महाराणा प्रताप की विजय की शुरूआत हुई। दिवेर के युद्ध में महाराणा प्रताप ने मुगल गढ़ पर आक्रमण किया, जिसके परिणामस्वरूप अकबर द्वारा मेवाड़ की 36 मुगल चौकियों को बंद करना पड़ा था। महाराणा प्रताप ने माण्डलगढ़ व चित्तौड़गढ़ के अलावा पूरे मेवाड़ पर अपना साम्राज्य स्थापित कर लिया।

महाराणा प्रताप ने अंतिम समय में 1585 ई. में 'चावण्ड' को अपनी आपातकालीन राजधानी बनाई।

चावंड में 19 जनवरी, 1597 ई. को महाराणा प्रताप की 57 वर्ष की आयु में मृत्यु हो गई।

महाराणा प्रताप का अंतिम संस्कार बाण्डौली (उदयपुर) में किया गया, जहाँ इनकी आठ खम्भों की छतरी बनी हुई है।

महाराणा प्रताप के समय अकबर ने शाहबाज खां को तीन बार मेवाड़ पर आक्रमण के लिए भेजा था, लेकिन तीनो बार असफल रहा था।

अमरसिंह प्रथम (1597-1620 ईस्वी) -

अमरसिंह प्रथम महाराणा प्रताप के पुत्र थे, जिनका राज्याभिषेक चावण्ड में हुआ

अमरसिंह प्रथम के पुत्र कर्णसिंह व सिसोदिया सरदारों के कहने पर अमरसिंह ने 5 फरवरी, 1615 ई० में मुगलों के साथ संधि की तथा निम्न शर्तें रखी - चित्तौड़गढ़ दुर्ग मेवाड़ के शासको को लेकिन दुर्ग की मरम्मत कभी नहीं करा सकेंगे, मुगल-मेवाड़ वैवाहिक सम्बन्ध स्वीकार नहीं, मेवाड़ महाराणा मुगल दरबार में उपस्थित नहीं होगा, शाही सेना में महाराणा 1000 सवार रखेगा, महाराणा का ज्येष्ठ कुंवर शाही दरबार में उपस्थित होगा आदि।

अमरसिंह प्रथम का देहांत 26 जनवरी, 1620 को हुआ तथा इनकी छतरी आहड़ (उदयपुर) में बनी हुई है।

अमरसिंह मेवाड़ का पहला महाराणा था, जिसने मुगलों के साथ संधि की तथा जहाँगीर ने एकमात्र मेवाड़ राज्य के शासक को मुगल दरबार में उपस्थित होने की छूट दी।

इस संधि के बारे में कथन कर्नल टॉड ने कहा कि - 'बादशाह ने मेवाड़ के राणा को आपस के समझौते से अधीन किया था, न कि बल से।'

कर्णसिंह (1620-1628) -

पिछोला झील के किनारे जगमंदिर महल निर्माण कार्य कर्णसिंह ने प्रारम्भ किया था तथा इसको जगतसिंह प्रथम ने पूर्ण करवाया था।

कर्णसिंह ने 1623-24 ई. में शाहजहाँ (शहजादा खुर्रम) को पिछोला झील के जगमन्दिर महल में शरण दी।

इसी जगमंदिर महल को देखकर शाहजहाँ ने मुमताज की याद में ताजमहल बनवाया।

कर्णसिंह ने कर्णविलास तथा दिलखुश महलों का निर्माण करवाया था।

जगतसिंह प्रथम (1628-1652 ईस्वी) -

जगतसिंह प्रथम ने पिछोला झील के किनारे बने जगमंदिर महल का निर्माण कार्य पूर्ण करवाया।

जगतसिंह प्रथम ने उदयपुर में जगदीश मंदिर का निर्माण करवाया था। जगन्नाथ प्रशस्ति के लेखक कृष्णजी भट्ट थे।

जगतसिंह प्रथम ने धाय माँ नौजू बाई के नाम पर नौजूबाई का मंदिर बनवाया।

राजसिंह (1652-1680 ईस्वी) -

राजसिंह को 'विजय कट कातु' तथा 'हाइड्रोलिक रूलर' की उपाधियाँ प्राप्त गई।

विश्व का सबसे बड़ा शिलालेख सिसोदिया वंशीय शासक महाराणा राजसिंह द्वारा स्थापित करवाया गया। महाराणा

राजसिंह ने किशनगढ़ के राजा रूपसिंह की पुत्री चारुमती से जबरन विवाह किया तथा औरंगजेब द्वारा लगाये गये जजिया कर का विरोध कर हिन्दू देव मूर्तियों को संरक्षण प्रदान किया।

राजसिंह के निर्माण कार्य - सप्तध्वजा/श्रीनाथ जी का मन्दिर (नाथद्वारा-राजसमंद), अम्बा माता का मन्दिर (उदयपुर), द्वारिकाधीश का मंदिर (कांकरोली, राजसमंद), जानासागर तालाब, त्रिमुखी बावड़ी आदि।

दिल्ली के बादशाह शाहजहाँ के पुत्रों में हुए 1657 ई. के उत्तराधिकारी युद्ध में औरंगजेब ने मेवाड़ के महाराणा राजसिंह से सहयोग प्राप्त करने का प्रयास किया।

'चूड़ावत मांगे सैनानी, सर काट दे दियो क्षत्राणी' पंक्ति हाड़ी रानी सहल कँवर के लिए प्रसिद्ध है क्योंकि हाडा रानी सहल कंवर ने अपना सिर काटकर राजसिंह की सलूम्बर जागीर के सामंत अपने पति रतनसिंह चुण्डावत के पास भेज दिया था।

राजसिंह ने अकाल राहत कार्य हेतु राजसमंद झील का निर्माण करवाया। इस राजसमंद झील की उत्तरी भाग की नौ चौकी पाल पर 25 शिलालेख वाली राजप्रशस्ति है, जिसके लेखक/रचनाकार रणछोड़भट्ट तेलंग थे। यह राजप्रशस्ति विश्व की सबसे बड़ी प्रशस्ति है।

जयसिंह (1680-1698 ईस्वी) -
जयसिंह ने जयसमंद झील का निर्माण करवाया था, जिस पर सात टापू है, जिनमे सबसे बड़ा 'बाबा का मगरा' तथा सबसे छोटा 'पाइरी' है।

अमरसिंह द्विवतीय (1698-1710 ईस्वी) -
अमरसिंह द्विवतीय ने आमेर के सवाई जयसिंह के साथ अपनी पुत्री चन्द्र कँवर का विवाह सशर्त (सशर्त चन्द्र कँवर से उत्पन्न पुत्र आमेर का उत्तराधिकारी होगा) किया।

देबारी समझौता - यह समझौता मेवाड़, मारवाड़ तथा आमेर के मध्य आमेर की गद्दी सवाई जयसिंह को दिलाने के लिए किया गया।

संग्रामसिंह (1710-1734 ईस्वी) -
इन्होने उदयपुर में सहेलियों की बाड़ी का निर्माण करवाया था।
इन्होने सीसारमा गांव में वैद्यनाथ मंदिर का निर्माण करवाया था एवं वैद्यनाथ प्रशस्ति लिखवाई थी।
हुरड़ा सम्मेलन की रुपरेखा संग्रामसिंह ने तैयार की थी।

भीमसिंह सिसोदिया -
भीमसिंह सिसोदिया के शासन काल में इनकी पुत्री कृष्णा कुमारी के कारण मारवाड़ के मानसिंह राठौड़ व आमेर के जगतसिंह द्विवतीय के मध्य 13 मार्च, 1807 ई. में गिंगोली का युद्ध परबतसर (नागौर) में हुआ। जिसमें जगतसिंह जीता, लेकिन टोंक के अमीर खाँ पिण्डारी के कहने पर 1810 में कृष्णा कुमारी को जहर देकर हत्या करा दी गयी।
भीमसिंह ने 1818 ई० मे ब्रिटिश ईस्ट इंडिया कम्पनी के साथ सहायक संधि की।
स्वरूपसिंह -
ये 1857 की क्रांति के समय शासक थे, इन्होने अंग्रेजो का साथ दिया था।

इन्होने स्वरूपशाही सिक्कों का प्रचलन प्रारम्भ किया था।

इन्होने 1853 में डाकन प्रथा पर रोक लगाई थी।

इनकी पासवान रानी एन्जाबाई सती हुई थी, जो कि सती का अंतिम प्रमाण था।

सज्जनसिंह (1874-1884 ईस्वी) -

इन्होने मेवाड़ में सज्जनगढ़ दुर्ग का निर्माण करवाया था, जिसे मेवाड़ का मुकुटमणि भी कहते है।

इन्हों सामाजिक सुधार सभा 'देशहितैषिणि सभा' का गठन किया।

इनके दरबारी कवि श्यामलदास (कविराज) थे, जिन्होंने वीर विनोद ग्रन्थ की रचना की थी।

मेवाड़ का गुहिल वंश - मेवाड़ रियासत राजस्थान की सबसे प्राचीन रियासत है, इसे मेदपाट, प्राग्वाट, शिवि जनपद आदि उपनामों से जाना जाता है। मेवाड़ का गुहिल वंशी राजघराना एकलिंगजी (शिव) का उपासक था, इसी कारण मेवाड़ के शासक एकलिंगनाथजी को स्वयं के राजा/ईष्ट देव तथा स्वयं को एकलिंगनाथजी का दीवान मानते हैं। गुहिल वंश की कुल देवी बाण माता है। मेवाड़ रियासत के सामंत 'उमराव' कहलाते थे। मेवाड़ के महाराणा राजधानी छोड़ने से पहले एकलिंगजी से आज्ञा लेते थे, उसे 'आसकाँ' कहते थे। मेवाड़ के महाराणा 'हिन्दूआ सूरज' कहलाते हैं क्योंकि वो स्वयं को सूर्यवंशी मानते हैं। गुहिल वंश के राजध्वज पर 'उगता सूरज एवं धनुष बाण' अंकित है तथा इसमें उदयपुर का राजवाक्य "जो दृढ़ राखै धर्म को, तिहीं राखै करतार है" अंकित है। ये शब्द उनके स्वतंत्रता, प्रियता एवं धर्म पर दृढ़ रहने के सकते देते है। मेवाड़ में 1877 में महाराणा के कोर्ट का नाम बदलकर 'इजलास खास' कर दिया गया था।

||जय मेवाड़||

8

||महाराणा प्रताप||

||महाराणा प्रताप||

वो आजादी का रखवाला महाराणा प्रताप ही थे जिन्होंने अपनी मायड धरा मेवाड़ की स्वतंत्रता की खातिर जीवनभर संघर्ष करते रहे, मगर कभी मुगलों की गुलामी को स्वीकार नही किया. राजस्थान के महान सपूतों में महाराणा प्रताप का नाम बड़े सम्मान के साथ लिया जाता है. राजीय एशो आराम की बजाय जंगल में भूखे प्यासे भटकने वाले महाराणा प्रताप अपने और मेवाड़ धरा के स्वाभिमान के रखवाले थे. इनका पूरा नाम महाराणा प्रताप सिंह था. अनूठी आन बान और शान

वाला या राजस्थान प्रान्त शक्ति, भक्ति और अनुरक्ति की त्रिवेणी माना जाता हैं. यहाँ का इतिहास और शौर्य एवं औदार्य के लिए विश्वविख्यात हैं. ऐसी देशभक्ति और वीरता से कुटकुट भरी मेवाड़ धरा पर स्वतन्त्रता प्रेमी और महान नायक महाराणा प्रताप का जन्म भूमि रही हैं. इस प्रदेश में जान तथा प्राण से बढ़कर प्रण की शाश्वत परम्परा रही हैं. राजस्थान की इसी तपोभूमि कुछ ऐसी विशेषताएं रही हैं, जो अन्यत्र दुर्लभ हैं. यहाँ के वीरो ने धरती, धर्म, स्त्री और असहायों की रक्षार्थ मरने को मंगल माना, यहाँ की विरागनाओ ने अपनी कंचन जैसी काया का मोह त्यागते हुए अपने हाथों अपना शीश काटकर अपने पतियों का प्रण पालन किया हैं. यहाँ के संतो ने जन जन की जड़ता को दूर करते हुए मानव धर्म की अलख जगाई हैं. महाराणा प्रताप (प्रताप सिंह) का जन्म मेवाड़ के कुम्भलगढ़ किले में 9 मई 1540 हिन्दू कैलेंडर के अनुसार ज्येष्ठ शुक्ल पक्ष तृतीया) को हुआ था. यह किला उदयपुर शहर से 85 किलोमीटर दूर है. वे अपने पिता के सबसे बड़े पुत्र थे. उनकी माँ महारानी जसवंताबाई थी. उनके पिता उदयपुर शहर के संस्थापक महाराजा उदयसिंह थे. प्रताप सिंह बचपन से ही बहुत बहादुर और साहसी थे. पूरा राज दरबार और मेवाड़ राज्य की जनता उनकी कुशलता और बहादुरी पर गर्व किया करती थी. 28 फरवरी 1572 ई में महाराणा उदयसिंह की मृत्यु हो गई और उसी दिन महाराणा प्रताप का 32 वर्ष की आयु में गोगुन्दा में राज्यारोहण हुआ था. बहुत ही कम समय में इन्होने घुड़सवारी, अस्त्र-शस्त्र विद्या में श्रेष्ठता हासिल कर ली. मात्र सत्रह वर्ष की आयु में ही महाराणा प्रताप की शादी अजबदे पंवार नामक सुकन्या से हो गई, जो प्रताप की पहली पत्नी थी. वर्ष 1559 में इन्हें अमरसिंह के रूप में पुत्र धन की प्राप्ति हुई. 1567 में जब प्रताप मात्र 27 साल के थे उस समय अकबर की मुग़ल सेना ने चित्तोड़ पर आक्रमण कर अधिकार कर लिया. किला छीन जाने से प्रताप सिंह अपने पूरे परिवार सहित कुम्भलगढ़ से गोगुन्दा आ बसे. उसी समय प्रताप ने मुगलों से लोहा लेने की ठान ली थी, मगर बड़े लोगों द्वारा स्थति को पक्ष में न देखकर महाराणा प्रताप को युद्ध करने से रोका. सोलह सत्रह वर्ष की अल्पायु में महाराणा प्रताप सैनिक अभियानों में जाने लगे. वागड़ के सांवलदास व उनके भाई कर्मसी चौहान को सोम नदी के किनारे युद्ध में परास्त किया. छप्पन क्षेत्र के राठौड़ो व गौड़वाड़ क्षेत्र को भी परास्त कर अपने अधीन कर लिया. महाराणा प्रताप की वीरता की सर्वत्र प्रशंशा होने लगी. उसी समय महाराणा प्रताप का विवाह राव मामरख पंवार की पुत्री अजबदे महाराणा प्रताप की पत्नी बनी | उसी समय महाराणा प्रताप ने देश की वर्तमान राजनितिक स्थति के बारे में जानकारी प्राप्त करना शुरू कर दिया. भविष्य को ध्यान में रखते हुए महाराणा

प्रताप ने अपने मित्रो का चयन कर, उन्हें प्रशिक्षित करना शुरू कर दिया. 16 मार्च 1559 में महाराणा प्रताप को अजबदे की कोख से अमरसिंह नामक पुत्र की प्राप्ति हुई. भारत में उस समय अकबर अपने सम्राज्य का विस्तार करने में लगा हुआ था. सम्पूर्ण राजपुताना उसके समक्ष झुक गया था. केवल एक मेवाड़ अडिग था. अकबर का मेवाड़ पर आक्रमण प्रतीक्षित था. भविष्य में संघर्ष की योजना बनने लगी. महाराणा प्रताप अपने विश्वस्त मित्रों भामाशाह, ताराचंद, झाला मानसिंह आदि वीरो के साथ विजय स्तम्भ की तलहटी में सम्पूर्ण परिस्थतियो में विचार करते, मेवाड़ सुरक्षा की योजना बनाते. इसी दौरान आपसी मन मुटाव के कारण महाराणा प्रताप का छोटा भाई शक्तिसिंह नाराज होकर अकबर के पास चला गया. अकबर के मेवाड़ आक्रमण की योजना पर वह चितोड़ लौट आया तथा समाचार दिया, युद्ध परिषद के निर्णय के कारण महाराणा उदयसिंह सपरिवार उदयपुर चले गये. महाराणा प्रताप को भी मन मसोस कर साथ जाना पड़ा. पीछे कमान जयमल राठौड़ एवं पत्ता चुण्डावत को सौंपी गईं. अक्टूबर 1567 में अकबर ने चितोड़ पर आक्रमण कर दिया.

महाराणा प्रताप की ऊंचाई

7 फीट 5 इंच

प्रताप के भाला का वजन

80 किलो

कवच का वजन

72 किलो

जूते का वजन

5 किलो प्रत्येक जूता

दो तलवारों का वजन

25 किलो प्रत्येक

प्रताप से जुडी एक किवदन्ती हैं, कि उनका वार इतना घातक होता था, कि दुश्मन सहित उनके घोड़े हाथी को चीरकर दो फाड़ कर देते थे. मानसिंह के साथ हल्दीघाटी वॉर में प्रताप बहलोल खां के वार के के प्रतिकार में उसे घोड़े समेत फाड़कर दो कर देते हैं. यह प्रताप की असीम शक्ति एवं युद्ध कौशल का अद्वित्य नजारा था.| सन 1572 में मेवाड़ के शासक व प्रताप के पिता उदयसिंह का निधन हो गया था. अब उनके उतराधिकारी के रूप में जगमाल को राजगद्दी पर बिठाया गया. जो महाराणा प्रताप की तुलना में किसी भी लिहाज से इस पद के योग्य नही थे. इस बात से पूरा राजदरबार, परामर्श दाता व मंत्री भी सहमत थे. अतः महाराणा

प्रताप को राज गद्दी पर बिठाने के लिए शाही दरबारियों व बड़े कुलीन व्यक्तियों ने जिद ठान ली. सभी के इस स्वर में विरोध के कारण जगमाल को राजगद्दी से उतारकर गोगुन्दा में ही महाराणा प्रताप का राजतिलक कर उन्हें मेवाड़ का अगला शासक नियुक्त किया गया. यह शासन महाराणा प्रताप के लिए काँटों का मुकुट था, किन्तु स्वतंत्रता प्रेमी प्रताप ने इसे सहर्ष स्वीकार किया. वे तनिक भी विचलित नही हुए. प्रताप ने कुम्भलगढ़ और गोगुन्दा को केंद्र बनाकर समस्त मेवाड़ राज्य को स्वतंत्र कराने की दृढ प्रतिज्ञा की. जनमानस को स्वतंत्रता एवं संस्कृति की रक्षा के लिए प्रेरित किया. जनजाति वर्ग को संगठित कर उन्हें अपनी सेना का अंग बनाया. कुम्भलगढ़ से लगे गोडवाड़ भूभाग और अरावली की घाटियों में सैनिक व्यवस्था की. सिरोही व गुजरात से लगी सीमा व्यवस्था को संगठित किया. जिस समय राणा प्रताप ने मेवाड़ की सता सम्भाली उस समय दिल्ली सल्तनत पर मुगलों का अधिकार था. अकबर ने अपने युद्ध पराक्रम से उत्तरी भारत के सभी राज्यों समेत राजपूताने पर भी अधिकार जमा लिया था. अपने धर्मप्रचार व हिन्दू धर्म विरोधी नीतियों के चलते प्रताप और अकबर के बिच शुरू से ही कटुतापूर्ण व्यवहार रहे. महाराणा प्रताप ने कभी भी अकबर को भारत का शासक नही माना, कई संधियों और समझौतों के प्रयासों के बावजूद अकबर प्रताप के साथ समझोता नही कर पाया. इसलिए अकबर ने मेवाड़ पर हमला करने के लिए सेनापति मानसिंह के नेतृत्व में एक विशाल सेना भेजी. मानसिंह एक विशाल सेना लेकर चितोड़ की तरफ रवाना हुआ, इस बाद का पता महाराणा को पूर्व में लग चूका था. अतः महाराणा प्रताप ने हल्दीघाटी के दर्रे पर मुग़ल सेना का इन्तजार किया. गोगुन्दा तक पहुचने का यह एकमात्र रास्ता था. इस कारण प्रताप को यकीन था. शाही सेना इसी रास्ते से आएगी. 18 जून 1576 को भारतीय इतिहास का सबसे एतिहासिक युद्ध जिन्हें हल्दीघाटी का युद्ध कहा जाता है लड़ा गया. संख्या बल में कम होने के उपरान्त भी महाराणा प्रताप की सेना बहादुरी से लड़ी.इस युद्ध में महाराणा प्रताप का प्रिय घोड़ा चेतक घायल हो गया, प्रताप के मैदान छोड़ने के महाराणा प्रताप ने मंत्री भामाशाह की आर्थिक मदद से विशाल सेना का निर्माण किया. कुछ ही समय में महाराणा ने शाही सेना को चितोड़ से भगाकर मेवाड़ को स्वतंत्र करवा लिया. एक शिकार की घटना में शरीर पर अधिक चोटे लगने के कारण प्रताप बीमार पड़ गये. 29 जनवरी 1597 को 57 साल की आयु में महाराणा प्रताप का देहांत चावंड में हो गया था. महाराणा के देहवसान (मृत्यु) की खबर सुनकर सर्वत्र शोक की लहर फ़ैल गई.सम्पूर्ण मेवाड़ में सामान्य जन से लेकर प्रमुख लोग चावंड में एकत्रित हो गये. युवराज अमरसिंह ने विधि विधान

के साथ चावंड से तीन किमी दूर बड़ोली के तालाब पर प्रताप का दाह संस्कार किया.प्रताप की सुप्रसिद्ध जीवनी व इतिहास को उदयपुर के प्रताप गौरव केंद्र में सहेजकर रखा गया है. जहाँ रोजाना हजारों की संख्या में लोग आकर एक महान महापुरुष की जीवनगाथा को निशुल्क पढ़ते है.महाराणा प्रताप श्रेष्ठ योद्धा और सच्चे जननायक थे. सभी धर्मों के लोग मातृभूमि की स्वाधीनता के संघर्ष में प्रताप के साथ थे. प्रताप ने अपने व्यक्तित्व से मेवाड़ के प्रत्येक व्यक्ति को मातृभूमि की स्वतंत्रता के लिए सब कुछ न्यौछावर करने वाला यौद्धा बना दिया.इससे महाराणा प्रताप जनमानस के प्रातः स्मरणीय बन गये. अपने देश की स्वतंत्रता और सार्वभौमिकता के लिए सतत संघर्ष और विविध क्षेत्र में योगदान उन्हें महान सिद्ध करता हैं. युद्धों में दिवंगत वीरों के उत्तराधिकारियों को प्रताप पिता की तरह स्नेह दिया और उनके पुनर्वास के लिए अपूर्व प्रयास कर मानवाधिकारों के संरक्षण का आदर्श स्थापित किया.नारी सुरक्षा और संरक्षण के लिए प्रताप ने कई प्रयास किए. उनके प्रयासों की बदौलत मेवाड़ को भविष्य में जौहर जैसी त्रासदी नही झेलनी पड़ी.प्रताप ने कैद की गई मुगल स्त्रियों को सुरक्षित लौटाकर नारी सम्मान का पाठ पठाया. अकाल दर अकाल जूझने वाली प्रजा और शासकों के लिए जल बचत और कम खर्च में जलाशय बनाने की तकनीक दी.यही नही पर्यावरण सुरक्षा को प्रत्येक शासक और नागरिक के कर्तव्य के रूप में परिभाषित किया. प्रताप का योगदान उनकी वैश्विक दृष्टि का परिचायक था. इसी ध्येय से प्रताप ने विश्वविल्लभ नाम से वृक्ष आयुर्विज्ञान ग्रंथ की रचना करवाई.संस्कारी जीवन ही सबकों अपेक्षित होता हैं, प्रताप ने इस उद्देश्य से व्यवहार आदर्श जैसा ग्रंथ लिखवाया. विद्वानों और दूरदर्शी लोगो को संरक्षण दिया.इनमें संस्कृत विद्वान पंडित चक्रपाणी मिश्र प्रमुख थे. प्रताप के संरक्षण में लिखी गई राज्याभिषेक पद्धति भारतीय शासकों के लिए आदर्श बनी. मेवाड़ और गुजरात के शासकों सहित मराठा शासक भी अपना अभिषेक इसी पद्धति से करवाने लगे. गीतों में राणा प्रताप को नीले घोड़े की सवारी वाला बताया जाता हैं, चेतक ही इनकों वों स्वामिभक्त घोडा था. जिसनें प्रताप का मरते दम तक साथ दिया. हल्दीघाटी के युद्ध में पूरी तरह घायल हो जाने के बाद भी तीन पैर पर दोडकर चेतक ने प्रताप को सुरक्षित स्थान पर पहुचाया था.यह ईरानी नस्ल का विख्यात अश्व था, जो गुजरात के भीमोरा गाँव से राणा प्रताप लाए थे. एक काठियावाड़ घोड़े व्यापारी चेतक, त्राटक और अटक इन तीन नस्ल के घोड़ों को लेकर आए मेवाड़ आए थे.घोड़ों की शक्ति परखने के बाद त्राटक घोडा प्रताप के छोटे भाई शक्ति को दे दिया तथा स्वयं चेतक को प्रताप ने अपना साथी चुन लिया.मानसिंह से

युद्ध लड़ते समय उनके हाथी के पैर में लगी तलवार से चेतक का पिछला पैर पूरी तरह जख्मी हो गया था. तदोपरान्त वह प्रताप को रणभूमि से लेकर चितौड़ की ओर चल पड़ा,एक बरसाती नाले पर से छलांग लगाते वक्त वह उस नाले में गिर गया, जहाँ उसकी मृत्यु हो गई. प्रताप ने चेतक को इसी स्थान पर समाधि देकर वहां पर स्मारक बनाया, जो आज भी चितौड़ में चेतक स्मारक के रूप में जाना जाता हैं.प्रताप की कई वीरता की कहानियों में चेतक का अपना स्थान हैं. चेतक की फुर्ती के कारण ही प्रताप ने कई युद्धों को सहजता से जीता. प्रताप अपने चेतक से पुत्र की भांति प्रेम करते थे.राणा प्रताप ने संगीत, मूर्तिकला और चित्रकला को संरक्षण दिया. अपने दरबार में निसारुद्दीन जैसे चित्रकार से छह राग और छतीस रागिनियों के ध्यान चित्र बनवाकर चावंड चित्र शैली को जन्म दिया. रागमाला श्रृंखला के ये चित्र अन्य कई क्षेत्रों के चित्रकारों के लिए भी अनुकरणीय हैं. यह कला भारतीय चित्रकला की निधि हैं.प्रताप ने देश की समृद्धि को बनाए रखने के लिए धातुओं की खदानों की सुरक्षा की ओर प्रमुखता से ध्यान दिया. सभी धर्मों का आदर प्रताप के व्यक्तित्व की निराली विशेषता थी.जनजाति के मुख्याओं ने प्रताप के नेतृत्व में अपूर्व विश्वास किया. उदयपुर के निकट हरिहर जैसे मंदिर उनके काल के शैव और वैष्णव धर्म की एकता को दिखाता हैं.इस प्रकार राष्ट्रप्रेम, सर्वधर्म सद्भाव, सहिष्णुता, करुणा, स्वाधीनता के लिए युद्ध, नीतिगत आदर्शों की पालना, मानवाधिकारों की सुरक्षा, नारी सम्मान, पर्यावरण और जल संरक्षण एवं सर्वसामान्य को आदर जैसे मूल्य तथा साहित्य व संस्कृति के प्रति सम्मान उनकी महानता के उज्ज्वल परिचायक हैं.महाराणा प्रताप की समाधि जन जन को इस विराट चरित्र नायक के किर्तिमय जीवन और आदर्शों की प्रेरणा देती रहेगी. राणा प्रताप के बारे में कहा गया हैं कि.

पग पग भम्या, धरा छोड़ राख्यों धर्म.

महाराणा मेवाड़, हिरदे, बस्या हिन्द रे.

महाराणा प्रताप का इतिहास की जानकारी | वो आजादी का रखवाला महाराणा प्रताप ही थे जिन्होंने अपनी मायड़ धरा मेवाड़ की स्वतंत्रता की खातिर जीवनभर संघर्ष करते रहे, मगर कभी मुगलों की गुलामी को स्वीकार नही किया. राजस्थान के महान सपूतों में महाराणा प्रताप का नाम बड़े सम्मान के साथ लिया जाता

प्रताप का सिर कभी झुका नहीं इस बात से अकबर भी शर्मिंदा था।

मुगल कभी चैन से सो ना सके जब तक मेवाड़ी राणा जिंदा था।।

भारत माता के सच्चे सपूत और महान देशभक्त Maharana Pratap जी अपने स्वाभिमान और संप्रभुता की रक्षा के लिए संपूर्ण जीवन अर्पित करने वाले

महाराणा प्रताप जी थे। महाराणा एक ऐसे महान व्यक्ति थे जिसका नाम सुनते ही आंखों में तेज, जोश व मौत से भी लड़ जाने का साहस पैदा हो जाए। जिसके हौसले से पहाड़ भी छोटा पड़ जाए, दुश्मन भी थर थर कांपने लगे। Maharana Pratap जी को दृढ़ता, शिष्टता और राजपूत वीरता का प्रतिबिंब माना जाता है। महाराणा जी एक ऐसे राजा थे जो विषम परिस्थितियों में भी किसी के आगे नहीं झुके और वह साहस और बहादुरी के साथ ही प्रजा पालक वह राज्य से प्रेम करने वाले व्यक्ति थे। आज हम सब उनके साहस को सलाम करते हैं और उनके संपूर्ण जीवन से संबंधित प्रमुख घटनाओं पर प्रकाश डालेंगे। देशभक्ति की परिभाषा क्या होती है यह हमें महाराणा प्रताप ही सीखा सकते हैं।

द्वंद्व कहां तक पाला जाए, युद्ध कहां तक टाला जाए।

तू है वंशज राजपुताना का, फेंक जहाँ तक भाला जाये।।

धन्य है माँ जिसने अपनी गोख से ऐसे माँ भारती के सपूत को जन्म दिया है जिसके नाम लेते ही खून में उबाल दौड़ने लगता है। महाराणा प्रताप जी का जन्म उस समय हुआ जब संपूर्ण भारत में राजनीतिक अस्थिरता विद्यमान थी मुगल अपनी पैठ जमाने में लगे थे। स्थानीय राजाओं के मध्य युद्ध आम बात थी। लोदी वंश का पतन पूर्णता हो चुका था। राजपूत क्षेत्र काफी मजबूत होते जा रहे थे लेकिन आपसी युद्ध थी तेजी से हो रहे थे।महाराणा प्रताप जी का राज्याभिषेक एवम् सिंहासनासिन 1 मार्च 1573 ईस्वी में किया गया। प्रारंभ में Maharana Pratap जी के पिता उदय सिंह अपने छोटे बेटे जगमाल सिंह को सिंहासन पर बैठाना चाहते थे परंतु वहां के मंत्रियों एवं सरदारों ने महाराणा प्रताप को हर दृष्टि कुशल होने के कारण राजा बनाना चाहते थे। बप्पा रावल के पुत्र महाराणा प्रताप प्रजा की इच्छा को सर्वोपरि मानते हुए जनता का नेतृत्व करने का दायित्व ने स्वीकार किया।बाद में जगमाल सिंह ने बदला लेने के लिए मुगलों का सहारा लिया और उनकी सेवा सेना में शामिल हो गए मेवाड़ क्षेत्र को अधिकार में लेने की इच्छा अकबर की शुरू से ही थी जगमाल सिंह अनेक गुप्त बातें अकबर को बताया जिससे प्रसन्न होकर शहजपुर शहर की सल्तनत जग अमल को प्रदान कर दी।महाराणा प्रताप का जिस समय राज्यारोहण हो रहा था उस समय उन्होंने घोषणा में कहा था

"जब तक मैं सम्पूर्ण मेवाड़ को सारे मुगलों की कैद से आजाद नहीं करवा लूंगा, तब तक मैं राजभवन में नहीं रहूंगा। राजसी ताज और वेशभूषा भी नहीं धारण करूंगा। ना चांदी और सोने के बर्तन में भोजन करूंगा। ना पलंग पर सोऊंगा। रुखा सुखा खाकर आजादी के लिए संघर्ष करता रहूंगा।"महाराणा प्रताप का प्रथम विवाह 17 वर्ष में अजब् (15 वर्ष) के साथ 1557 में हुआ था 2 वर्ष बाद उनके पुत्र

अमर सिंह का जन्म हुआ। प्रताप जी ने अपने जीवनकाल में कुल 11 शादियां की एवं उनके कुल 17 पुत्र हुए।महाराणा प्रताप जी शारीरिक एवं मानसिक क्षमता में अद्वितीय व्यक्तित्व के धनी थे उनकी लंबाई 7.5 फीट से भी अधिक थी। इनका वजन 110 किलो था। महाराणा प्रताप जी के बारे में अनेक किस्से व लोकगाथाएँ प्रचलित हैं। हम हकीकत की बात करें तो उनके छाती के कवच का वजन 72 किलो होता था लगभग 80 किलो का भाला होता था वे 208 किलो की वजनदार सामान को लेकर चलते थे।का सर्वश्रेष्ठ घोड़ा चेतक था। उनकी प्रजा ही उनकी सैनिक हुआ करती थी। महाराणा प्रताप जी में साहस की प्रवृत्ति, अनुशासन, कुशल नेतृत्व, बड़ों और महिलाओं का सम्मान, ऊंच-नीच की भावनाओं से रहित, शस्त्र और शास्त्र दोनों का उत्कृष्ट ज्ञान का समायोजन, श्रेष्ठ कूटनीतिज्ञ एवम् श्रेष्ठ राजनीतिज्ञ के रूप में प्रतिष्ठित थे। हल्दीघाटी का युद्ध तो आपने बचपन में जरूर पढ़ा होगा। यह युद्ध 21 जून 1576 में अकबर की सेनापति मानसिंह व् प्रताप जी के मध्य हल्दीघाटी क्षेत्र में हुआ था। यह युद्ध इसलिए भी महत्वपूर्ण था क्योंकि इसने भारत के आने वाले भविष्य की दिशा तय की। अकबर की सेना के मुकाबले महाराणा प्रताप की सेना लगभग एक चौथाई के बराबर थी। पूरी सेना महाराणा प्रताप के सैनिकों वहां उनके ऊपर हमला की। जब महाराणा की जान को खतरा देख एक उनका वफादार सैनिक हकीम खान सूर ने उनके ऊपर होता वार स्वयं अपने ऊपर ले लिया और इस तरह उन्होंने शहीद होकर महाराणा की जान बचाई। उनकी वीरता को आज भी याद किया जाता है।जब भाई शक्ति सिंह ने दुश्मनी भुलाकर महाराणा प्रताप जी का साथ दिया:-

महाराणा प्रताप के अनेक भाई थे उनमें आपसी वैमनस्यता भी थी एक भाई शक्ति सिंह ने महाराणा जी से बदला लेने के लिए अकबर के पक्ष में होकर हल्दीघाटी में युद्ध कर रहा था। महाराणा प्रताप के साहस और शौर्य को देखकर भाई शक्ति सिंह के मन में उनके लिए सम्मान और प्रेम जाग उठा। जब महाराणा प्रताप अत्यधिक घायल हो गए थे तो मुगल सैनिक उनका पीछा कर रहे थे तब दोनों सैनिकों को मार कर शक्ति सिंह ने महाराणा जी की जान बचाई थी। उन्होंने गुप्त बातें भी महाराणा को बताई।महाराणा प्रताप एक संपन्न राज्य से थे वे चाहते तो अधीनता स्वीकार कर हमेशा राजसी सुख सुविधाओं का लाभ ले सकते थे परंतु उन्होंने इन सब का त्याग कर समर्पण, देशभक्ति, संघर्ष के रास्तों को चुना। हल्दीघाटी के युद्ध का परिणाम किसी के पक्ष में नहीं रहा। महाराणा जी की अधिकांश सेना शहीद हो चुकी थी, परंतु वे अपना धैर्य और साहस को बनाए हुए थे। वेदर दर वनों में भटक रहे थे। कई कई बार भोजन छोड़कर जगह बदलना होता था। एक बार

उनकी पत्नी और पुत्र वधू ने घास के छोटे-छोटे बीजों को पीसकर कुछ रोटियां बनाई थी उनमें से आधे रोटियां अपने बच्चों के लिए और बची हुई रोटियां अगले दिन के लिए रख दी थी।परंतु कुछ देर बाद एक बिल्ली आकर बच्ची के यहां से रोटी छीन कर ले गई वह बच्ची भूख प्यास से रोने लगी यह देखकर राणा जी का दिल बहुत दुखा वह स्थिर होकर सोचने लगे कि क्या मैं इसी दिन के लिए इतना संघर्ष कर रहा था और अपने आप पर धिक्कार करने लगे करोड़ होने लगे इसके बाद मन में विचार किया कि अब संधि कर लेना चाहिए और एक अकबर को चिट्ठी लिखी बाद में उन्होंने अपने आप को संभाला और कहा कि शेर कभी सियारों के सामने समर्पण नहीं करता। इस तरह अपने जीवन काल तक उन्होंने मातृभूमि की रक्षा के लिए संघर्ष करते रहे।अकबर महाराणा प्रताप के शौर्य और पराक्रम से भयभीत रहता था इसके लिए अनेक गुप्तचर प्रताप जी के पीछे लगाए हुए थे। एक बार जब गुप्तचर राणा जीके पास पहुंचे तो देखा कि वहां जंगल में सभी आनंदित और खुशी के साथ जंगली कंदमूल फल पत्ते एवं घास की रोटियां जड़े आदि खा रहे हैं। कोई सैनिक दुखी नहीं है जब इस बात की सूचना अकबर तक पहुंची तो अकबर भी बहुत दुखी हुआ और महाराणा प्रताप का मन ही मन सम्मान किया साथ ही अपने सैनिक सरदार अब्दुल रहीम खानखाना के सामने उनकी प्रशंसा भी की। उन्होंने लिखा "इस संसार में सभी नाशवान है, महाराणा ने धन और भूमि को छोड़ दिया पर उसने कभी अपना सिर नहीं झुकाया। हिंदुस्तान के राजाओं में वही एकमात्र ऐसा राजा है जिसने अपनी राजपूत धर्म के गौरव को बनाए रखा है।" आप सभी ने जब-जब उनके के बारे में सुना होगा तब तब उनके घोड़े चेतक का नाम जरूर याद आया होगा, लेकिन एक और ऐसे शौर्य व पराक्रम की पराकाष्ठा प्राप्त एक सैनिक था जिसका नाम था रामप्रसाद। यह कोई इंसान नहीं बल्कि एक हाथी था जो इतिहास के पन्नों में स्वर्णिम अक्षर से उसके स्वामी भक्ति के लिए जाना जाता है। हल्दीघाटी युद्ध के दौरान अकबर ने महाराणा और रामप्रसाद को ही बंदी बनाने का आदेश दिया था। रामप्रसाद इतना स्वामी भक्त होने के साथ एक चतुर व अत्यंत ताकतवर हाथी था। उसने दुश्मन सेना के 13 बड़े हाथियों को अकेले अपने शौर्य से मार गिराए थे।इससे परेशान होकर अकबर की सेना ने चक्रव्यूह का निर्माण किया और 7 बड़े हाथियों से उसे घेरने में सफलता प्राप्त की। बाद में अकबर के समक्ष रामप्रसाद को लाया गया और उसका नाम पेड़ प्रसाद रख दिया गया। सैनिकों द्वारा उसे खाने को दिया गया परंतु वह राणा की स्वामीभक्ति को न भूलते हुए खाना नही खाया। इस तरह 18 दिनों तक भूखा रहने के बाद प्राण त्याग दिया। राम प्रसाद की स्वामी भक्ति को देखकर अकबर ने कहा था "जिसके हाथी

को मैं मेरे सामने नहीं झुका पाया, उस महान महाराणा प्रताप को मैं क्या झुका पाऊंगा।" प्रताप जी यूं तो जीव जंतुओं पशुओं एवम् प्रकृति से अत्यंत प्रेम करते थे परंतु उन्हें सबसे प्रिय रामप्रसाद हाथी और चेतक ना नामक घोड़ा था हल्दीघाटी युद्ध के दौरान जब महाराणा प्रताप जी अत्यधिक घायल हो चुके थे, साथ ही उनका घोड़ा चेतक भी घायल था परंतु फिर भी चेतक ने स्वामी भक्ति को चरितार्थ करते हुए अपने स्वामी को सुरक्षित स्थान ले जाने का प्रयास किया महाराणा जी के पीछे अनेक दुश्मन के सैनिक पीछा कर रहे थे परंतु बिजली की भांति चेतक भाग रहा था घाटी होने की वजह से एक बरसाती नाला सामने दिखाई देता है चेतक में अपना पराक्रम दिखाते हुए 25 फीट चौड़े नाले को बड़े ही साहस से लांग जाता है चेतक द्वारा यह छलांग इतिहास में अमर हो गई.इस्लाम को विश्व इतिहास में अत्यंत नायाब माना जाता है। कुछ दूर चेतक चलने के बाद महाराणा जी को एक आवाज सुनाई देती है वह आवाज उसके भाई शक्ति सिंह की होती है शक्ति सिंह महाराणा को मारने के लिए पीछा नहीं कर रहा था बल्कि उन सैनिकों को मारने के लिए पीछा कर रहा था। वे सभी सैनिकों को मार कर यमलोक पहुंचा देते हैं जीवन में पहली बार दोनों भाई प्रेम से गले मिलते हैं इसी बीच चेतक एक पेड़ के समीप जाकर गिर जाता है शक्ति सिंह अपने घोड़े को प्रताप को दे देता है और उन्हें सुरक्षित स्थान जाने के लिए कहता है आज भी पेड़ को घोड़ी इमली कहां जाता है। वहीं चेतक की मृत्यु हो जाती है जिस तरह चेतक ने अपना धर्म निभाया उसे आज भी याद किया जाता है। मातृभूमि के प्रति सर्वस्व निछावर करने के लिए प्रतिबद्ध थे। अकबर राजनीतिक महत्वाकांक्षा के कारण लगभग 8 बार अपने दूतों को महाराणा के दरबार में भेजा था और अधीनता स्वीकार करने के लिए संदेश भेजा था। महाराणा प्रताप प्रत्येक बार दूतों का यथा सम्मान पूर्वक सेवा कर उन्हें स्पष्ट रूप से यह संधि अस्वीकार कर देते थे। वास्तव में अकबर महाराणा प्रताप के शौर्य और ताकत को जानता था इसीलिए वह प्रत्यक्ष युद्ध करने से बचने की कोशिश कर रहा था। परंतु इतनी बार संधि प्रस्ताव देने के कारण जनता द्वारा अकबर का मजाक उड़ाना शुरू हो चुका था। अकबर को यह बर्दाश्त नहीं हुआ और अंततः उसने युद्ध की घोषणा की इस युद्ध को हल्दीघाटी का युद्ध कहा जाता है। यह युद्ध कलिंग युद्ध के बाद दूसरा भीषणतम युद्ध माना गया। अकबर स्वयं युद्ध करने से बच रहा था क्योंकि वह जानता था कि अगर मैं Maharana Pratap से युद्ध करूंगा तो निश्चित ही मेरी हार होगी इसीलिए वह अपने सेनापति मानसिंह के नेतृत्व में 80000 सैनिकों को हल्दीघाटी क्षेत्र में युद्ध के लिए कूच करने की आज्ञा दी। महाराणा की सैन्य शक्ति मात्र 20000 की थी परंतु महाराणा के सैनिक

10 मुगल सैनिकों के बराबर साहस रखते थे। युद्ध 18 जून 1576 में हल्दीघाटी क्षेत्र में हुई। जी ने सेनापति मानसिंह को लक्ष्य बनाकर उनकी ओर बढ़े मान सिंह हाथी में सवार था हाथी के पैरों में लोहे और तलवार लगे हुए थे परंतु इसकी परवाह किए बगैर चेतक ने एक पैर हाथी के दांत पर रखकर मानसिंह की ओर छलांग लगाया और अपने वाले को पूरी शक्ति के साथ मानसिंह की ओर फैंका दुर्भाग्यवश 1 इंच दूरी से वह वाला निकल गया और मानसिंह बच गया .इसी बीच मुगल के सैनिक आ पहुंचे युद्ध भीषण हो चुका था चेतक भी घायल हो चुका था। अधिकांश सैनिक मारे जा चुके थे दोनों पक्षों के। कई इतिहासकार युद्ध का परिणाम मुगलों के पक्ष में तय करते हैं परंतु वास्तव में युद्ध का परिणाम का निर्णय न हो सका। हल्दीघाटी का युद्ध वास्तव में एक शुरुआती युद्ध था। इस युद्ध के बाद अकबर ने महाराणा को अनेक बार पकड़ने और मारने का प्रयास किया।अकबर ने 5 वर्षों के अंतराल में लगभग एक लाख मुगल सैनिक भेजें परंतु उन्हें सफलता ना मिली कई अंग्रेज इतिहासकार ने इसे हल्दीघाटी युद्ध का दूसरा भाग कहते हैं यह युद्ध बेटल ऑफ़ देवार के नाम से जाना जाता है।इसमें मुगलों की करारी हार हुई।सन 1582 में दीवार का युद्ध हुआ अकबर की ओर से चाचा सुल्तान खान सेनापति नियुक्त हुए। इस युद्ध के बाद प्रताप ने अनेक क्षेत्रों पर कब्जा कर लिया जिनमें कुंभलगढ़ बस्सी मूवी मांडलगढ़ मंदारिया जावर गोगुंदा आदि क्षेत्र शामिल थे। कर्नल जेम्स टॉड ने इस युद्ध को मेवाड़ का मैराथन का नाम दिया। महाराणा प्रताप जी आगे भी जीवन पर्यंत संघर्ष करते रहे।महाराणा प्रताप में नेतृत्व की चमत्कारिक शक्ति थी लोग अपना सर्वस्व निछावर करने के लिए हमेशा तत्पर रहते थे। भील जाति के लोग उनको राजा के रूप में पूज्यते थे। हल्दीघाटी युद्ध के दौरान एक ऐसे ही चमत्कारिक घटना हुई जब महाराणा प्रताप का एक सैनिक 10-10 मुगलों पर भारी पड़ रहा था। महाराणा जी के सैनिकों का साहस आप इसी बात से जान सकते हैं कि एक ऐसा सैनिक जो भीषण संघर्ष और युद्ध कर रहा होता है अचानक किसी ने उसके गले पर वार कर दिया। उसका सर धड़ से अलग हो जाता है। परंतु वह धड़ गिरने की बजाए कुछ समय तक अपने दुश्मनों से युद्ध करते रहता है। आसोच ही सकते हैं कि समर्पण भाव क्या होता है स्वामी भक्ति क्या होती है। हम महाराणा जी की जितनी भी प्रशंसा करें वह कम है देशभक्ति सीखनी है तो महाराणा के आदर्शों को अपना लो किसी और की तरफ देखने की जरूरत भी ना पड़ेगी। मातृभूमि सबसे बड़ी मां होती यह नहीं भूलना चाहिए।आप सभी जानते हैं कि अकबर अनपढ़ था परंतु वह बहुत चतुर एवं अवसरवादी था। उसने अपनी सेना में कुख्यात सैनिकों की भर्ती की थी। उनमें एक बहलोल खान

नाम का कुख्यात सैन्य अधिकारी था उसकी ऊंचाई 7.5 फीट से अधिक थी। उसके नाम से लोग थरथर कांपते थे। बहलोल खान सैकड़ों लोगों को मौत के घाट उतार चुका था।महाराणा प्रताप को डराने के लिए उन्होंने बहलोल खान को चुना और एक सैन्य टुकड़ी देकर बहलोल खान को राणा के पास युद्ध के लिए भेजा। बहलोल खान जब महाराणा की सीमा में पहुंचा तो युद्ध के लिए ललकारा महाराणा भी इसके लिए तैयार थे और वे दोनों आमने-सामने थे ही, जैसे ही बहलोल खाने महाराणा पर वार करने के लिए तलवार उठाया, महाराणा प्रताप ने पलक झपकते बहलोल खान को बीच से काट डाला।प्रताप जी का वार यहीं नहीं रुका बहलोल खान जिस घोड़े पर बैठा था वह घोड़ा भी बीच से कट गया आप सो सकते हैं महाराणा प्रताप के ताक ताक ताकत के बारे में इस तरह थे हमारे महाराणा प्रताप जी जिनके किससे आज भी राजस्थान के लोक गाथाओं में अत्यंत प्रसिद्ध है।महाराणा प्रताप जी जंगलों में रहा करते थे और गोरिल्ला युद्ध के माध्यम से मुगल सल्तनत को चोट पहुंचाया करते थे। 1597 ऐसे में ऐसा कहा जाता है कि महाराणा आखेट के लिए जंगल गए जहां वह आंखेट के दौरान घायल हो गए और 29 जनवरी 1597 में मात्र 56 वर्ष की आयु में राजधानी चावंड राजस्थान में उनकी मृत्यु हो गई। ऐसा भी कहा जाता है कि अनेक युद्ध लड़ने के कारण हुए घाव और चोटों के कारण उनकी मृत्यु हुई।महाराणा की मृत्यु का खबर सुनकर उस दिन अकबर भी रोया था। इन्हीं सब बातों से आप समझ सकते हैं कि वह कितने महान थे। हमें भी उनके दिखाए हुए मार्ग पर चलना चाहिए और अन्याय, अत्याचार, और अधर्म के विरुद्ध हथियार उठाना चाहिए।यही हमारा कर्तव्य हो। महाराणा प्रताप जी के लिए यही सच्ची श्रद्धांजलि होगी।उनके के वंशज आज भी जिन्दा हैं। वे उदयपुर क्षेत्र में आज भी निवासरत हैं। सिसोदिया वंश उदयपुर के सिटी पैलेस में निवास करते हैं। यह इस क्षेत्र के शासक नहीं वरन् संरक्षक के रूप में माने जाते हैं। अरविन्द सिंह मेवाड़ व् महेंद्र सिंह इस वंश के उत्तराधिकारी हैं।ऐसी देशभक्ति और वीरता से कुटकुट भरी मेवाड़ धरा पर स्वतन्त्रता प्रेमी और महान नायक महाराणा प्रताप का जन्म भूमि रही हैं. इस प्रदेश में जान तथा प्राण से बढ़कर प्रण की शाश्वत परम्परा रही हैं.राजस्थान की इसी तपोभूमि कुछ ऐसी विशेषताएं रही हैं, जो अन्यत्र दुर्लभ हैं. यहाँ के वीरो ने धरती, धर्म, स्त्री और असहायों की रक्षार्थ मरने को मंगल माना, यहाँ की विरागनाओ ने अपनी कंचन जैसी काया का मोह त्यागते हुए अपने हाथों अपना शीश काटकर अपने पतियों का प्रण पालन किया हैं. यहाँ महाराणा प्रताप श्रेष्ठ योद्धा और सच्चे जननायक थे. सभी धर्मा के लोग मातृभूमि की स्वाधीनता के संघर्ष में प्रताप के साथ थे. प्रताप ने अपने

व्यक्तित्व से मेवाड़ के प्रत्येक व्यक्ति को मातृभूमि की स्वतंत्रता के लिए सब कुछ न्यौछावर करने वाला यौद्धा बना दिया.इससे महाराणा प्रताप जनमानस के प्रातः स्मरणीय बन गये. अपने देश की स्वतंत्रता और सार्वभौमिकता के लिए सतत संघर्ष और विविध क्षेत्र में योगदान उन्हें महान सिद्ध करता हैं.युद्धों में दिवंगत वीरों के उत्तराधिकारियों को प्रताप पिता की तरह स्नेह दिया और उनके पुनर्वास के लिए अपूर्व प्रयास कर मानवाधिकारों के संरक्षण का आदर्श स्थापित किया.नारी सुरक्षा और संरक्षण के लिए प्रताप ने कई प्रयास किए. उनके प्रयासों की बदौलत मेवाड़ को भविष्य में जौहर जैसी त्रासदी नही झेलनी पड़ी.प्रताप ने कैद की गई मुगल स्त्रियों को सुरक्षित लौटाकरनारी सम्मान का पाठ पठाया. अकाल दर अकाल जूझने वाली प्रजा और शासकों के लिए जल बचत और कम खर्च में जलाशय बनाने की तकनीक दी.यही नही पर्यावरण सुरक्षा को प्रत्येक शासक और नागरिक के कर्तव्य के रूप में परिभाषित किया. प्रताप का योगदान उनकी वैश्विक दृष्टि का परिचायक था. इसी ध्येय से प्रताप ने विश्वविल्लभ नाम से वृक्ष आयुर्विज्ञान ग्रंथ की रचना करवाई.संस्कारी जीवन ही सबकों अपेक्षित होता हैं, प्रताप ने इस उद्देश्य से व्यवहार आदर्श जैसा ग्रंथ लिखवाया. विद्वानों और दूरदर्शी लोगो को संरक्षण दिया.इनमें संस्कृत विद्वान पंडित चक्रपाणी मिश्र प्रमुख थे. प्रताप के संरक्षण में लिखी गई राज्याभिषेक पद्धति भारतीय शासकों के लिए आदर्श बनी. मेवाड़ और गुजरात के शासकों सहित मराठा शासक भी अपना अभिषेक इसी पद्धति से करवाने लगे.गीतों में राणा प्रताप को नीले घोड़े की सवारी वाला बताया जाता हैं, चेतक ही इनकों वों स्वामिभक्त घोडा था. जिसनें प्रताप का मरते दम तक साथ दिया. हल्दीघाटी के युद्ध में पूरी तरह घायल हो जाने के बाद भी तीन पैर पर दोडकर चेतक ने प्रताप को सुरक्षित स्थान पर पहुचाया था.यह ईरानी नस्ल का विख्यात अश्व था, जो गुजरात के भीमोरा गाँव से राणा प्रताप लाए थे. एक काठियावाड़ घोड़े व्यापारी चेतक, त्राटक और अटक इन तीन नस्ल के घोड़ों को लेकर आए मेवाड़ आए थे.घोड़ों की शक्ति परखने के बाद त्राटक घोडा प्रताप के छोटे भाई शक्ति को दे दिया तथा स्वयं चेतक को प्रताप ने अपना साथी चुन लिया.मानसिंह से युद्ध लड़ते समय उनके हाथी के पैर में लगी तलवार से चेतक का पिछला पैर पूरी तरह जख्मी हो गया था. तदोपरान्त वह प्रताप को रणभूमि से लेकर चितोड़ की ओर चल पड़ा,एक बरसाती नाले पर से छलांग लगाते वक्त वह उस नाले में गिर गया, जहाँ उसकी मृत्यु हो गई. प्रताप ने चेतक को इसी स्थान पर समाधि देकर वहां पर स्मारक बनाया, जो आज भी चितोड़ में चेतक स्मारक के रूप में जाना जाता हैं.प्रताप की कई वीरता की कहानियों में चेतक का अपना स्थान

हैं. चेतक की फुर्ती के कारण ही प्रताप ने कई युद्धों को सहजता से जीता. प्रताप अपने चेतक से पुत्र की भांति प्रेम करते थे.राणा प्रताप ने संगीत, मूर्तिकला और चित्रकला को संरक्षण दिया. अपने दरबार में निसारुद्दीन जैसे चित्रकार से छह राग और छतीस रागिनियों के ध्यान चित्र बनवाकर चावंड चित्र शैली को जन्म दिया. रागमाला श्रंखला के ये चित्र अन्य कई क्षेत्रों के चित्रकारों के लिए भी अनुकरणीय हैं. यह कला भारतीय चित्रकला की निधि हैं.प्रताप ने देश की सम्रद्धि को बनाए रखने के लिए धातुओं की खदानों की सुरक्षा की ओर प्रमुखता से ध्यान दिया. सभी धर्मों का आदर प्रताप के व्यक्तित्व की निराली विशेषता थी.जनजाति के मुख्याओं ने प्रताप के नेतृत्व में अपूर्व विश्वास किया. उदयपुर के निकट हरिहर जैसे मंदिर उनके काल के शैव और वैष्णव धर्म की एकता को दिखाता हैं.इस प्रकार राष्ट्रप्रेम, सर्वधर्म सद्भाव, सहिष्णुता, करुणा, स्वाधीनता के लिए युद्ध, नीतिगत आदर्शों की पालना, मानवाधिकारों की सुरक्षा, नारी सम्मान, पर्यावरण और जल संरक्षण एवं सर्वसामान्य को आदर जैसे मूल्य तथा साहित्य व संस्कृति के प्रति सम्मान उनकी महानता के उज्ज्वल परिचायक हैं| महाराणा प्रताप की समाधि जन जन को इस विराट चरित्र नायक के कितिर्मय जीवन और आदर्शों की प्रेरणा देती रहेगी. राणा प्रताप के बारे में कहा गया हैं कि.

पग पग भम्या, धरा छोड़ राख्यों धर्म.

महाराणा मेवाड़, हिरदे, बस्या हिन्द रे.

महाराणा प्रताप आधुनिक राजस्थान के एक प्रांत मेवाड़ के शासक थे, जिसमें मध्य प्रदेश में भीलवाड़ा, चित्तौड़गढ़, राजसमंद, उदयपुर, पिरावा (झालावाड़), नीमच और मंदसौर और गुजरात के कुछ हिस्से शामिल हैं। महाराणा प्रताप जयंती 6 जून को बहादुर राजपूत योद्धा की जयंती के रूप में मनाई जाती है। महाराणा उदय सिंह और महारानी जयवंता बाई के सबसे बड़े पुत्र होने के नाते, महाराणा प्रताप राजपूत वीरता, वीरता और परिश्रम के प्रतीक हैं। उन्होंने अपनी मातृभूमि को उनके नियंत्रण से मुक्त करने के लिए मुगल वर्चस्व के खिलाफ लड़ाई लड़ी।सबसे महान राजपूत योद्धाओं में से एक, उन्हें मुगल शासक अकबर के अपने क्षेत्र को जीतने के प्रयासों का विरोध करने के लिए पहचाना जाता है। अन्य पड़ोसी राजपूत शासकों के विपरीत, महाराणा प्रताप ने बार-बार शक्तिशाली मुगलों को प्रस्तुत करने से इनकार कर दिया और अपनी अंतिम सांस तक साहसपूर्वक लड़ते रहे। राजपूत वीरता, परिश्रम और वीरता के प्रतीक, वह मुगल सम्राट अकबर की ताकत को संभालने वाले एकमात्र राजपूत योद्धा थे। उनके सभी साहस, बलिदान और उग्र स्वतंत्र भावना के लिए, उन्हें राजस्थान में एक

नायक के रूप में सम्मानित किया जाता है।

भाई का नाम (Brother)

शक्ति सिंह, खान सिंह, विरम देव, जेत सिंह,

राय सिंह, जगमल, सगर, अगर, सिंहा,

पच्छन, नारायणदास, सुलतान, लूणकरण,

महेशदास, चंदा, सरदूल, रुद्र सिंह,

भव सिंह, नेतसी, सिंह, बेरिसाल, मान सिंह

एवं साहेब खान।

पत्नी का नाम (Wife)

14 पत्नियां –

अजब देपंवार, अमोलक चौहान, चंपा कंवर झाला,

फूल कंवर राठौड़ प्रथम, रत्नकंवर पंवार,

फूल कंवर राठौड़ द्वितीय, जसोदा चौहान,

रत्नकंवर राठौड़, भगवत कंवर राठौड़,

प्यार कंवर सोलंकी, शाहमेता हाड़ी,

माधो कंवर राठौड़, आश कंवर खींचण,

एवं रणकंवर राठौड़।

बेटे के नाम (Son)

17 बेटे –

अमर सिंह, भगवानदास,सहसमल, गोपाल,

काचरा, सांवलदास, दुर्जनसिंह, कल्याणदास,

चंदा, शेखा, पूर्णमल, हाथी, रामसिंह,

जसवंतसिंह, माना, नाथा एवं रायभान।

बेटी का नाम (Daughter)

5 बेटियां –

रखमावती, रामकंवर, कुसुमावती, दुर्गावती,

एवं सुक कंवर।

महाराणा प्रताप की चौदह पत्नियाँ, पाँच बेटियाँ और सत्रह बेटे थे। हालाँकि, उनकी पसंदीदा पत्नी महारानी अजबदे पंवार नाम की उनकी पहली पत्नी थीं। उन्होंने 1557 में पहली बार शादी के बंधन में बंधे। 1559 में, उनके पहले बेटे अमर सिंह का जन्म हुआ, जो बाद में उनके उत्तराधिकारी बने।ऐसा कहा जाता है कि राजपूत एकता को मजबूत करने के लिए प्रताप ने दस और राजकुमारियों से

शादी की। प्रताप ने अपने जीवन और जंगलों का एक बड़ा हिस्सा बिताया और यह भी कहा जाता है कि एक समय ऐसा भी था जब उनके परिवार को घास से बनी चपाती पर गुजारा करना पड़ता था।जब प्रताप अपने पिता के सिंहासन पर बैठे, तो उनके भाई जगमल सिंह, जिन्हें उदय सिंह द्वारा क्राउन प्रिंस के रूप में नामित किया गया था, ने बदला लेने की कसम खाई और मुगल सेना में शामिल हो गए। मुगल बादशाह अकबर ने उनके द्वारा प्रदान की गई सहायता के लिए उन्हें जाहजपुर शहर के साथ पुरस्कृत किया।जब राजपूतों ने चित्तौड़ छोड़ दिया, तो मुगलों ने इस स्थान पर अधिकार कर लिया, लेकिन मेवाड़ राज्य को अपने कब्जे में लेने के उनके प्रयास असफल रहे। अकबर द्वारा कई दूत भेजे गए थे, उन्होंने प्रताप के साथ गठबंधन करने के लिए बातचीत करने की कोशिश की, लेकिन यह काम नहीं किया। 1573 में अकबर द्वारा छह राजनयिक मिशन भेजे गए थे लेकिन महाराणा प्रताप ने उन्हें ठुकरा दिया था। इन मिशनों में से अंतिम का नेतृत्व अकबर के बहनोई राजा मान सिंह ने किया था। जब एक शांति संधि पर हस्ताक्षर करने के प्रयास विफल हो गए, तो अकबर ने शक्तिशाली मुगल सेना का सामना करने का मन बना लिया।अकबर ने महाराणा प्रताप को अपने चंगुल में लाने की पूरी कोशिश की; लेकिन सब बेकार । अकबर क्रोधित हो गया क्योंकि महाराणा प्रताप के साथ कोई समझौता नहीं किया जा सका और उसने युद्ध की घोषणा की। महाराणा प्रताप ने भी तैयारी शुरू कर दी थी। उन्होंने अपनी राजधानी को पहाड़ों की अरावली श्रेणी में कुंभलगढ़ में स्थानांतरित कर दिया, जहां तक पहुंचना मुश्किल था। महाराणा प्रताप ने आदिवासियों और जंगलों में रहने वाले लोगों को अपनी सेना में भर्ती किया। इन लोगों को युद्ध लड़ने का कोई अनुभव नहीं था। लेकिन उसने उन्हें प्रशिक्षित किया। उन्होंने सभी राजपूत सरदारों से मेवाड़ की स्वतंत्रता के लिए एक झंडे के नीचे आने की अपील की।22,000 सैनिकों की महाराणा प्रताप की सेना हल्दीघाट पर अकबर के 2,00,000 सैनिकों से मिली। महाराणा प्रताप और उनके सैनिकों ने इस लड़ाई में महान वीरता का प्रदर्शन किया, हालांकि उन्हें पीछे हटना पड़ा लेकिन अकबर की सेना राणा प्रताप को पूरी तरह से हराने में सफल नहीं रही।महाराणा प्रताप और 'चेतक' नाम का उनका वफादार घोड़ा भी इस युद्ध में अमर हो गया। हल्दीघाट की लड़ाई में 'चेतक' गंभीर रूप से घायल हो गया था लेकिन अपने मालिक की जान बचाने के लिए उसने एक बड़ी नहर पर छलांग लगा दी। जैसे ही नहर पार की गई, 'चेतक' नीचे गिर गया और मर गया इस प्रकार इसने अपनी जान जोखिम में डालते हुए राणा प्रताप को बचा लिया। बलवान महाराणा अपने वफादार घोड़े की मौत पर एक बच्चे की तरह रो

पड़े। बाद में उन्होंने उस स्थान पर एक सुंदर उद्यान का निर्माण किया जहां चेतक ने अंतिम सांस ली थी। तब अकबर ने खुद महाराणा प्रताप पर हमला किया लेकिन 6 महीने की लड़ाई लड़ने के बाद भी अकबर महाराणा प्रताप को हरा नहीं सका और वापस दिल्ली चला गया। अंतिम उपाय के रूप में अकबर ने एक और महान योद्धा जनरल जगन्नाथ को वर्ष 1584 में एक विशाल सेना के साथ मेवाड़ भेजा लेकिन 2 साल तक लगातार प्रयास करने के बाद भी वह राणा प्रताप को पकड़ नहीं पाया।पहाड़ों के जंगलों और घाटियों में घूमते हुए भी महाराणा प्रताप अपने परिवार को साथ ले जाते थे। दुश्मन के कभी भी कहीं से भी हमला करने का खतरा हमेशा बना रहता था। खाने के लिए उचित भोजन प्राप्त करना जंगलों में एक कठिन परीक्षा थी। कई बार उन्हें बिना भोजन के ही जाना पड़ता था। उन्हें बिना भोजन के एक स्थान से दूसरे स्थान भटकना पड़ा और पहाड़ों और जंगलों में सोना पड़ा। दुश्मन के आने की सूचना मिलने पर उन्हें खाना छोड़कर तुरंत दूसरी जगह जाना पड़ा। वे लगातार किसी न किसी आपदा में फंसे रहते थे।एक बार महारानी जंगल में अपना हिस्सा खाने के बाद भाखरी भून रही थीं उसने अपनी बेटी को खाने के लिए बचे हुए 'भाकरी' को रखने के लिए कहा, लेकिन उसी समय, एक जंगली बिल्ली ने हमला किया और राजकुमारी को असहाय रोते हुए छोड़कर उसके हाथ से 'भाकरी' का टुकड़ा छीन लिया। भाकरी का वह टुकड़ा भी उसके भाग्य में नहीं था। बेटी को ऐसी हालत में देखकर राणा प्रताप को दुख हुआ; वह उसकी वीरता, शौर्य और स्वाभिमान से क्रोधित हो गया और सोचने लगा कि क्या उसकी सारी लड़ाई और बहादुरी इसके लायक है। ऐसी अस्थिर मनःस्थिति में, वह अकबर के साथ समझौता करने के लिए तैयार हो गए । अकबर के दरबार से पृथ्वीराज नाम के एक कवि, जो महाराणा प्रताप के प्रशंसक थे, ने उन्हें राजस्थानी भाषा में एक कविता के रूप में एक लंबा पत्र लिखकर उनका मनोबल बढ़ाया और उन्हें अकबर के साथ युद्धविराम बुलाने से मना किया। उस पत्र के साथ, राणा प्रताप को लगा जैसे उन्होंने 10,000 सैनिकों की ताकत हासिल कर ली है। उसका मन शांत और स्थिर हो गया। उसने अकबर के सामने आत्मसमर्पण करने का विचार छोड़ दिया, इसके विपरीत, उसने अपनी सेना को और अधिक तीव्रता से मजबूत करना शुरू कर दिया और एक बार फिर अपने लक्ष्य को पूरा करने में लग गए ।महाराणा प्रताप के पूर्वजों के शासन में एक राजपूत सरदार मंत्री के रूप में कार्यरत था। वह इस विचार से बहुत परेशान था कि उसके राजा को जंगलों में भटकना पड़ा है और वह ऐसी कठिनाइयों से गुजर रहा है। महाराणा प्रताप जिस कठिन समय से गुजर रहे थे, उसके बारे में जानकर उन्हें दुख हुआ। उन्होंने महाराणा प्रताप को बहुत

सारी संपत्ति की पेशकश की जिससे उन्हें 12 वर्षों तक 25,000 सैनिकों को बनाए रखने की अनुमति मिल सके। महाराणा प्रताप बहुत खुश हुए और बहुत आभारी महसूस कर रहे थे।महाराणा प्रताप ने शुरू में भामाशाह द्वारा दी गई संपत्ति को स्वीकार करने से इनकार कर दिया, लेकिन उनके लगातार आग्रह पर, उन्होंने भेंट स्वीकार कर ली। भामाशाह से धन प्राप्त करने के बाद राणा प्रताप को अन्य स्रोतों से धन मिलने लगा। उसने अपनी सेना का विस्तार करने के लिए सभी धन का उपयोग किया और चित्तौड़ को छोड़कर मेवाड़ को मुक्त कर दिया जो अभी भी मुगलों के नियंत्रण में था।मिर्जा हाकिम की पंजाब में घुसपैठ और बिहार और बंगाल में विद्रोह के मद्देनजर अकबर ने इन समस्याओं से निपटने के लिए अपना ध्यान केंद्रित करने में लगे हुए थे । वही दूसरी और 1582 में, देवर में मुगल पोस्ट पर महाराणा प्रताप ने हमला किया और कब्जा कर लिया। साल 1585 में अकबर लाहौर चला गया और अगले बारह वर्षों तक उत्तर-पश्चिम की स्थिति पर नजर रखने के लिए वहीं रहा। इस अवधि के दौरान कोई भी मुगल अभियान मेवाड़ नहीं भेजा गया था।प्रताप ने इस स्थिति का लाभ उठाया और गोगुन्दा, कुम्भलगढ़ और उदयपुर सहित पश्चिमी मेवाड़ पर पुनः अधिकार कर लिया। उसने डूंगरपुर के निकट चावंड में एक नई राजधानी का निर्माण किया।महाराणा प्रताप मरते समय भी घास के बिस्तर पर लेटे हुए थे क्योंकि चित्तौड़ को मुक्त करने की उनकी शपथ अभी भी पूरी नहीं हुई थी। अंतिम समय में उन्होंने अपने बेटे अमर सिंह का हाथ थाम लिया और चित्तौड़ को मुक्त करने की जिम्मेदारी अपने बेटे को सौंप दी और शांति से मर गए। अकबर जैसे क्रूर बादशाह के साथ उसके युद्ध की इतिहास में कोई तुलना नहीं है। जब लगभगपूरा राजस्थान मुगल सम्राट अकबर के नियंत्रण में था, तब महाराणा प्रताप ने मेवाड़ को बचाने के लिए 12 साल तक लड़ाई लड़ी। अकबर ने महाराणा को हराने के लिए कई तरह के प्रयास किए लेकिन वह अंत तक अपराजेय रहे। इसके अलावा, उसने राजस्थान में भूमि के एक बड़े हिस्से को मुगलों से भी मुक्त कराया। उन्होंने इतनी कठिनाइयों का सामना किया लेकिन उन्होंने अपने परिवार और मातृभूमि के नाम को हार का सामना करने से बचाया। उनका जीवन इतना उज्ज्वल था कि स्वतंत्रता का दूसरा नाम 'महाराणा प्रताप' हो सकता था।मुगल साम्राज्य के खिलाफ अपने निरंतर संघर्ष के दौरान लगी चोटों के परिणामस्वरूप, महान योद्धा 29 जनवरी, 1597 को 56 वर्ष की आयु में स्वर्गीय निवास के लिए रवाना हुए। उनके ज्येष्ठ पुत्र अमर सिंह प्रथम ने उन्हें मेवाड़ की गद्दी पर बैठाया।

महाराणा प्रताप सात फुट पांच इंच लंबे थे और उनका वजन 110 किलो था

उनके सीने के कवच का वजन 72 किलोग्राम और उनके भाले का वजन 81 किलोग्राम था

महाराणा प्रताप की ढाल, भाला, दो तलवारें और कवच का कुल वजन लगभग 208 किलो था।

उनकी ग्यारह पत्नियाँ, पाँच बेटियाँ और सत्रह बेटे थे। उनकी पत्नियों के नाम हैं अजबदे पंवार, रानी लखबाई, रानी चंपाबाई झाटी, रानी शाहमतीबाई हाड़ा, रानी रत्नावतीबाई परमार, रानी सोलंखिनीपुर बाई, रानी अमरबाई राठौर, रानी फूल बाई राठौर, रानी आलमदेबाई चौहान, रानी जसोबाई चौहान और रानी खिचर आशाबाई।

महाराणा प्रताप और उनके परिवार को लंबे समय तक जंगल में रहना पड़ा और वे घास की बनी चपातियों पर जीवित रहे। एक दिन एक जंगली बिल्ली ने महाराणा की बेटी के हाथ से घास की रोटी छीन ली, तभी उसने अकबर के सामने आत्मसमर्पण करने का फैसला किया।

एक बार महाराणा प्रताप के बेटे कुंवर अमर सिंह ने अब्दुर रहीम खानखाना के शिविर पर हमला किया, जो मुगल सेना के सेनापति थे और उनकी पत्नियों और महिलाओं को ट्रॉफी बंधकों के रूप में ले गए। जब प्रताप को अपने काम के बारे में पता चला, तो उसने उसे फटकार लगाई और सभी महिलाओं को रिहा करने का आदेश दिया। अब्दुर महाराणा के कृत्य का बहुत आभारी था और उसने तब से मेवाड़ के खिलाफ एक भी हथियार नहीं उठाने का संकल्प लिया। अब्दुर रहीम खानखाना कोई और नहीं बल्कि रहीम हैं जिनके दोहे और कविताएँ हम बचपन से पढ़ते आ रहे हैं।

महाराणा प्रताप गुरिल्ला युद्ध की रणनीति का उपयोग करने में बहुत कुशल थे।

उनके पास चेतक नाम का एक बहुत ही वफादार घोड़ा था, जो महाराणा का पसंदीदा भी था। हल्दीघाटी के युद्ध में राणा प्रताप को बचाने के प्रयास में चेतक अमर हो गया।

राणा प्रताप ने अपने जीवन का एक बड़ा हिस्सा, विशेषकर अपने बचपन को अरावली के जंगल में बिताया। आदिवासियों द्वारा प्रताप को कीका कहा जाता था; उन्हें राणा कीका के रूप में भी जाना जाता है।

महाराणा प्रताप का घोड़ा चेतक अपने मालिक के प्रति वफादारी के लिए जाना जाता है। कहा जाता है कि घोड़े के कोट पर नीले रंग का रंग होता है। चेतल ने अपने मालिक की जान बचाने के लिए 21 फीट चौड़ी नदी में छलांग लगाते हुए अपनी

जान गंवा दी।

यह एक सच है कि प्रताप अपने घोड़े चेतक से प्यार करते थे , लेकिन बहुत कम लोग जानते हैं कि चेतक की आंखें नीली थीं। यही कारण है कि महाराणा प्रताप को 'नीले घोड़े के सवार' के रूप में भी जाना जाता था।

चेतक के अलावा, एक और जानवर था जो महाराणा को बहुत प्रिय था – रामप्रसाद नाम का एक हाथी। हल्दीघाटी की लड़ाई के दौरान रामप्रसाद ने कई घोड़ों, हाथियों और सैनिकों को मार डाला और घायल कर दिया। कहा जाता है कि राजा मानसिंह ने रामप्रसाद को पकड़ने के लिए सात हाथियों को तैनात किया था।

महाराणा प्रताप के पास एक हाथी, रामप्रसाद भी था, जिसने मुगल सेना के दो युद्ध हाथियों को मार डाला था। जब अकबर ने रामप्रसाद को बंदी बनाया तो उसने न कुछ खाया पिया, 18वें दिन अपनी जान गंवा दी।

जहां महाराणा प्रताप अपने जीवनकाल में कई युद्धों में जीवित रहे, वहीं एक तीर से धनुष की डोरी को कसने के दौरान शिकार दुर्घटना में लगी चोट से उनकी मृत्यु हो गई।

महाराणा प्रताप को अक्सर 'भारत का पहला स्वतंत्रता सेनानी' माना जाता है, क्योंकि उन्होंने अकबर के नेतृत्व वाली मुगल सेनाओं के सामने आत्मसमर्पण नहीं किया था। महाराणा प्रताप के जीवन और उपलब्धियों पर कई टेलीविजन शो बनाए गए हैं।महाराणा प्रताप को समर्पित एक ऐतिहासिक स्थल, महाराणा प्रताप स्मारक, उदयपुर में मोती मगरी, पर्ल हिल के शीर्ष पर स्थित है। यह महाराणा भागवत सिंह मेवाड़ द्वारा बनाया गया था और अपने घोड़े 'चेतक' पर सवार वीर योद्धा की आदमकद कांस्य प्रतिमा को प्रदर्शित करता है।महाराणा प्रताप सिंह सिसोदिया (ज्येष्ठ शुक्ल तृतीया रविवार विक्रम संवत 1597 तदनुसार 9 मई 1540 – 19 जनवरी 1597) उदयपुर, मेवाड़ में सिसोदिया राजवंश के राजा थे।उनका नाम इतिहास में वीरता, शौर्य, त्याग, पराक्रम और दृढ प्रण के लिये अमर है। उन्होंने मुगल बादशहा अकबर की अधीनता स्वीकार नहीं की और कई सालों तक संघर्ष किया। महाराणा प्रताप सिंह ने मुगलों को कई बार युद्ध में भी हराया और हिंदुस्थान के पुरे मुगल साम्राज्य को घुटनो पर ला दियाउनका जन्म वर्तमान राजस्थान के कुम्भलगढ़ में महाराणा उदयसिंह एवं माता रानी जयवन्ताबाई के घर हुआ था। लेखक जेम्स टॉड के अनुसार महाराणा प्रताप का जन्म मेवाड़ के कुम्भलगढ में हुआ था। इतिहासकार विजय नाहर के अनुसार राजपूत समाज की परंपरा व महाराणा प्रताप की जन्म कुण्डली व कालगणना के अनुसार महाराणा प्रताप का जन्म पाली के राजमहलों में हुआ। महाराणा प्रताप

का जन्म पाली जिले में हुआ था और उनका ननिहाल पाली में था मुंशी देवी प्रसाद द्वारा रचित सरस्वती के भाग 18 में सात पंक्तियां में ताम्र पत्र उल्लेखित है

और सोमानी रचित पुस्तक में महाराणा प्रताप द्वारा ब्राह्मणों को दान की गई भूमि का उल्लेख है इन स्रोतों से सत्य है की महाराणा प्रताप के ननिहाल की भूमि का उल्लेख पाली का करना उचित है | महाराणा प्रताप के जन्मस्थान के प्रश्न पर दो धारणाएँ है। पहली महाराणा प्रताप का जन्म कुम्भलगढ़ दुर्ग में हुआ था क्योंकि महाराणा उदयसिंह एवम जयवंताबाई का विवाह कुंभलगढ़ महल में हुआ। दूसरी धारणा यह है कि उनका जन्म पाली के राजमहलों में हुआ। महाराणा प्रताप की माता का नाम जयवंता बाई था, जो पाली के सोनगरा अखैराज की बेटी थी। महाराणा प्रताप का बचपन भील समुदाय के साथ बिता , भीलों के साथ ही वे युद्ध कला सीखते थे , भील अपने पुत्र को कीका कहकर पुकारते है, इसलिए भील महाराणा को कीका नाम से पुकारते थे। लेखक विजय नाहर की पुस्तक हिन्दुवा सूर्य महाराणा प्रताप के अनुसार जब प्रताप का जन्म हुआ था उस समय उदयसिंह युद्व और असुरक्षा से घिरे हुए थे। कुंभलगढ़ किसी तरह से सुरक्षित नही था। जोधपुर के शक्तिशाली राठौड़ी राजा राजा मालदेव उन दिनों उत्तर भारत मे सबसे शक्तिसम्पन्न थे। एवं जयवंता बाई के पिता एवम पाली के शाषक सोनगरा अखेराज मालदेव का एक विश्वसनीय सामन्त एवं सेनानायक था।इस कारण पाली और मारवाड़ हर तरह से सुरक्षित था और रणबंका राठौड़ो की कमधव्ज सेना के सामने अकबर की शक्ति बहुत कम थी, अतः जयवंता बाई को पाली भेजा गया। वि. सं. ज्येष्ठ शुक्ला तृतीया सं 1597 को प्रताप का जन्म पाली मारवाड़ में हुआ। प्रताप के जन्म का शुभ समाचार मिलते ही उदयसिंह की सेना ने प्रयाण प्रारम्भ कर दिया और मावली युद्ध मे बनवीर के विरूद्ध विजय श्री प्राप्त कर चित्तौड़ के सिंहासन पर अपना अधिकार कर लिया। भारतीय प्रशासनिक सेवा से सेवानिवृत्त अधिकारी देवेंद्र सिंह शक्तावत की पुस्तक महाराणा प्रताप के प्रमुख सहयोगी के अनुसार महाराणा प्रताप का जन्म स्थान महाराव के गढ़ के अवशेष जूनि कचहरी पाली में विद्यमान है। यहां सोनागरों की कुलदेवी नागनाची का मंदिर आज भी सुरक्षित है। पुस्तक के अनुसार पुरानी परम्पराओं के अनुसार लड़की का पहला पुत्र अपने पीहर में होता है।इतिहासकार अर्जुन सिंह शेखावत के अनुसार महाराणा प्रताप की जन्मपत्रिका पुरानी दिनमान पद्धति से अर्धरात्रि 12/17 से 12/57 के मध्य जन्मसमय से बनी हुई है। 5/51 पलमा पर बनी सूर्योदय 0/0 पर स्पष्ट सूर्य का मालूम होना जरूरी है इससे जन्मकाली इष्ट आ जाती है। यह कुंडली चित्तौड़ या मेवाड़ के किसी स्थान में हुई होती तो प्रातः स्पष्ट सूर्य का राशि अंश

कला विकला अलग होती। पण्डित द्वारा स्थान कालगणना पुरानी पद्धति से बनी प्रातः सूर्योदय राशि कला विकला पाली के समान है।डॉ हुकमसिंह भाटी की पुस्तक सोनगरा सांचोरा चौहानों का इतिहास 1987 एवं इतिहासकार मुहता नैणसी की पुस्तक ख्यात मारवाड़ रा परगना री विगत में भी स्पष्ट है "पाली के सुविख्यात ठाकुर अखेराज सोनगरा की कन्या जैवन्ताबाई ने वि. सं. 1597 जेष्ठ सुदी 3 रविवार को सूर्योदय से 47 घड़ी 13 पल गए एक ऐसे देदीप्यमान बालक को जन्म दिया। धन्य है पाली की यह धरा जिसने प्रताप जैसे रत्न को जन्म दिया।

राणा उदयसिंह के दूसरी रानी धीरबाई जिसे राज्य के इतिहास में रानी भटियाणी के नाम से जाना जाता है, यह अपने पुत्र कुंवर जगमाल को मेवाड़ का उत्तराधिकारी बनाना चाहती थी | प्रताप के उत्तराधिकारी होने पर इसके विरोध स्वरूप जगमाल अकबर के खेमे में चला जाता है। महाराणा प्रताप का प्रथम राज्याभिषेक में 28 फरवरी, 1572 में गोगुन्दा में हुआ था, लेकिन विधि विधानस्वरूप राणा प्रताप का द्विितीय राज्याभिषेक 1572 ई. में ही कुंभलगढ़ दुर्ग में हुआ, दुसरे राज्याभिषेक में जोधपुर का राठौड़ शासक राव चन्द्रसेन भी उपस्थित थे।राणा प्रताप ने अपने जीवन में कुल 11 शादियाँ की थी उनकी पत्नियों और उनसे प्राप्त उनके पुत्रों पुत्रियों के नाम है:-

महारानी अजबदे पंवार :- अमरसिंह और भगवानदास

अमरबाई राठौर :- नत्था

शहमति बाई हाडा :-पुरा

अलमदेबाई चौहान:- जसवंत सिंह

रत्नावती बाई परमार :-माल,गज,क्लिंगु

लखाबाई :- रायभाना

जसोबाई चौहान :-कल्याणदास

चंपाबाई जंथी :- कल्ला, सनवालदास और दुर्जन सिंह

सोलनखिनीपुर बाई :- साशा और गोपाल

फूलबाई राठौर :-चंदा और शिखा

खीचर आशाबाई :- हत्थी और राम सिंह

महाराणा प्रताप के शासनकाल में सबसे रोचक तथ्य यह है कि मुगल सम्राट अकबर बिना युद्ध के प्रताप को अपने अधीन लाना चाहता था इसलिए अकबर ने प्रताप को समझाने के लिए चार राजदूत नियुक्त किए जिसमें सर्वप्रथम सितम्बर 1572 ई. में जलाल खाँ प्रताप के खेमे में गया, इसी क्रम में मानसिंह (1573 ई. में), भगवानदास (सितम्बर, 1573 ई. में) तथा राजा टोडरमल (दिसम्बर,1573

ई.) प्रताप को समझाने के लिए पहुँचे, लेकिन राणा प्रताप ने चारों को निराश किया, इस तरह राणा प्रताप ने मुगलों की अधीनता स्वीकार करने से मना कर दिया जिसके परिणामस्वरूप हल्दी घाटी का ऐतिहासिक युद्ध हुआ।यह युद्ध 18 जून 1576 ईस्वी में मेवाड़ तथा मुगलों के मध्य हुआ था। इस युद्ध में मेवाड़ की सेना का नेतृत्व महाराणा प्रताप ने किया था। भील सेना के सरदार, पानरवा के ठाकुर राणा पूंजा सोलंकी थे।[20]इस युद्ध में महाराणा प्रताप की तरफ से लड़ने वाले एकमात्र मुस्लिम सरदार थे- हकीम खाँ सूरी।लड़ाई का स्थल राजस्थान के गोगुन्दा के पास हल्दीघाटी में एक संकरा पहाड़ी दर्रा था। महाराणा प्रताप ने लगभग 3,000 घुड़सवारों और 400 भील धनुर्धारियों के बल को मैदान में उतारा। मुगलों का नेतृत्व आमेर के राजा मान सिंह ने किया था, जिन्होंने लगभग 5,000-10,000 लोगों की सेना की कमान संभाली थी। तीन घण्टे से अधिक समय तक चले भयंकर युद्ध के बाद, महाराणा प्रताप ने खुद को जख्मी पाया जबकि उनके कुछ लोगों ने उन्हें समय दिया, वे पहाड़ियों से भागने में सफल रहे और एक और दिन लड़ने के लिए जीवित रहे। मेवाड़ के हताहतों की संख्या लगभग 1,600 पुरुषों की थी।[22] मुगल सेना ने 3500-7800 लोगों को खो दिया, जिसमें 350 अन्य घायल हो गए। इस युद्ध में मेवाड़ के महाराणा प्रताप विजय हुए थे, जैसे ही साम्राज्य का ध्यान कहीं और स्थानांतरित हुआ, प्रताप और उनकी सेना बाहर आ गई और अपने प्रभुत्व के पश्चिमी क्षेत्रों को हटा लिया। इस युद्ध में मुगल सेना का नेतृत्व मानसिंह तथा आसफ खाँ ने किया। इस युद्ध का आँखों देखा वर्णन अब्दुल कादिर बदायूनीं ने किया। इस युद्ध को आसफ खाँ ने अप्रत्यक्ष रूप से जेहाद की संज्ञा दी। इस युद्ध में बींदा के झालामान ने अपने प्राणों का बलिदान करके महाराणा प्रताप के जीवन की रक्षा की। वहीं ग्वालियर नरेश 'राजा रामशाह तोमर' भी अपने तीन पुत्रों 'कुँवर शालीवाहन', 'कुँवर भवानी सिंह 'कुँवर प्रताप सिंह' और पौत्र बलभद्र सिंह एवं सैकड़ों वीर तोमर राजपूत योद्धाओं समेत चिरनिद्रा में सो गया। शत्रु सेना से घिर चुके महाराणा प्रताप को झाला मानसिंह ने आपने प्राण दे कर बचाया और महाराणा को युद्ध भूमि छोड़ने के लिए बोला। शक्ति सिंह ने आपना अश्व दे कर महाराणा को बचाया। प्रिय अश्व चेतक की भी मृत्यु हुई।हल्दीघाटी के युद्ध में और देवर और चप्पली की लड़ाई में महाराणा प्रताप को सर्वश्रेष्ठ राजपूत राजा और उनकी बहादुरी,पराक्रम,चारित्र्य, धर्मनिष्ठा,त्याग, के लिए जाना जाता था। मुगलों के सफल प्रतिरोध के बाद, उन्हें "हिंदुशिरोमणी" माना गया। यह युद्ध तो केवल एक दिन चला परन्तु इसमें 17,000 लोग मारे गए। मेवाड़ को जीतने के लिये अकबर ने सभी प्रयास किये। महाराणा की हालत

दिन-प्रतिदिन चिन्ताजनक होती चली गईं। 24,000 सैनिकों के 12 साल तक गुजारे लायक अनुदान देकर भामाशाह भी अमर हुआ।इतिहासकार मानते हैं कि इस युद्ध में कोई विजय नहीं हुआ। पर देखा जाए तो इस युद्ध में महाराणा प्रताप सिंह विजय हुए। अकबर की विशाल सेना के सामने मुट्ठीभर राजपूत कितनी देर तक टिक पाते, पर ऐसा कुछ नहीं हुआ, ये युद्ध पूरे एक दिन चला और राजपूतों ने मुग़लों के छक्के छुड़ा दिया थे और सबसे बड़ी बात यह है कि युद्ध आमने सामने लड़ा गया था। महाराणा की सेना ने मुगलों की सेना को पीछे हटने के लिए मजबूर कर दिया था और मुगल सेना भागने लग गयी थी। वह जंगल में लौट आया और अपनी लड़ाई जारी रखी। टकराव के उनके एक प्रयास की विफलता के बाद, प्रताप ने छापामार रणनीति का सहारा लिया। एक आधार के रूप में अपनी पहाड़ियों का उपयोग करते हुए, प्रताप ने बड़े पैमाने पर मुगल सैनिकों को वहाँ से हटाना शुरू कर दिया। वह इस बात पर अड़े थे कि मेवाड़ की मुगल सेना को कभी शान्ति नहीं मिलनी चाहिए: अकबर ने तीन विद्रोह किए और प्रताप को पहाड़ों में छुपाने की असफल कोशिश की।[30] इस दौरान, उन्हें प्रताप भामाशाह से सहानुभूति के रूप में वित्तीय सहायता मिली। अरावली पहाड़ियों से बिल, युद्ध के दौरान प्रताप को अपने समर्थन के साथ और मोर के दिनों में जंगल में रहने के साधन के साथ। इस तरह कई साल बीत गए।[31] जेम्स टॉड लिखते हैं: "अरावली शृंखला में एक अच्छी सेना के बिना भी, महाराणा प्रताप सिंह जैसे महान स्वतन्त्रता सेनानी के लिए वीर होने का कोई रास्ता नहीं है: कुछ भी एक शानदार जीत हासिल कर सकता है या अक्सर भारी हार। एक घटना में, गोलियाँ सही समय पर बच निकलीं और उदयपुर के पास सावर की गहरी जस्ता खानों में राजपूत महिलाओं और बच्चों को अगवा कर लिया। बाद में, प्रताप ने अपने स्थान को मेवाड़ा के दक्षिणपूर्वी हिस्से में सावन में स्थानान्तरित कर दिया। मुगल खोज लहर के बाद, सभी निर्वासित जंगल में वर्षों से रहते थे, जंगली जामुन खाते थे, शिकार करते थे और मछली पकड़ते थे। किंवदन्ती के अनुसार, प्रताप एक कठिन समय था जब गोलियाँ सही समय पर भाग गईं और उदयपुरा के पास सावर की गहरी जस्ता खानों के माध्यम से राजपूत महिलाओं और बच्चों का अपहरण कर लिया। बाद में, प्रताप ने अपने स्थान को मेवाड़ के दक्षिण-पूर्वी भाग चावण्ड में स्थानान्तरित कर दिया। मुगल खोज लहर के बाद, सभी निर्वासित जंगल में वर्षों से रहते थे, जंगली जामुन खाते थे, शिकार करते थे और मछली पकड़ते थे। किंवदन्ती के अनुसार, प्रताप एक कठिन समय था जब गोलियाँ सही समय पर भाग गईं और उदयपुरा के पास सावर की गहरी जस्ता खानों के माध्यम से राजपूत महिलाओं

और बच्चों का अपहरण कर लिया। बाद में, प्रताप ने अपने स्थान को मेवाड़ के दक्षिण-पूर्वी भाग चावंड में स्थानान्तरित कर दिया। मुगल खोज लहर के बाद, सभी निर्वासित जंगल में वर्षों से रहते थे, जंगली जामुन खाते थे, शिकार करते थे और मछली पकड़ते थे। किंवदन्ती के अनुसार, प्रताप कठिन समय था। सभी निर्वासित लोग कई सालों तक तलहटी में रहते थे, जंगली जामुन खाते थे, शिकार करते थे और मछली पकड़ते थे। किंवदन्ती के अनुसार, प्रताप कठिन समय बिता रहे थे। सभी निर्वासित लोग कई वर्षों तक जंगली जामुन के साथ तोपों में रहते थे और शिकार करते थे और मछली पकड़ते थे। किंवदन्ती के अनुसार, प्रताप को घास के बीज से बनी चपाती खाने का कठिन समय था।जब निर्वासन वास्तव में भूख से मर रहे थे, तो उन्होंने प्रताप अकबर को एक पत्र लिखा, जिसमें कहा गया था कि वह शांति समझौते के लिए तैयार हैं। प्रताप के प्रमुख (उनकी मां की बहन का बच्चा) पृथ्वीराज राठौर, जो अकबर की मंडली के सदस्यों में से एक थे, ने यह कहा: हिंदुओं की मान्यताएं हिंदू सूर्य के उदय पर आधारित हैं लेकिन राणा ने उन्हें छोड़ दिया है। लेकिन वह प्रताप के लिए है, सब कुछ उसी स्तर पर अकबर द्वारा माना जाएगा; क्योंकि हमारे प्रमुखों ने अपना साहस खो दिया है और हमारी महिलाओं ने अपना मूल्य खो दिया है। हमारी दौड़ में अकबर अभी भी एक बाजार दलाल है; उन्होंने थोक में सब कुछ खरीदा है लेकिन केवल उदय के बेटे (सिंह द्वितीय मेवाड़); वह अपनी कीमत के लिए बहुत दूर था। राजपूत ने नौरोकॉफ़ का कितना सम्मान किया [फारसी नव वर्ष के दौरान, अकबर महिलाओं को अपनी खुशी के लिए चुनता है]; फिर भी कितने लोग इसे वस्तु विनिमय मानते हैं? क्या चित्तूर आएगा इस बाजार में ...? प्रताप सिंह (प्यार से पट्टा के रूप में जाना जाता है) ने अपना धन (युद्ध की रणनीति के लिए) और बटालियनों में खर्च किया, हालांकि उन्होंने इस खजाने को संरक्षित किया। दुख ने मनुष्य को इस बाजार में धकेल दिया, और उन्होंने अपने आत्मसम्मान को पीड़ित होते देखा: केवल हम्मीर (महा राणा हम्मीर) के वंशज ही ऐसे अपराध से सुरक्षित थे। दुनिया पूछ सकती है कि प्रताप के लिए अप्रत्यक्ष मदद कहां से आई? कहीं से भी नहीं बल्कि उनकी मर्दानगी और तलवार से .. मानव बाजार का दलाल (अकबर) एक दिन जरूर इस दुनिया को छोड़ने जा रहा है; वह हमेशा के लिए नहीं रहने वाला है। फिर क्या हमारी दौड़ प्रताप तक आने वाली है, जो अमानवीय भूमि में राजपूत बीज बोने जा रहे हैं? उनके अनुसार, हर कोई इसे संरक्षित करना चाहता है, और इसकी पवित्रता को पुनर्जीवित और रोशन करना है। यह विश्वसनीय नहीं होगा यदि प्रताप अकबर को सम्राट कहा जाता था, जैसा कि सूरज किसी तरह से तेज दिशा में उगता है।

मुझे कहां खड़ा होना चाहिए? मेरी गर्दन के चारों ओर अपनी तलवार रख दिया? या गर्व से ले जाने के लिए? कहते हैं कि? कहा च। यह विश्वसनीय नहीं होगा यदि प्रताप अकबर को सम्राट कहा जाता था, जैसा कि सूरज किसी तरह से तेज दिशा में उगता है। मुझे कहां खड़ा होना चाहिए? मेरी गर्दन के चारों ओर अपनी तलवार रख दिया? या गर्व से ले जाने के लिए? कहते हैं कि? कहा च। यह विश्वसनीय नहीं होगा यदि प्रताप अकबर को सम्राट कहा जाता था, जैसा कि सूरज किसी तरह से तेज दिशा में उगता है। मुझे कहां खड़ा होना चाहिए? मेरी गर्दन के चारों ओर अपनी तलवार रख दिया? या गर्व से ले जाना? कहते हैं कि? मेरे भगवान एकलिंग, प्रताप को केवल तुर्की सम्राट कहा जाता है, 'तुर्की' शब्द कई भारतीय भाषाओं में एक अपमानजनक शब्द है और सूर्य निश्चित रूप से पूर्व में दिखाई देगा। "जब तक प्रताप की तलवार मुगलों के सिर पर घूमती है तब तक आप अपना गौरव सहन कर सकते हैं।" जहां तक सांगा के खून का सवाल है, अगर आप अकबर के बारे में धैर्य रखना चाहते हैं! आपने इस शब्द युद्ध में सुधार किया होगा। "इस प्रकार संधि अहस्ताक्षरित रही।ग्वालियर रियासत के राजकुमार शालिवाहन सिंह जी तोमर। मेवाड के राणा उदय सिंह जी के जंवाई एवं महाराणा प्रताप के बहनोई भी थे। ग्वालियर के पराक्रमी राजा मानसिंह तोमर (1486ई.)के पौत्र एवं तत्कालीन राजा रामशाह जी तोमर के पुत्र थे। हल्दीघाटी के प्रसिद्ध युद्ध में महाराणा प्रताप के सेनापति बनाए गए और १८ जून १५७६ ई.को राजा रामशाह जी तोमर एवं अपने भाईयों कुंवर भवानी सिंह,कुंवर प्रताप सिंह और पुत्र बलभद्र सिंह और सैंकडों वीर तोमर राजपूत योद्धाओं के साथ मुगलों से लोहा लेते हुए हल्दीघाटी में स्थित रक्त तलाई में सो गए।आज भी इन वीर राजपूत योद्धाओं की याद में हल्दीघाटी में छतरी बनी हुई हैं जो हमें तोमर राजवंश की वफादारी और अतुलनीय बलिदान की याद दिला रही है। राजस्थान के इतिहास 1582 में दिवेर का युद्ध एक महत्वपूर्ण युद्ध माना जाता है, क्योंकि इस युद्ध में राणा प्रताप के खोये हुए राज्यों की पुनः प्राप्ती हुई, इसके पश्चात राणा प्रताप व मुगलो के बीच एक लम्बा संघर्ष युद्ध के रुप में घटित हुआ, जिसके कारण कर्नल जेम्स टॉड ने इस युद्ध को "मेवाड़ का मैराथन" कहा है।मेवाड़ के उत्तरी छोर का दिवेर का नाका अन्य नाकों से विलक्षण है। इसकी स्थिति मदारिया और कुंभलगढ़ की पर्वत श्रेणी के बीच है। प्राचीन काल में इस पहाड़ी क्षेत्र में गुर्जर प्रतिहारों का आधिपत्य था, जिन्हें इस क्षेत्र में बसने के कारण मेर कहा जाता था। यहां की उत्पत्यकाताओं में इस जाति के निवास स्थलों के कई अवशेष हैं। मध्यकालीन युग में देवड़ा जाति के राजपूत यहां प्रभावशील हो गये, जिनकी बस्तियां आसपास के उपजाऊ भागों में बस गईं

और वे उदयपुर के निकट भीतरी गिर्वा तक प्रसारित हो गई। चीकली के पहाड़ी भागों में आज भी देवड़ा राजपूत बड़ी संख्या में बसे हुए हैं। देवड़ाओं के पश्चात यहां रावत शाखा के राजपूत बस गये।इन विभिन्न समुदायों के दिवेर में बसने के कई कारण थे। प्रथम तो दिवेर का एक सामरिक महत्व रहा है, जो समुदाय शौर्य के लिए प्रसिद्ध रहे हैं, वे उत्तरोत्तर अपने पराक्रम के कारण यहां बसते रहे और एक-दूसरे पर प्रभाव स्थापित करते रहे। दूसरा महत्वपूर्ण कारण यह रहा कि इसकी स्थिति ऐसे मार्गों पर है, जहां से मारवाड़, मालवा, गुजरात, अजमेर के आदान-प्रदान की सुविधा रही है। ये मार्ग तंग घाटियों वाले उबड़-खाबड़ मार्ग के रूप में आज भी देखे जा सकते हैं। इनके साथ सदियों से आवागमन होने से घोड़ों की टापों के चिन्ह पत्थरों पर अद्यावधि विद्यमान है। मार्गों में पानी की भी कमी नहीं है, जिसके लिये जगह-जगह झरनों के बांध के अवशेष दृष्टिगोचर होते हैं। सुरक्षा की दृष्टि से स्थान-स्थान पर चौकियों के ध्वंसाशेष भी दिखाई देते हैं। जब अकबर ने कुंभलगढ़, देवगढ़, मदारिया आदि स्थानों पर कब्जा कर लिया तो वहां की चौकियों से संबंध बनाए रखने के लिए दिवेर का चयन एक रक्षा स्थल के रूप में किया गया। यहां बड़ी संख्या में घुड़सवारों और हाथियों का दल रखा गया। इंतर चौकियों के लिए रसद भिजवाने का भी यह सुगम स्थान था।ज्यों महाराणा प्रताप छप्पन के पहाड़ी स्थानों में बस्तियां बसाने और मेवाड़ के समतल भागों में खेतों को उजाड़ने में व्यस्त थे त्यों अकबर दिवेर के मार्ग से उत्तरी सैनिक चौकियों का पोषण भेजने की व्यवस्था में संलग्न रहा। प्रताप की नीतियों छप्पन की चौकियों को हटाने में तथा मध्यभागीय मेवाड़ की चौकियों को निर्बल बनाने में अवश्य सफल हो गये, परंतु दिवेर का केंद्र अब भी मुगलों के लिए सुदृढ़ था। इस पृष्ठभूमि में दिवेर का महाराणा प्रताप का व मुगलों का संघर्ष जुड़ा हुआ था। इस युद्ध की तैयारी के लिए प्रताप ने अपनी शक्ति सुदृढ़ करने की नई योजना तैयार की। वैसे छप्पन का क्षेत्र मुगल से युक्त हो चला था और मध्य मेवाड़ में रसद के अभाव में मुगल चौकियां निष्प्राण हो गई थी अब केवल उत्तरी मेवाड़ में मुगल चौकियां व दिवेर के संबंध में कदम उठाने की आवश्यकता थी।इस संबंध में महाराणा ने गुजरात और मालवा की ओर अपने अभियान भेजना आरंभ किया और साथ ही आसपास के मुगल अधिकार क्षेत्र में छापे मारना शुरू कर दिया। इसी क्रम में भामाशाह ने, जो मेवाड़ के प्रधान और सैनिक व्यवस्था के अग्रणी थे, मालवे पर चढ़ाई कर दी और वहां से 2.3 लाख रुपए और 20 हजार अशर्फियां दंड में लेकर एक बड़ी धनराशि इकट्ठी की। इस रकम को लाकर उन्होंने महाराणा को चूलिया ग्राम में समर्पित कर दी। इसी दौरान जब शाहबाज खां निराश होकर लौट गया था, तो महाराणा ने

कुंभलगढ़ और मदारिया के मुगली थानों पर अपना अधिकार स्थापित कर लिया। इन दोनों स्थानों पर महाराणा का अधिकार होना दिवेर पर कब्जा करने की योजना का संकेत था। अतएव इस दिशा में सफलता प्राप्त करने के लिए नई सेना का संगठन किया गया। जगह-जगह रसद और हथियार इकट्ठे किए गए। सैनिकों को धन और सुविधाएं उपलब्ध कराई गई। सिरोही, ईडर, जालोर के सहयोगियों का उत्साह परिवर्धित कराया गया। ये सभी प्रबंध गुप्त रीति से होते रहे। मुगलों को यह भ्रम हो गया कि प्रताप मेवाड़ छोड़कर अन्यत्र जा रहे हैं। ऐसे भ्रम के वातावरण से बची हुई मुगल चौकियों के सैनिक बेखटके रहने लगे। जब सब प्रकार की तैयारी हो गई तो महाराणा प्रताप, कु. अमरसिंह, भामाशाह, चुंडावत, शक्तावत, सोलंकी, पडिहार, रावत शाखा के राजपूत और अन्य राजपूत सरदार दिवेर की ओर दल बल के साथ चल पड़े। दिवेर जाने के अन्य मार्गों व घाटियों में भीलों की टोलियां बिठा दी गईं, जिससे मेवाड़ में अन्यत्र बची हुई सैनिक चौकियों का दिवेर से कोई संबंध स्थापित न हो सके।अचानक महाराणा की फौज दिवेर पहुंची तो मुगल दल में भगदड़ मच गई। मुगल सैनिक घाटी छोड़कर मैदानी भाग की तलाश में उत्तर के दर्रे से भागने लगे। महाराणा ने अपने दल के साथ भागती सेना का पीछा किया। घाटी का मार्ग इतना कंटीला तथा ऊबड़-खाबड़ था कि मैदानी युद्ध में अभ्यस्त मुगल सैनिक विथकित हो गए। अन्ततोगत्वा घाटी के दूसरे छोर पर जहां कुछ चौड़ाई थी और नदी का स्त्रोत भी था, वहां महाराणा ने उन्हें जा दबोचा। दिवेर थाने के मुगल अधिकारी सुल्तानखां को कुं. अमरसिंह ने जा घेरा और उस पर भाले का ऐसा वार किया कि वह सुल्तानखां को चीरता हुआ घोड़े के शरीर को पार कर गया। घोड़े और सवार के प्राण पखेरू उड़ गए। महाराणा ने भी इसी तरह बहलोलखां और उसके घोड़े का काम तमाम कर दिया। एक राजपूत सरदार ने अपनी तलवार से हाथी का पिछला पांव काट दिया। इस युद्ध में विजयश्री महाराणा के हाथ लगी।यह महाराणा की विजय इतनी कारगर सिद्ध हुई कि इससे मुगल थाने जो सक्रिय या निष्क्रिय अवस्था में मेवाड़ में थे जिनकी संख्या 36 बतलाई जाती है, यहां से उठ गए। शाही सेना जो यत्र-तत्र कैदियों की तरह पडी हुई थी, लड़ती, भिड़ती, भूखे मरते उलटे पांव मुगल इलाकों की तरफ भाग खड़ी हुई। यहां तक कि 1585 ई. के आगे अकबर भी उत्तर - पश्चिम की समस्या के कारण मेवाड़ के प्रति उदासीन हो गया, जिससे महाराणा को अब चावंड में नवीन राजधानी बनाकर लोकहित में जुटने का अच्छा अवसर मिला। दिवेर की विजय महाराणा के जीवन का एक उज्ज्वल कीर्तिमान है। जहां हल्दीघाटी का युद्ध नैतिक विजय और परीक्षण का युद्ध था, वहां दिवेर-छापली का युद्ध एक निर्णायक युद्ध बना।

इसी विजय के फलस्वरूप संपूर्ण मेवाड़ पर महाराणा का अधिकार स्थापित हो गया। एक अर्थ में हल्दीघाटी का युद्ध में राजपूतो ने रक्त का बदला दिवेर में चुकाया। दिवेर की विजय ने यह प्रमाणित कर दिया कि महाराणा का शौर्य, संकल्प और वंश गौरव अकाट्य और अमिट है, इस युद्ध ने यह भी स्पष्ट कर दिया कि महाराणा के त्याग और बलिदान की भावना के नैतिक बल ने सत्तावादी नीति को परास्त किया। कर्नल टाड ने जहां हल्दीघाटी को 'थर्मोपाली' कहा है वहां के युद्ध को 'मेरोथान' की संज्ञा दी है। जिस प्रकार एथेन्स जैसी छोटी इकाई ने फारस की बलवती शक्ति को 'मेरोथन' में पराजित किया था, उसी प्रकार मेवाड़ जैसे छोटे राज्य ने मुगल राज्य के वृहत सैन्यबल को दिवेर में परास्त किया। महाराणा की दिवेर विजय की दास्तान सर्वदा हमारे देश की प्रेरणा स्रोत बनी रहेगी।पू. 1579 से 1585 तक पूर्वी उत्तर प्रदेश, बंगाल, बिहार और गुजरात के मुगल अधिकृत प्रदेशों में विद्रोह होने लगे थे और महाराणा भी एक के बाद एक गढ़ जीतते जा रहे थे अतः परिणामस्वरूप अकबर उस विद्रोह को दबाने में उलझा रहा और मेवाड़ पर से मुगलो का दबाव कम हो गया। इस बात का लाभ उठाकर महाराणा ने 1585ई. में मेवाड़ मुक्ति प्रयत्नों को और भी तेज कर दिया। महाराणा जी की सेना ने मुगल चौकियों पर आक्रमण शुरू कर दिए और तुरन्त ही उदयपूर समेत 36 महत्वपूर्ण स्थान पर फिर से महाराणा का अधिकार स्थापित हो गया।महाराणा प्रताप ने जिस समय सिंहासन ग्रहण किया, उस समय जितने मेवाड़ की भूमि पर उनका अधिकार था, पूर्ण रूप से उतने ही भूमि भाग पर अब उनकी सत्ता फिर से स्थापित हो गई थी। बारह वर्ष के संघर्ष के बाद भी अकबर उसमें कोई परिवर्तन न कर सका। और इस तरह महाराणा प्रताप समय की लम्बी अवधि के संघर्ष के बाद मेवाड़ को मुक्त करने में सफल रहे और ये समय मेवाड़ के लिए एक स्वर्ण युग साबित हुआ। मेवाड़ पर लगा हुआ अकबर ग्रहण का अन्त 1585 ई. में हुआ। उसके बाद महाराणा प्रताप उनके राज्य की सुख-सुविधा में जुट गए, परन्तु दुर्भाग्य से उसके ग्यारह वर्ष के बाद ही 19 जनवरी 1597 में अपनी नई राजधानी चावण्ड में उनकी मृत्यु हो गई।महाराणा प्रताप सिंह के डर से अकबर अपनी राजधानी लाहौर लेकर चला गया और महाराणा के स्वर्ग सिधारने के बाद आगरा ले आया।'एक सच्चे राजपूत, शूरवीर, देशभक्त, योद्धा, मातृभूमि के रखवाले के रूप में महाराणा प्रताप दुनिया में सदैव के लिए अमर हो गए।अकबर महाराणा प्रताप का सबसे बड़ा शत्रु था, पर उनकी यह लड़ाई कोई व्यक्तिगत द्वेष का परिणाम नहीं थी, बल्कि अपने सिद्धान्तों और मूल्यों की लड़ाई थी। एक वह था जो अपने क्रूर साम्राज्य का विस्तार करना चाहता था, जब की एक तरफ महाराणा प्रताप जी थे जो अपनी

भारत मातृभूमि की स्वाधीनता के लिए संघर्ष कर रहे थे। महाराणा प्रताप की मृत्यु पर अकबर को बहुत ही दुःख हुआ क्योंकि हृदय से वो महाराणा प्रताप के गुणों का प्रशंसक था और अकबर जनता था की महाराणा प्रतात जैसा वीर कोई नहीं है इस धरती पर। यह समाचार सुन अकबर रहस्यमय तरीके से मौन हो गया और उसकी आँख में आँसू आ गए।[54]महाराणा प्रताप के स्वर्गावसान के समय अकबर लाहौर में था और वहीं उसे सूचना मिली कि महाराणा प्रताप की मृत्यु हो गई है। अकबर की उस समय की मनोदशा पर अकबर के दरबारी दुरसा आढ़ा ने राजस्थानी छन्द में जो विवरण लिखा वो कुछ इस तरह है:- महाराणा प्रताप की प्रतिमा उनकी बहादुरी और वीरता को दर्शाती है।

अस लेगो अणदाग पाग लेगो अणनामी

गो आडा गवड़ाय जीको बहतो घुरवामी

नवरोजे न गयो न गो आसतां नवल्ली

न गो झरोखा हेठ जेठ दुनियाण दहल्ली

गहलोत राणा जीती गयो दसण मूंद रसणा डसी

निसा मूक भरिया नैन तो मृत शाह प्रतापसी

हिंदी में अनुवाद

हे गेहलोत राणा प्रतापसिंह तेरी मृत्यु पर शाह यानि सम्राट ने दाँतों के बीच जीभ दबाई और निश्वास के साथ आँसू टपकाए। क्योंकि तूने कभी भी अपने घोड़ों पर मुगलिया दाग नहीं लगने दिया। तूने अपनी पगड़ी को किसी के आगे झुकाया नहीं, हालाँकि तू अपना आडा यानि यश या राज्य तो गवाँ गया लेकिन फिर भी तू अपने राज्य के धुरे को बाएँ कन्धे से ही चलाता रहा। तेरी रानियाँ कभी नवरोजों में नहीं गईं और ना ही तू खुद आसतों यानि बादशाही डेरों में गया। तू कभी शाही झरोखे के नीचे नहीं खड़ा रहा और तेरा रौब दुनिया पर निरन्तर बना रहा। इसलिए मैं कहता हूँ कि तू सब तरह से जीत गया और बादशाह हार गया।

अपनी मातृभूमि की स्वाधीनता के लिए अपना पूरा जीवन का बलिदान कर देने वाले ऐसे वीर शिरोमणि महाराणा प्रताप और उनके स्वामिभक्त अश्व चेतक को शत-शत कोटि-कोटि प्रणाम।

कुछ महत्वपूर्ण तथ्य

इतिहासकार विजय नाहर की पुस्तक हिन्दुवा सूर्य महाराणा प्रताप के अनुसार कुछ तथ्य उजागर हुए।

1 .महाराणा उदय सिंह ने युद्ध की नयीं पद्धति - छापामार युद्धप्रणाली इजाद की। वे स्वयं तो इसका प्रयोग नहीं कर सके परन्तु महाराणा प्रताप,

महाराणा राज सिंह एवं छत्रपति शिवाजी महाराज ने इसका सफल प्रयोग करते हुए मुगलों पर सफलता प्राप्त की ।[56]

2. महाराणा प्रताप मुग़ल सम्राट अकबर से नहीं हारे। उसे एवं उसके सेनापतियो को धुल चटाई । हल्दीघाटी के युद्ध में प्रताप जीते। महाराणा प्रताप के विरुद्ध हल्दीघाटी में पराजित होने के बाद स्वयं अकबर ने जून से दिसम्बर 1576 तक तीन बार विशाल सेना के साथ महाराणा पर आक्रमण किए, परंतु महाराणा को खोज नहीं पाए, बल्कि महाराणा के जाल में फँसकर पानी भोजन के अभाव में सेना का विनाश करवा बैठे। थक हारकर अकबर बांसवाड़ा होकर मालवा चला गया। पूरे सात माह मेवाड़ में रहने के बाद भी हाथ मलता अरब चला गया। शाहबाज खान के नेतृत्व में महाराणा के विरुद्ध तीन बार सेना भेजी गई परन्तु असफल रहा। उसके बाद अब्दुल रहीम खान-खाना के नेतृत्व में महाराणा के विरुद्ध सेना भिजवाई गई और पीट-पीटाकर लौट गया। 9 वर्ष तक निरन्तर अकबर पूरी शक्ति से महाराणा के विरुद्ध आक्रमण करता रहा। नुकसान उठाता रहा अन्त में थक हार कर उसने मेवाड़ की और देखना ही छोड़ दिया।

3. ऐसा कुअवसर प्रताप के जीवन में कभी नहीं आया कि उन्हें घास की रोटी खानी पड़ी अकबर को सन्धि के लिए पत्र लिखना पड़ा हो। इन्हीं दिनों महाराणा प्रताप ने सुंगा पहाड़ पर एक बावड़ी का निर्माण करवाया और सुन्दर बगीचा लगवाया| महाराणा की सेना में एक राजा, तीन राव, सात रावत, 15000 अश्वरोही, 100 हाथी, 20000 पैदल और 100 वाजित्र थे। इतनी बड़ी सेना को खाद्य सहित सभी व्यवस्थाएँ महाराणा प्रताप करते थे। फिर ऐसी घटना कैसे हो सकती है कि महाराणा के परिवार को घास की रोटी खानी पड़ी। अपने उतरार्ध के बारह वर्ष सम्पूर्ण मेवाड़ पर शुशाशन स्थापित करते हुए उन्नत जीवन दिया

4. पृथ्वीराज राठौड़, अकबर के दरबारी कवि होते हुए भी महाराणा प्रताप के महान प्रशंसक थे।

शत्रु सेना से घिर चुके महाराणा प्रताप को झाला मानसिंह ने आपने प्राण दे कर बचाया और महाराणा को युद्ध भूमि छोड़ने के लिए बोला। शक्ति सिंह ने आपना अशव दे कर महाराणा को बचाया। प्रिय अश्व चेतक की भी मृत्यु हुई। यह युद्ध तो केवल एक दिन चला परन्तु इसमें 17000 लोग मारे गएँ। मेवाड़ को जीतने के लिये अकबर ने सभी प्रयास किये। महाराणा की हालत दिन-प्रतिदिन चिंतीत हुई। 25000 राजपूतों को 12 साल तक चले उतना अनुदान देकर भामा शाह भी अम रहुए| विराट सेना से हल्दी घाटी में उनका भरी युद्ध हुआ। वहा उन्होंने जो पराक्रम दिखाया, वह भारतीय इतिहास में अद्वितीय है, उन्होंने अपने पूर्वजों की मान –

मर्यादा की रक्षा की और प्रण किया की जब तक अपने राज्य को मुक्त नहीं करवा लेंगे, तब तक राज्य – सुख का उपभोग नहीं करेंगे। तब से वह भूमी पर सोने लगे, वह अरावली के जंगलो में कष्ट सहते हुए भटकते रहे, परन्तु उन्होंने मुग़ल सम्राट की अधीनता स्वीकार नहीं की। उन्होंने अपनी मातृभूमि की रक्षा के लिए अपना जीवन अर्पण कर दिया।

महाराणा प्रताप को बचपन में ही ढाल तलवार चलाने का प्रशिक्षण दिया जाने लगा क्योंकि उनके पिता उन्हें अपनी तरह कुशल योद्धा बनाना चाहते थे | बालक प्रताप ने कम उम्र में ही अपने अदम्य साहस का परिचय दे दिया था | जब वो बच्चो के साथ खेलने निकलते तो बात बात में दल का गठन कर लेते थे | दल के सभी बच्चो के साथ साथ वो ढाल तलवार का अभ्यास भी करते थे जिससे वो हथियार चलाने में पारंगत हो गये थे | धीरे धीरे समय बीतता गया | दिन महीनों में और महीने सालो में परिवर्तित होते गये | इसी बीच प्रताप अस्त्र शश्त्र चलाने में निपुण हो गये और उनका आत्मविश्वास देखकर उदय सिंह फुले नही समाते थे |

प्रताप ने अपने पिता की अंतिम इच्छा के अनुसार उसके सौतेले भाई जगमाल को राजा बनाने का निश्चय किया लेकिन मेवाड़ के विश्वासपात्र चुंडावत राजपूतो ने जगमाल के सिंहासन पर बैठने को विनाशकारी मानते हुए जगमाल को राजगद्दी छोड़ने को बाध्य किया | जगमाल सिंहासन को छोड़ने का इच्छुक नहीं था लेकिन उसने बदला लेने के लिए अजमेर जाकर अकबर की सेना में शामिल हो गया और उसके बदले उसको जहाजपुर की जागीर मिल गयी | इस दौरान राजकुमार प्रताप को मेवाड़ के 54वे शाषक के साथ महाराणा का ख़िताब मिला | महाराणा प्रताप के का1 में दिल्ली पर अकबर का शाषन था और अकबर की निति हिन्दू राजाओ की शक्ति का उपयोग कर दुसरे हिन्दू राजा को अपने नियन्त्रण में लेना था | 1567 में जब राजकुमार प्रताप को उत्तराधिकारी बनाया गया उस वक्त उनकी उम्र केवल 27 वर्ष थी और मुग़ल सेनाओ ने चितोड़ को चारो और से घेर लिया था | महाराणा प्रताप ने वीरता का जो आदर्श प्रस्तुत किया, वह अद्वितीय है। उन्होंने जिन परिस्थितियों में संघर्ष किया, वे वास्तव में जटिल थी, पर उन्होंने हार नहीं मानी। यदि राजपूतो को भारतीय इतिहास में सम्मानपूर्ण स्थान मिल सका तो इसका श्रेय मुख्यतः राणा प्रताप को ही जाता है। उन्होंने अपनी मातृभूमि को न तो परतंत्र होने दिया न ही कलंकित। विशाल मुग़ल सेनाओ को उन्होंने लोहे के चर्ने चबाने पर विवश कर दिया था। मुग़ल सम्राट अकबर उनके राज्य को जीतकर अपने साम्राज्य में मिलाना चाहते थे, किन्तु राणा प्रताप ने ऐसा नहीं होने दिया और आजीवन संघर्ष किया। महारानी जयवंता के अलावा राणा उदय सिंह की और

भी पत्नियाँ थी जिनमे रानी धीर बाई उदय सिंह की प्रिय पत्नी थी | रानी धीर बाई की मंशा थी कि उनका पुत्र जगमाल राणा उदय सिंह का उत्तराधिकारी बने | इसके अलावा राणा उदय सिंह के दो पुत्र शक्ति सिंह और सागर सिंह भी थे | इनमे भी राणा उदय सिंह के बाद राजगद्दी सँभालने की मंशा थी लेकिन प्रजा और राणा जी दोनों ही प्रताप को ही उत्तराधिकारी के तौर पर मानते थे | इसी कारण यह तीनो भाई प्रताप से घृणा करते थे |महारानी जयवंता के अलावा राणा उदय सिंह की और भी पत्नियाँ थी जिनमे रानी धीर बाई उदय सिंह की प्रिय पत्नी थी | रानी धीर बाई की मंशा थी कि उनका पुत्र जगमाल राणा उदय सिंह का उत्तराधिकारी बने | इसके अलावा राणा उदय सिंह के दो पुत्र शक्ति सिंह और सागर सिंह भी थे | इनमे भी राणा उदय सिंह के बाद राजगद्दी सँभालने की मंशा थी लेकिन प्रजा और राणा जी दोनों ही प्रताप को ही उत्तराधिकारी के तौर पर मानते थे | इसी कारण यह तीनो भाई प्रताप से घृणा करते थे | महाराणा प्रताप का कद साढ़े सात फुट एंव उनका वजन 110 किलोग्राम था| उनके सुरक्षा कवच का वजन 72 किलोग्राम और भाले का वजन 80 किलो था| कवच, भाला, ढाल और तलवार आदि को मिलाये तो वे युद्ध में 200 किलोग्राम से भी ज्यादा वजन उठाए लड़ते थे| आज भी महाराणा प्रताप का कवच, तलवार आदि वस्तुएं उदयपुर राजघराने के संग्रहालय में सुरक्षित रखे हुए है|

हल्दीघाटी का युद्ध भारत के इतिहास की एक मुख्य कड़ी है। यह युद्ध 18 जून 1576 को लगभग 4 घंटों के लिए हुआ जिसमे मेवाड और मुगलों में घमासान युद्ध हुआ था। महाराणा प्रताप की सेना का नेतृत्व एक मात्र मुस्लिम सरदार हाकिम खान सूरी ने किया और मुग़ल सेना का नेतृत्व मानसिंह तथा आसफ खाँ ने किया था। इस युद्ध में कुल 20000 महारण प्रताप के राजपूतों का सामना अकबर की कुल 80000 मुग़ल सेना के साथ हुआ था जो की एक अद्विवतीय बात है।कई मुश्किलों/संकटों का सामना करने के बाद भी महारण प्रताप ने हार नहीं माना और अपने पराक्रम को दर्शाया इसी कारण वश आज उनका नाम इतहास के पन्नो पर चमक रहा है। कुछ इतिहासकार कुछ ऐसा मानते हैं कि हल्दीघाटी के युद्ध में कोई विजय नहीं हुआ परन्तु अगर देखें तो महाराणा प्रताप की ही विजय हुए है। अपनी छोटी सेना को छोटा ना समझ कर अपने परिश्रम और दृढ़ संकल्प से महाराणा प्रताप की सेना नें अकबर की विशाल सेना के छक्के छुटा दिए और उनको पीछे हटने के लिए मजबूर कर दिया। महाराणा प्रताप की वीरता के साथ साथ उनके घोड़े चेतक की वीरता भी विश्व विख्यात है| चेतक बहुत ही समझदार और वीर घोड़ा था जिसने अपनी जान दांव पर लगाकर 26 फुट गहरे दरिया से कूदकर महाराणा

प्रताप की रक्षा की थी| हल्दीघाटी में आज भी चेतक का मंदिर बना हुआ है|

राजस्थान के कई परिवार अकबर की शक्ति के आगे घुटने टेक चुके थे, किन्तु महाराणा प्रताप अपने वंश को कायम रखने के लिये संघर्ष करते रहे और अकबर के सामने आत्मसमर्पण नही किये।जंगल-जंगल भटकते हुए तृण-मूल व घास-पात की रोटियों में गुजर-बसर कर पत्नी व बच्चे को विकराल परिस्थितियों में अपने साथ रखते हुए भी उन्होंने कभी धैर्य नहीं खोया। पैसे के अभाव में सेना के टूटते हुए मनोबल को पुनर्जीवित करने के लिए दानवीर भामाशाह ने अपना पूरा खजाना समर्पित कर दिया। तो भी, महाराणा प्रताप ने कहा कि सैन्य आवश्यकताओं के अलावा मुझे आपके खजाने की एक पाई भी नहीं चाहिए। अकबर के अनुसारः- महाराणा प्रताप के पास साधन सीमित थे, किन्तु फिर भी वो झुका नही, डरा नही। महाराणा प्रताप का हल्दीघाटी के युद्ध के बाद का समय पहाड़ों और जंगलों में व्यतीत हुआ। अपनी पर्वतीय युद्ध नीति के द्वारा उन्होंने अकबर को कई बार मात दी। यद्यपि जंगलो और पहाड़ों में रहते हुए महाराणा प्रताप को अनेक प्रकार के कष्टों का सामना करना पडा, किन्तु उन्होने अपने आदर्शों को नही छोडा। महाराणा प्रताप के मजबूत इरादो ने अकबर के सेनानायकों के सभी प्रयासों को नाकाम बना दिया। उनके धैर्य और साहस का ही असर था कि 30 वर्ष के लगातार प्रयास के बावजूद अकबर महाराणा प्रताप को बन्दी न बना सका। महाराणा प्रताप का सबसे प्रिय घोड़ा ‘चेतक‘ था जिसने अंतिम सांस तक अपने स्वामी का साथ दिया था |

भामाशाह (1547 - 1600) बाल्यकाल से मेवाड़ के राजा महाराणा प्रताप के मित्र, सहयोगी और विश्वासपात्र सलाहकार थे। अपरिग्रह को जीवन का मूलमन्त्र मानकर संग्रहण की प्रवृति से दूर रहने की चेतना जगाने में आप सदैव अग्रणी रहे। मातृ-भूमि के प्रति अगाध प्रेम था और दानवीरता के लिए भामाशाह नाम इतिहास में अमर है।

दानवीर भामाशाह का जन्म राजस्थान के मेवाड़ राज्य में वर्तमान पाली जिले के सादड़ी गांव में 28 जून 1547 को ओसवाल जैन परिवार में हुआ। उनके पिता का नाम भारमल था जो रणथम्भौर के किलेदार थे।

भामाशाह का निष्ठापूर्ण सहयोग महाराणा प्रताप के जीवन में महत्वपूर्ण और निर्णायक साबित हुआ। मातृ-भूमि की रक्षा के लिए महाराणा प्रताप का सर्वस्व होम हो जाने के बाद भी उनके लक्ष्य को सर्वोपरि मानते हुए अपनी सम्पूर्ण धन-संपदा अर्पित कर दी। यह सहयोग तब दिया जब महाराणा प्रताप अपना अस्तित्व

बनाए रखने के प्रयास में निराश होकर परिवार सहित पहाड़ियों में छिपते भटक रहे थे। मेवाड़ के अस्मिता की रक्षा के लिए दिल्ली गद्दी का प्रलोभन भी ठुकरा दिया। महाराणा प्रताप को दी गई उनकी हरसम्भव सहायता ने मेवाड़ के आत्म सम्मान एवं संघर्ष को नई दिशा दी।भामाशाह अपनी दानवीरता के कारण इतिहास में अमर हो गए। भामाशाह के सहयोग ने ही महाराणा प्रताप को जहाँ संघर्ष की दिशा दी, वहीं मेवाड़ को भी आत्मसम्मान दिया। कहा जाता है कि जब महाराणा प्रताप अपने परिवार के साथ जंगलों में भटक रहे थे, तब भामाशाह ने अपनी सारी जमा पूंजी महाराणा को समर्पित कर दी। तब भामाशाह की दानशीलता के प्रसंग आसपास के इलाकों में बड़े उत्साह के साथ सुने और सुनाए जाते थे।हल्दी घाटी के युद्ध के पश्चात महाराणा प्रताप के लिए उन्होंने अपनी निजी सम्पत्ति में इतना धन दान दिया था कि जिससे २५००० सैनिकों का बारह वर्ष तक निर्वाह हो सकता था। प्राप्त सहयोग से महाराणा प्रताप में नया उत्साह उत्पन्न हुआ और उन्होंने पुन: सैन्य शक्ति संगठित कर मुगल शासकों को पराजित करा और फिर से मेवाड़ का राज्य प्राप्त किया।वह बेमिसाल दानवीर एवं त्यागी पुरुष थे। आत्मसम्मान और त्याग की यही भावना उनके स्वदेश, धर्म और संस्कृति की रक्षा करने वाले देश-भक्त के रूप में शिखर पर स्थापित कर देती है। धन अर्पित करने वाले किसी भी दानदाता को दानवीर भामाशाह कहकर उसका स्मरण-वंदन किया जाता है। उनकी दानशीलता के चर्चे उस दौर में आसपास बड़े उत्साह, प्रेरणा के संग सुने-सुनाए जाते थे। उनके लिए पंक्तियाँ कही गई हैं-

वह धन्य देश की माटी है, जिसमें भामा सा लाल पला।

उस दानवीर की यश गाथा को, मेट सका क्या काल भला॥

ऐसी विरल ईमानदारी एवं स्वामिभक्ति के फलस्वरूप भामाशाह के बाद उनके पुत्र जीवाशाह को महाराणा प्रताप के पुत्र अमर सिंह ने भी प्रधान पद पर बनाये रखा । जीवाशाह के उपरांत उनके पुत्र अक्षयराज को अमर सिंह के पुत्र कर्ण सिंह ने प्रधान पद पर बनाये रखा ।इस तरह एक ही परिवार की तीन पीढ़ियो ने मेवाड़ मे प्रधान पद पर स्वामिभक्ति एवं ईमानदारी से कार्य कर जैन धर्म का मान बढ़ाया। महाराणा स्वरूप सिंह एंव फतेह सिंह ने इस परिवार के लिए सम्मान स्वरुप दो बार राजाज्ञाएँ निकाली कि इस परिवार के मुख्य वंशधर का सामूहिक भोज के आरंभ होने के पूर्व तिलक किया जाये । जैन श्रेष्टी भामाशाह की भव्य हवेली चित्तौड़गढ तोपखाना के पास आज जीर्ण शीर्ण अवस्था मे है ।आबू पर्वत पर स्थित दिलवाड़ा मन्दिर जिसे भामाशाह और उनके भाई ताराचन्द ने बनाया था।भामाशाह के वंशज कावडिया परिवार आज भी उदयपुर मे रहता है। आज भी ओसवाल जैन

समाज कावडिया परिवार का सम्मानपूर्वक सबसे पहले तिलक करते है। आपके सम्मान मे सुप्रसिद्ध उपान्यसकार कवि हरिलाल उपाध्याय द्वारा 'देशगौरव भामाशाह' नामक ऐतिहासिक उपान्यस लिखी गयी। भामाशाह और उनके भाई ताराचन्द ने आबू पर्वत मे जैन मंदिर बनाया। लोकहित और आत्मसम्मान के लिए अपना सर्वस्व दान कर देने वाली उदारता के गौरव-पुरुष की इस प्रेरणा को चिरस्थायी रखने के लिए छत्तीसगढ़ शासन ने उनकी स्मृति में दानशीलता, सौहार्द्र एवं अनुकरणीय सहायता के क्षेत्र में दानवीर भामाशाह सम्मान स्थापित किया है। महाराणा मेवाड फाऊंडेशन की तरफ से दानवीर भामाशाह पुरस्कार राजस्थान मे मेरिट मे आने वाले छात्रो को दिया जाता है। उदयपुर, राजस्थान में राजाओं की समाधि स्थल के मध्य भामाशाह की समाधि बनी है। उनके सम्मान में 31 दिसम्बर 2000 को 3 रुपये का डाक टिकट जारी किया गया। महाराणा प्रताप के सबसे प्रिय और प्रसिद्ध नीलवर्ण ईरानी मूल के घोड़े का नाम चेतक था।[1] चेतक अश्व गुजरात के चारण व्यापारी काठियावाड़ी नस्ल के तीन घोडे चेतक,त्राटक और अटक लेकर मेवाड़ आए। अटक परीक्षण में काम आ गया। त्राटक महाराणा प्रताप ने उनके छोटे भाई शक्ती सिंह को दे दिया और चेतक को स्वयं रख लिया। इन घोड़ों के बदले महाराणा ने चारण व्यापारियों को जागीर में गढ़वाड़ा और भानोल नामक दो गाँव भेंट किए।चेतक को 'ग्रुलो' रंग का स्टालियन (नीला रंग, काठियावाड़ी नस्लों में पाया जाने वाला एक आदिम रंग) या ग्रे रंग (स्थानीय भाषा में 'रोजो') का माना जाता है, इसलिए "हो नीला घोड़ा रा अस्वार" अथवा "ओ नीले घोड़े के सवार" से ऐतिहासिक साहित्य में प्रताप को संबोधित किया गया है।हल्दी घाटी-(1576) के युद्ध में चेतक ने अपनी अद्वितीय स्वामिभक्ति, बुद्धिमत्ता एवं वीरता का परिचय दिया था। युद्ध में बुरी तरह घायल हो जाने पर भी महाराणा प्रताप को सुरक्षित रणभूमि से निकाल लाने में सफल वह एक बरसाती नाला उलांघ कर अन्ततः वीरगति को प्राप्त हुआ। हिंदी कवि श्याम नारायण पाण्डेय द्वारा रचित प्रसिद्ध महाकाव्य हल्दी घाटी में चेतक के पराक्रम एवं उसकी स्वामिभक्ति की मार्मिक कथा वर्णित हुई है। आज भी राजसमंद के हल्दी घाटी गांव में चेतक की समाधि बनी हुई है, जहाँ स्वयं प्रताप और उनके भाई शक्तिसिंह ने अपने हाथों से इस अश्व का दाह-संस्कार किया था। चेतक की स्वामिभक्ति पर बने कुछ लोकगीत मेवाड़ में आज भी गाये जाते हैं।[4]

चेतक की वीरता

हिन्दी के प्रसिद्ध कवि श्यामनारायण पाण्डेय ने 'चेतक की वीरता' नाम से एक सुन्दर कविता लिखी है-

रणबीच चौकड़ी भर-भर कर
चेतक बन गया निराला था
राणाप्रताप के घोड़े से
पड़ गया हवा का पाला था
जो तनिक हवा से बाग हिली
लेकर सवार उड़ जाता था
राणा की पुतली फिरी नहीं
तब तक चेतक मुड़ जाता था
गिरता न कभी चेतक तन पर
राणाप्रताप का कोड़ा था
वह दौड़ रहा अरिमस्तक पर
वह आसमान का घोड़ा था
था यहीं रहा अब यहाँ नहीं
वह वहीं रहा था यहाँ नहीं
थी जगह न कोई जहाँ नहीं
किस अरि मस्तक पर कहाँ नहीं
निर्भीक गया वह ढालों में
सरपट दौडा करबालों में
फँस गया शत्रु की चालों में
बढ़ते नद सा वह लहर गया
फिर गया गया फिर ठहर गया
विकराल वज्रमय बादल सा
अरि की सेना पर घहर गया।
भाला गिर गया गिरा निशंग
हय टापों से खन गया अंग
बैरी समाज रह गया दंग
घोड़े का ऐसा देख रंग

हल्दीघाटी का युद्ध 18 जून 1576 को मेवाड़ के महाराणा प्रताप का समर्थन करने वाले घुड़सवारों और धनुर्धारियों और मुगल सम्राट अकबर की सेना के बीच लडा गया था जिसका नेतृत्व आमेर के राजा मान सिंह प्रथम ने किया था। इस युद्ध में महाराणा प्रताप को मुख्य रूप से भील जनजाति का सहयोग मिला ।

1568 में चित्तौड़गढ़ की विकट घेराबंदी ने मेवाड़ की उपजाऊ पूर्वी बेल्ट को मुगलों को दे दिया था। हालाँकि, बाकी जंगल और पहाड़ी राज्य अभी भी राणा के नियंत्रण में थे। मेवाड़ के माध्यम से अकबर गुजरात के लिए एक स्थिर मार्ग हासिल करने पर आमादा था; जब 1572 में प्रताप सिंह को राजा (राणा) का ताज पहनाया गया, तो अकबर ने कई दूतों को भेजा जो महाराणा प्रताप को इस क्षेत्र के कई अन्य राजपूत नेताओं की तरह एक जागीरदार बना दिया। जब महाराणा प्रताप ने अकबर को व्यक्तिगत रूप से प्रस्तुत करने से इनकार कर दिया, तो युद्ध अपरिहार्य हो गया। लड़ाई का स्थल राजस्थान के गोगुन्दा के पास हल्दीघाटी में एक संकरा पहाड़ी दर्रा था। महाराणा प्रताप ने लगभग 3,000 घुड़सवारों और 400 भील धनुर्धारियों के बल को मैदान में उतारा। मुगलों का नेतृत्व आमेर के राजा मान सिंह ने किया था, जिन्होंने लगभग 5,000-10,000 लोगों की सेना की कमान संभाली थी। तीन घंटे से अधिक समय तक चले भयंकर युद्ध के बाद, महाराणा प्रताप ने खुद को जख्मी पाया जबकि उनके कुछ लोगों ने उन्हें समय दिया, वे पहाड़ियों से भागने में सफल रहे और एक और दिन लड़ने के लिए जीवित रहे। मेवाड़ के हताहतों की संख्या लगभग 1,600 पुरुषों की थी। मुगल सेना ने 150 लोगों को खो दिया, जिसमें 350 अन्य घायल हो गए। इसका कोई नतीजा नही निकला जबकि वे(मुगल) गोगुन्दा और आस-पास के क्षेत्रों पर कब्जा करने में सक्षम थे, वे लंबे समय तक उन पर पकड़ बनाने में असमर्थ थे। जैसे ही साम्राज्य का ध्यान कहीं और स्थानांतरित हुआ, महाराणा प्रताप और उनकी सेना बाहर आ गई और अपने प्रभुत्व के पश्चिमी क्षेत्रों को हटा लिया[1][2]

सिंहासन पर पहुंचने के बाद, अकबर ने मेवाड़ के अपवाद के साथ राजस्थान में अग्रणी राज्य के रूप में स्वीकार किए जाने के साथ, अधिकांश राजपूत राज्यों के साथ अपने रिश्ते को स्थिर कर लिया था। मेवाड़ के महाराणा प्रताप, जो प्रतिष्ठित सिसोदिया कबीले के प्रमुख भी थे, ने मुगल के सामने प्रस्तुत करने से इनकार कर दिया था। इसने 1568 में चित्तौड़गढ़ की घेराबंदी की थी, उदय सिंह द्वितीय के शासनकाल के दौरान, मेवाड़ के पूर्वी भाग में मुगलों के लिए उपजाऊ क्षेत्र के एक विशाल क्षेत्र के नुकसान के साथ समाप्त हुआ। जब राणा प्रताप ने अपने पिता को मेवाड़ के सिंहासन पर बैठाया, तो अकबर ने उनके लिए राजनयिक दूतावासों की एक श्रृंखला भेजी, जिसमें राजपूत राजा को अपना जागीरदार बना दिया। इस लंबे समय के मुद्दे को हल करने की उनकी इच्छा के अलावा, अकबर गुजरात के साथ संचार की सुरक्षित लाइनों को अपने नियंत्रण में मेवाड़ के जंगली और पहाड़ी इलाके चाहता था।पहला दूत जलाल खान कुरची था, जो अकबर का एक पसंदीदा

नौकर था, जो अपने मिशन में असफल था। इसके बाद, अकबर ने कच्छवा वंश के साथी राजपूत अम्बर (बाद में, जयपुर) को भेजा, जिसकी किस्मत मुगलों के अधीन थी। लेकिन वह भी प्रताप को समझाने में नाकाम रहे। राजा भगवंत दास अकबर की तीसरी पसंद थे, और उन्होंने अपने पूर्ववर्तियों से बेहतर प्रदर्शन किया। राणा प्रताप को अकबर द्वारा प्रस्तुत एक रौब दान करने के लिए पर्याप्त रूप से भेजा गया था और अपने युवा बेटे, अमर सिंह को मुगल दरबार में भेजा था। हालांकि, यह अकबर द्वारा असंतोषजनक माना जाता था, जो खुद चाहते थे कि राणा उन्हें व्यक्तिगत रूप से प्रस्तुत करें। एक अंतिम दूत टोडर मल को बिना किसी अनुकूल परिणाम के मेवाड़ भेज दिया गया। प्रयास विफल होने के साथ, युद्ध तय था। राणा प्रताप, जो कुंभलगढ़ के रॉक-किले में सुरक्षित थे, ने उदयपुर के पास गोगुन्दा शहर में अपना आधार स्थापित किया। अकबर ने अपने कबीले के वंशानुगत विरोधी, मेवाड़ के सिसोदिया के साथ युद्ध करने के लिए कछवा, मान सिंह की प्रतिनियुक्ति की। मान सिंह ने मांडलगढ़ में अपना आधार स्थापित किया, जहाँ उन्होंने अपनी सेना जुटाई और गोगुन्दा के लिए प्रस्थान किया। गोगुन्दा के उत्तर में लगभग 14 मील (23 किमी) की दूरी पर खमनोर गाँव स्थित है, जिसकी चट्टानों के लिए "हल्दीघाटी" नामक अरावली पर्वतमाला के एक भाग से गोगुन्दा को अलग किया गया था, जिसे कुचलने पर हल्दी पाउडर (हल्दी) जैसा दिखने वाला एक चमकदार पीला रंग का उत्पादन होता था। राणा, जिसे मान सिंह के आंदोलनों से अवगत कराया गया था, को मान सिंह और उसकी सेनाओं की प्रतीक्षा में हल्दीघाटी दर्रे के प्रवेश पर तैनात किया गया था। युद्ध 18 जून 1576 को सूर्योदय के तीन घंटे बाद शुरू हुआ। सेना की ताकत मेवाड़ी परंपरा और कविताओं के अनुसार राणा की सेना की संख्या 20000 थी, जिन्हें मान सिंह की 80,000-मजबूत सेना के खिलाफ खड़ा किया गया था। हालांकि जदुनाथ सरकार इन संख्याओं के अनुपात से सहमत हैं, लेकिन उनका मानना है कि मान सिंह के युद्ध हाथी पर कूदते हुए, राणा प्रताप के घोड़े चेतक की लोकप्रिय कहानी के रूप में अतिरंजित है। सतीश चंद्र का अनुमान है कि मान सिंह की सेना में 5,000-10,000 पुरुष शामिल थे, जिसमें मुगल और राजपूत दोनों शामिल थे। दोनों पक्षों के पास युद्ध के हाथी थे, लेकिन राजपूतों के पास कोई गोला-बारूद या तोपे नहीं थी। मुगलों ने बिना पहिये के तोपखाने या भारी आयुध का मैदान नहीं बनाया, बल्कि कई कस्तूरी को रोजगार दिया। सेना का गठन राणा प्रताप की अनुमानित 400 भील धनुर्धारियों की सेना प्रमुख भानरवा के सोलंकी ठाकुर राणा पूंजा ने ,800-मजबूत वैन की कमान हकीम खान सूर ने अपने अफ़गानों के साथ,

दोडिया के भीम सिंह, और रामदास राठौड़ (जयमल के पुत्र, जिन्होंने चित्तौड़ की रक्षा की) के साथ की थी। दक्षिणपंथी लगभग 500-मजबूत थे और उनका नेतृत्व ग्वालियर के पूर्व राजा रामशाह तंवर और उनके तीन पुत्रों के साथ मंत्री भामा शाह और उनके भाई ताराचंद ने किया था। अनुमान लगाया जाता है कि लेफ्ट विंग में 400 योद्धा थे, जिनमें बिदा झाला और उनके वंशज शामिल थे। प्रताप, अपने घोड़े के साथ, केंद्र में लगभग 1,300 सैनिकों का नेतृत्व किया। बाइस, पुजारी और अन्य नागरिक भी गठन का हिस्सा थे और लड़ाई में भाग लिया। भील गेंदबाजों को पीछे लाया। मुगलों ने 85 रेखाओं के एक दल को अग्रिम पंक्ति में रखा, जिसका नेतृत्व बरहा के सैय्यद हाशिम ने किया। उनके बाद मोहरा था, जिसमें जगन्नाथ के नेतृत्व वाले कछवा राजपूतों के पूरक और बख्शी अली आसफ खान के नेतृत्व वाले मध्य एशियाई मुगलों का समावेश था। माधोसिंह कच्छवा के नेतृत्व में एक बड़ा अग्रिम रिज़र्व आया, जिसके बाद मान सिंह खुद केंद्र के साथ थे। मुगल वामपंथी विंग की कमान बदख्शां के मुल्ला काजी खान (जिसे बाद में गाजी खान के नाम से जाना जाता था) और सांभर के राव लोनकर ने संभाली थी और इसमें फतेहपुर सीकरी के शेखजादों, सलीम चिश्ती के रिश्तेदारों को शामिल किया था। साम्राज्यवादी ताकतों का सबसे मजबूत घटक निर्णायक दक्षिणपंथी में तैनात था, जिसमें बरहा के सैय्यद शामिल थे। अन्त में, मुख्य सेना के पीछे मिहिर खाँ के पीछे का पहरा अच्छी तरह से खड़ा था। दोनों सेनाओं के बीच असमानता के कारण, राणा ने मुगलों पर एक पूर्ण ललाट हमला करने का विकल्प चुना, जिससे उनके बहुत से लोग मारे गए। हताश प्रभारी ने शुरू में लाभांश का भुगतान किया। हकीम खान सूर और रामदास राठौर मुगल झड़पों के माध्यम से भाग गए और मोहरा पर गिर गए, जबकि राम साह टोंवर और भामा शाह ने मुगल वामपंथी पर कहर बरपाया, जो भागने के लिए मजबूर थे। उन्होंने अपने दक्षिणपंथियों की शरण ली, जिस पर बिदा झल्ला का भी भारी दबाव था। मुल्ला काज़ी ख़ान और फ़तेहपुरी शेखज़ादों के कप्तान दोनों घायल हो गए, लेकिन सैय्यद बरहा ने मजबूती से काम किया और माधोसिंह के अग्रिम भंडार के लिए पर्याप्त समय अर्जित किया। मुगल वामपंथी को हटाने के बाद, राम साह तोंवर ने प्रताप से जुड़ने के लिए खुद को केंद्र की ओर बढ़ाया। वह जगन्नाथ कच्छवा द्वारा मारे जाने तक वह प्रताप को सफलतापूर्वक बचाए रखने में सक्षम थे। जल्द ही, मुगल वैन, जो बुरी तरह से दबाया जा रहा था, माधो सिंह के आगमन से उबर गया था, जो वामपंथी दलों के तत्वों ने बरामद की थी, और सामने से सैय्यद हाशिम के झड़पों के अवशेष थे। इस बीच, दोनों केंद्र आपस में भिड़ गए थे और मेवाड़ी प्रभारी की गति बढ़ने के कारण

लड़ाई और अधिक पारंपरिक हो गई थी। राणा सीधे तौर पर मान सिंह से मिलने में असमर्थ थे और उन्हें माधोसिंह कछवाह के खिलाफ खड़ा किया गया था। दोडिया कबीले के नेता भीम सिंह ने मुगल हाथी पर चढ़ने की कोशिश की परंतु अपनी जान गवा बैठे। गतिरोध को तोड़ने और गति को प्राप्त करने के लिए, महाराणा ने अपने पुरस्कार हाथी, "लोना" को मैदान में लाने का आदेश दिया। मान सिंह के जवाबी हमला के लिए गजमुक्ता ("हाथियों के बीच मोती") को भेजा ताकि लोना का सिर काट दिया जा सके। मैदान पर मौजूद लोगों को चारों ओर फेंक दिया गया क्योंकि दो पहाड़ जैसे जानवर आपस में भिड़ गए थे। जब उसके महावत को गोली लगने से जख्मी हुआ तो लोना को ऊपरी हाथ दिखाई दिया और उसे वापस जाना पड़ा। अकबर के दरबार में स्तुति करने वाले स्थिर और एक जानवर के मुखिया 'राम प्रसाद' के नाम से एक और हाथी को लोना को बदलने के लिए भेज दिया गया। दो शाही हाथी, गजराज और 'रण-मदार', घायल गजमुक्ता को राहत देने के लिए भेजे गए, और उन्होंने राम प्रसाद पर आरोप लगाए। राम प्रसाद का महावत भी घायल हो गया था, इस बार एक तीर से, और वह अपने माउंट से गिर गया। हुसैन खान, मुगल फौजदार , राम प्रसाद पर अपने ही हाथी से छलांग लगाते हैं और दुश्मन जानवर को मुगल पुरस्कार देते हैं। अपने युद्ध के हाथियों के नुकसान के साथ, मुग़ल मेवाड़ियों पर तीन तरफ से दबाने में सक्षम रहे, और जल्द ही राजपूत नेता एक-एक करके गिरने लगे। लड़ाई का ज्वार अब मुगलो की ओर झुकने लगा, और राणा प्रताप ने जल्द ही खुद को तीर और भाले से घायल पाया। यह महसूस करते हुए कि अब हार निश्चित है, बिदा झल्ला ने अपने सेनापति से शाही छत्र जब्त कर लिया और खुद को राणा होने का दावा करते हुए मैदान में टिके रहे। उनके बलिदान के कारण घायल प्रताप और करीब 1,800 राजपूत युद्ध भूमि से भागने मे सफल रहे। [7] राजपूतों की वीरता और पहाड़ियों में घात के डर का मतलब था कि मुगलों ने पीछा नहीं छोड़ा, और इस कारन प्रताप सिंह को पर्वतो पर छिपने का मौका मिल गया। रामदास राठौर तीन घंटे की लड़ाई के बाद मैदान पर मारे गए लोगों में से एक थे। राम साह तोवर के तीन बेटे- सलिवाहन, बहन, और प्रताप तोवर - उनके पिता की मृत्यु में शामिल हो गए। मेवाड़ी सेना के लगभग 1,600 सैनिको की म्रत्यु हो गई, जबकि मुगल सेना के करीब 150 सिपाही मारे गए और 350 घायल हुए।

हकीम खाँ सूरी

इनका जन्म 1538 ई. में हुआ | ये अफगान बादशाह शेरशाह सूरी के वंशज थे | महाराणा प्रताप का साथ देने के लिए ये बिहार से मेवाड़ आए व अपने 800 से 1000 अफगान सैनिकों के साथ महाराणा के सामने प्रस्तुत हुए | हकीम खान

सूरी को महाराणा ने मेवाड़ का सेनापति घोषित किया | हकीम खान हरावल (सेना की सबसे आगे वाली पंक्ति) का नेतृत्व करते थे | ये मेवाड़ के शस्त्रागार (मायरा) के प्रमुख थे | मेवाड़ के सैनिकों के पगड़ी के स्थान पर शिरस्त्राण पहन कर युद्ध लड़ने का श्रेय इन्हें ही जाता है। हाकिम खां सूरी एक मात्र व्यक्ति थे जो मुग़लो के खिलाफ मुसलमान होते हुए भी। महाराणा प्रताप की तरफ से लड़े। जबकि कई राजपूत राजा उस समय अकबर की तरफ से लड़े थे। हल्दीघाटी के युद्ध मे लड़ते लड़ते शहिद होकर अमर हो गए।

एक बात तो सामने आयी है की हल्दीघाटी के युध्द में राणा प्रताप जी हारे नहीं (यह विजय चित्तोड के भीषण नरसहार 1568 का बदला था) हल्दीघाटी युद्ध मे आक्रमण के प्रमुख महान योध्दा हकीम खान सुरी थे, उनकी वजह यह विजय प्राप्त हुआ!

डॉ.चंद्रशेखर शर्मा,चारणकार रामा सांधू (जो प्रत्यक्ष युद्ध देख रहा था),डॉ गोपीनाथ मुंडे इनका कथन सच है लेकिन फजल,बदायूनी, टॉड ने (made the bundle of mistakes)ऐसा अंग्रेज लेखक सर एलीयट ने कहा था, नैनसी ने भी झूठ का सहारा लीया जो1666 में अपनी नौकरी से सस्पेंड हुआ था।

देश के गद्दारों के दरबार में नौकरी करने वाले लेखक इतिहास के साथ कैसे न्याय कर सकते थे -सुधीर जोर्वेकर

हल्दीघाटी का युद्ध 18 जून 1576 ई. को खमनोर एवं बलीचा गांव के मध्य तंग पहाड़ी दर्रे से आरम्भ होकर खमनोर गांव के किनारे बनास नदी के सहारे मोलेला तक कुछ घंटों तक चला था। युद्ध में निर्णायक विजय किसी को भी हासिल नहीं हो सकी थी। इस युद्ध मे महाराणा प्रताप के सहयोगी राणा पूंजा का सहयोग रहा ।इसी युद्ध में महाराणा प्रताप के सहयोगी झाला मान, हाकिम खान,ग्वालियर नरेश राम शाह तंवर सहित देश भक्त कई सैनिक देशहित बलिदान हुए। उनका प्रसिद्ध घोड़ा चेतक भी मारा गया था। अब यहां मुख्य रूप से देखने योग्य युद्ध स्थल रक्त तलाई,शाहीबाग,हल्दीघाटी दर्रा,प्रताप गुफा,चेतक समाधी एवं महाराणा प्रताप स्मारक देखने योग्य है। युद्धभूमि रक्त तलाई में शहीदों की स्मृति में बनी हुई है। भारतीय पुरातत्व विभाग द्वारा संरक्षित सभी स्थल निःशुल्क दर्शनीय है। सरकारी संग्रहालय नहीं होने से यहाँ निजी प्रतिष्ठान द्वारा हल्दीघाटी से 3 किलोमीटर दूर बलीचा गांव में संग्रहालय के नाम पर 100 रुपया प्रवेश शुल्क लेकर व्यापारिक मॉडल बना रखा है। पर्यटकों को मूल स्थलों से भ्रमित किया जाना सोचनीय है।

भारतीय इतिहास में लड़ाई का समग्र स्थान और महत्व[संपादित करें]

ऐसा कहा जाता है कि हल्दीघाट की लड़ाई के बाद, राणा प्रताप मुगलों पर हमला करते रहे, जिसे गुरिल्ला युद्ध की तकनीक कहा जाता है। वह पहाड़ियों में रहे और वहाँ से बड़े मुगल सेनाओं को अपने शिविरों में परेशान किया। उन्होंने यह सुनिश्चित किया कि मेवाड़ में मुगल सैनिक कभी भी शांति से नहीं रहेंगे। प्रताप को पहाड़ों में उनके ठिकानों से बाहर निकालने के लिए अकबर की सेना द्वारा तीन और अभियान चलाए गए, लेकिन वे सभी विफल रहे। उसी दौरान, राणा प्रताप को भामाशाह नामक एक शुभचिंतक से वित्तीय सहायता मिली। भील आदिवासियों ने जंगलों में रहने के लिए अपनी विशेषज्ञता के साथ प्रताप को सहायता प्रदान की। झुलसी हुई धरती का उपयोग करते हुए युद्ध के लिए उनकी अभिनव रणनीति, दुश्मन के क्षेत्रों में लोगों की निकासी, कुओं का ज़हर, अरावली में पहाड़ी किलों और गुफाओं का उपयोग, लगातार लूटपाट, लूटपाट और दुश्मन के कैंपों को ध्वस्त करने में मदद मिली, जिससे उन्हें बहुत राहत मिली। मेवाड़ के प्रदेशों को खो दिया। उन्होंने राजस्थान के कई क्षेत्रों को मुग़ल शासन से मुक्त कर दिया। साल बीतते गए और 1597 में प्रताप की शिकार की दुर्घटना में मृत्यु हो गई। उन्होंने अपने बेटे अमर सिंह को अपना उत्तराधिकारी बनाया।

झाला मन्ना बड़ी सादड़ी (चितौड़गढ़) के राजपूत परिवार से थे। झाला मन्ना का पूरा नाम झाला मानसिंह था।

श्री अज्जा और श्री सज्जा जो कि झाला मानसिंह के पूर्वज थे, उनको बड़ी सादड़ी जागीर विरासत में मिली थी जो कि मेवाड़ के महाराणा रायमल ने उनको तोहफ़े के रूप में प्रदान की थी।

हल्दीघाटी युद्ध में इनका योगदान–

हल्दीघाटी युद्ध से कुछ समय पहले ही झाला मानसिंह महाराणा प्रताप की सेना में शामिल हुए थे। मुग़ल सेना और महाराणा प्रताप की सेना के बीच हल्दी घाटी में भयंकर युद्ध छिड़ गया था।

इस युद्ध में झाला मन्ना ज्यादातर समय महाराणा प्रताप के आस पास ही लड़ाई लड़ रहे थे। जब प्रताप का सबसे प्रिय घोड़ा चेतक घायल हो गया तो मुगल सेना ने उनको चारो तरफ से घेर लिया।

यह भी पढ़ें :- महाराणा प्रताप के प्रेरक Quotes हिंदी में।

जब झाला मन्ना की नज़र महाराणा प्रताप की तरफ़ पड़ी तो वो युद्ध करते हुए उनके पास पहुंच गए। महाराणा प्रताप को संकट में देखकर उन्होंने एक युक्ति अपनाई, उन्होंने राज तिलक और महाराणा प्रताप का मुकुट धारण कर लिया और पूर्व दिशा में चल पड़े।

जिस बहादुरी के साथ झाला मानसिंह दुश्मनों पर प्रहार कर रहे थे चारों तरफ हाहाकार मचा हुआ था। प्रताप का मुकुट धारण कर वो मुगल सेना पर काल की तरह टूट पड़े , मुगलों ने उनको महाराणा प्रताप समझ लिया और पूरी सेना उनके पीछे लग गई।

बहुत ही वीरता और शौर्य के साथ लड़ाई करते हुए झाला मानसिंह वीरगति को प्राप्त हुए।तब तक महाराणा प्रताप युद्ध स्थल से काफ़ी दूर निकल चुके थे। झाला मन्ना ने मेवाड़ के भविष्य के लिए अपने प्राण न्यौछावर कर दिए और हमेशा के लिए अमर हो गए।झाला मानसिंह की स्वामिभक्ति, बलिदान और सूझबूझ की वजह से महाराणा प्रताप ने मेवाड़ को आजाद कराने में सफलता प्राप्त की।

ग्वालियर के राजा थे। जब मुगलों ने ग्वालियर पर हमला कर ग्वालियर जीत लिया तब मेवाड़ ने ही राजा राम सिंह तोमरऔर उनके पुत्रों को राजकीय शरण दी थी। राजा राम शाह जी पुत्र कुँवर शालिवाहन तोमर का विवाह प्रताप ने अपनी बहन से करवाया था।

राजा राम शाह जी पुत्र कुँवर शालिवाहन तोमर, कुँवर भवानी तोमर, कुँवर प्रताप तोमर सहित अनेक तोमर वीरो ने अपने जीवन को मेवाड़ के लिये समर्पित कर दिया एवं अपना बलिदान दिया।

झाला मान सिंह

बड़ी सादड़ी (झाला) ठीकाने से आते थे। जब युद्ध में प्रताप के प्राणों पे संकट आया और मेवाड़ के हित में प्रताप को युद्ध छोड़कर जाना पड़ता है तब झाला मान सिंह ने ही प्रताप का स्थान लिया। झाला मान सिंह प्रताप जैसे दिखते थे।

जिस कारण प्रताप युद्धभूमि छोडकर जाने में सफल हो पाये। झाला जी ने अपने प्राणों की आहुति देकर प्रताप की रक्षा की।

रावत कृष्ण दास चुंडावत

रावत कृष्ण दास चुंडावत ने ही जगमाल को हाथ पकड़ कर सिंहासन से नीचे उतारा था। यह सलूंबर के रावत थे।

मेवाड़ की हरावल मैं रहकर रावत कृष्णदास चुंडावत जी ने मुगल सेना को बहुत दूर तक खदेड़ा। रावत कृष्णदास चुंडावत ने अपने पराक्रम से ऐसे ही कीर्ति प्राप्त की जैसे कि उनके पूर्वजों ने प्राप्त की थी।

रणभूमि मैं इन्हें कोई भी मुगल मार नहीं पाया। ऐसा कहा जाता है की इन्होंने प्रताप के साथ ही युद्धभूमि से प्रस्थान करा था।

पानरवा के राणा पुंजा

राणा पुंजा जी भीलो के सरदार थे। कुछ इतिहासकार इन्हें हल्दीघाटी में वीरगति पाने वाले योद्धाओं में से समझते हैं। इन्होंने युद्ध लड़ा परंतु यह हल्दिघाटी के युद्ध में वीरगति को प्राप्त नहीं हुए।

इनकी मृत्यु तो युद्ध के लगभग 34 वर्ष पश्चात हुई।

ठाकुर भीम सिंह डोडिया

ठाकुर भीम सिंह डोडिया लावा सरदारगढ़ के ठाकुर थे। ठाकुर भीम सिंह जी ने अद्भुत पराक्रम एवं वीरता का परिचय हल्दीघाटी युद्ध में दिया।

ठाकुर भीम सिंह डोडिया ने कई मुगलों को मौत के घाट उतारा वे स्वयं मुगलों को मारते मारते अकबर के सेनापति मान सिंह के हाथी के पास पहुंच गए उन्होंने भाले से मान सिंह के हाथी पर प्रहार किया परंतु जवाबी कार्यवाही में वीरगति को प्राप्त हुए। इन्होंने अपने अद्भुत पराक्रम से अपना नाम इतिहास में स्वर्ण अक्षर से अंकित कराया।

ठाकुर भीम सिंह डोडिया के साथ-साथ उनके दोनों पुत्रों एवं उनके दोनों भाइयों ने भी मेवाड़ के रक्षा, स्वाधीनता के लिए अपने प्राणों का बलिदान दिया।

मान सिंह सोनगरा

यह पाली से संबंध रखते थे। यह पाली के सोनगरा अखराज के पुत्र थे। यह प्रताप के मामा थे।

मान सिंह जी नें प्रताप को सिंहासन दिलवाने ने अहम भूमिका निभाई थी। इनके वीरगति को प्राप्त होने के बाद इनके छोटे भाई प्रताप जी की सेवा में उपस्थित हुए।

ठाकुर भीमसिँह डोडिया जी सरदारगढ

ठाकुर भीमसिंह डोडिया के पुर्वजो का मेवाड से सम्बन्ध कब आया इसके बारे मे कहा जाता हे की महाराणा लाखा की माँ द्वारिका की यात्रा गई उस समय काठियावाड मे लुटेरो ने घेर लिया तब शार्दुलगढ के राव सिँह डोडिया अपने पुजो कालु व धवल ने राजमाता कि रक्षा कि तब महाराणा लाखा ने डोडिया धवल को बुलाकर और रतनगढ नन्दराय और मसुदा आदि पाँच लाख कि जागीर देकर अपना उमराव बनाया तब से धवल के वंशज सरदारगढ(लावा) ठिकाना के सरदार हसरदारगढ के डोडिया राजपूतो की लगातार 9 पिढ़ीयो ने मेवाड़ के युध्दो मे अपने प्राणो की आहुती दी.. और हमेसा महाराणाओ के विश्वास पात्र सामंत बने रहे.. अन्य सामंतो का महाराणाओ से मनमुटाव होता रहा लेकिन डोडिया सामंतो का महाराणाओ से कभी भी मनमुटाव नही हुआ... इस तरह महाराणा जगत सिंह ने सरदारगढ के डोडिया राजपूतो को मेवाड के प्रथम श्रेणी के उमरावो मे स्थान

दियराव भीम सिंह अपनी कुमारावस्था मे ही मेवाड की सेना मे सक्रिय था अपने पुर्वजो की तरह भीम सिँह भी साहसी, पराक्रमी ओर जान पर खेलने वाला योध्दा था किसी भी चुनौती का सामने करने मे उसे आनन्द का अनुभव होता थ| महाराणा उदयसिँह के समय हाजी खां के विरुध्द युध्द मे भीमसिँह अग्रिम पंक्ति मे लडने वाले योध्दाओ में से एक था भीमसिँह ने अपनी कौमार्यवस्था मे हाजी खां के हाथी के शरीर मे बरछी आर पार कर दी थी और हाजी खां को घायल कर महाराणा प्रताप के समय जब संधि वार्ता प्रारम्भ हो रही थी तब प्रताप ने मानसिंह को ससम्मान लाने के लिये भीम सिंह को गुजरात भेजा था प्रताप को उसकी वाकपटुता पर विश्वास था,उदय सागर की पाल पर कुँवर अमरसिँह व मानसिह के मध्य वार्ता हो रही थी तब भीमसिंह भी वही था, जब मानसिँह ने संधि को स्वीकार न किया ओर मेवाड के प्रति कठोर वचनो का प्रयोग तो भीमसिँह ने विनम्र किन्तु उग्र शब्दो मे उतर देते हूये कहा कि "यदि मानसिंह मेवाड से निपटना ही चाहता हे तो उसके साथ दो दो हाथ अवश्य होगे यदि अपने ही बलबुले पर आक्रमण करने आया तो मेवाड मे जहाँ कही उचित अवसर मिलेगा उसका यथोचित स्वागत किया जायेगा, हल्दीघाटी के युध्द मे ऐसा ही हुआ भीमसिह सेना के अग्रभाग(हरावल) मे था भीमसिंह जब युध्द करता हुआ मानसिंह के सामने आया तब भीम ने कहा की उस दिन जो बोल बोले थे वह अवसर आ गया है तब भीमसिँह ने अपना घोडा शीघ्रता से मानसिंह के हाथी पे चढा दिया ओर अपने भाले से मानसिंह पर वार किया लेकिन भाला हौंदे मे लग गया मान बच गया

महाराणा कि रक्षा करने मे भीमसिँह डोडिया वीरगति को प्राप्त हुआ भीम ने मानसिँह पर ऐसे प्रहार किये जिसका वर्णन आमेर के साहित्य तथा अकबर के इतिहासकारो ने भी किया। इस युध्द मे उसका भाई ओर उसके दो पुज्र हम्मीर व गोविन्द भी वीरगति को प्राप्त हुर्ये, जय मेवाड़

९

||उदयपुर||

झील पिछोला झिलमिलाता के अलावा, जंगली अरावली पहाड़ियों के बैंगनी लकीरें हर दिशा में दूर खींच के अलावा, उदयपुर राजस्थान में बेमिसाल स्थापित करने का एक रोमांस है और सभी भारत में यकीनन। शानदार महलों, मंदिरों, हवेली और अनगिनत संकीर्ण, कुटिल, कालातीत सड़कों से शहर की प्राकृतिक आकर्षण के लिए मानव काउंटरपॉइंट जोड़ते हैं। आगंतुक के लिए झील पर नाव की सवारी, प्राचीन बाजारों की हलचल और रंग, एक जीवंत कला का दृश्य, अपने बेहतर होटल का विलक्षण पुराने-दुनिया का अनुभव, अंतहीन मोहक दुकानों और पहियों, पैरों पर तलाश करने के लिए कुछ सुन्दर ग्रामीण इलाकों की शांति है उदयपुर के 'भारत के महाद्वीप पर सबसे रोमांटिक जगह' का टैग पहली बार

1829 में कर्नल जेम्स टॉड द्वारा लागू किया गया था, इस क्षेत्र में ईस्ट इंडिया कंपनी का पहला राजनीतिक एजेंट। आज रोमांस थोड़ी पतली पहने हुए है क्योंकि कभी-कभी लम्बे होटल सर्वश्रेष्ठ दृश्य के लिए प्रतिस्पर्धा करते हैं और ट्रैफिक के लिए प्राचीन पूर्ण सड़कें खड़ी होती हैं। उदयपुर एक शाही शहर है जो सदियों से मेवाड़ शासकों की राजधानी थी। उदयपुर के रोमांटिक शहर की उत्पत्ति के पीछे एक किंवदंती है और यह इस तरह की बात है। एक बार, महाराणा उदय सिंह अरविल्ली हिल्स में अपने शिकार अभियान पर थे, जब एक पवित्र ऋषि से मिलने हुआ। ऋषि ने राजा को उपजाऊ घाटी में एक राज्य स्थापित करने की सलाह दी, जो ऊंचा अरावली पहाड़ियों से अच्छी तरह से संरक्षित होगा। इसके बाद, महाराणा उदय सिंह ने 1557 एडी में उदयपुर का आधारशिला रखी। चित्तौड़गढ़ मेवाड़ के राजपूत साम्राज्य की पिछली राजधानी थी। महाराणा उदय सिंह सिसोडीस के उत्तराधिकारी थे, जिन्होंने सूर्य ईश्वर के वंशज होने का दावा किया था। माना जाता है कि सिसोडिया विश्व में सबसे पुराने शासक परिवार हैं। योद्धा परिवारों के बीच, सिसोदियास को राजस्थान में सबसे शक्तिशाली लोगों के रूप में मान्यता दी गई है। चित्तौड़गढ़ से उदयपुर तक राजधानी को बदलने का एक अन्य कारण लगातार दुश्मनों का हमला लगातार था। 1568 में, चित्तोर पर मुगल सम्राट, अकबर द्वारा हमला किया गया और इस खतरे को दूर करने के लिए, उदय सिंह ने पूरे राज्य को उदयपुर में स्थानांतरित कर दिया। उदयपुर अरवल्ली हिल्स द्वारा बनाई गई किलेबंदी के तहत स्वाभाविक रूप से सुरक्षित था। उस समय से, उदयपुर एक पूर्ण शहर में विकसित हुआ। धीरे-धीरे जब मुगल साम्राज्य को कमजोर कर दिया गया, तो सिसोडीद ने अपनी आजादी फिर से जारी की। उन्होंने चित्तौड़गढ़ किले के अपवाद के साथ मेवाड़ के अधिकांश हिस्सों को पुनः प्राप्त कर लिया।

उदयपुर मेवाड़ की राजधानी बना रहा, जब तक कि 1818 में यह ब्रिटिश भारत का रियासत बन गया। जब भारत 1 9 47 में स्वतंत्र हुआ, तो उदयपुर के महाराजा ने भारत सरकार को इस स्थान का स्थान दिया। उस समय, मेवार राजस्थान राज्य में विलय हो गया था। वर्तमान तिथि में, उदयपुर राजस्थान के नक्शे पर एक अनुकूल स्थान प्राप्त करता है। उदयपुर अपने सुरम्य परिवेश और उसके शाही अतीत के लिए जाना जाता है। विभिन्न प्राचीन स्मारकों, विशाल महलों, वास्तुशिल्प मंदिरों और खूबसूरत झीलों ने लोगों को रॉयल्टी की प्राचीन भूमि का दौरा करने के लिए आकर्षित किया। उदयपुर 577 मीटर की ऊंचाई पर, अरवल्ली पर्वत की छाया में टिकी हुई है पुराने शहर शहर की दीवार से घिरा हुआ है, पिचोला झील के पूर्वी भाग पर स्थित है। रेलवे स्टेशन और बस स्टेशन शहर की

दीवार के बाहर दोनों ही हैं। उदयपुर 24.58 डिग्री न 73.68 डिग्री ई में स्थित है। इसकी औसत ऊंचाई 5 9 8 मीटर (1 9 61 फीट) है। अरावली रेंज की तलहटी में स्थित, उदयपुर गुजरात और मध्य प्रदेश की सीमाओं के पास दक्षिणी राजस्थान में स्थित है। उदयपुर अपने पर्यटकों को झीलों के आकर्षक दृश्यों के साथ आकर्षक बना सकते हैं, निर्दोष सफेद महल के शानदार दृश्य, यह दिलचस्प ऐतिहासिक पृष्ठभूमि और अद्वितीय ग्रामीण हस्तशिल्प है। लेकिन आप इस ऐतिहासिक स्थान का वास्तविक आकर्षण का आनंद ले सकते हैं, जब आप आराम से या आराम से बाहर घूम सकते हैं। यद्यपि उदयपुर में कुछ आकर्षक विशेषताएं हैं जो किसी भी बाहरी व्यक्ति के लिए मनोरम दिखाई दे सकती हैं, हालांकि, उदयपुर का मौसम पूरे वर्ष काफी अनुकूल नहीं है। दरअसल, उदयपुर शहर में घेरे वाले झीलों ने गर्मियों के दौरान वातावरण को कुछ हद तक सुखद बना दिया। उदयपुर एक रोमांटिक भूमि है जो राजपूतों की पसंदीदा जगह थी। इस खूबसूरत शहर ने बीते उम्र से एक समृद्ध सांस्कृतिक विरासत प्राप्त की है। उदयपुर हर साल दुनिया भर से पर्यटकों की पर्याप्त संख्या प्राप्त करता है शहर अब भी भील जनजाति के लोगों द्वारा बसा हुआ है, इसलिए आप अपनी यात्रा के दौरान रजत गहने के भार के साथ सामान्य राजस्थानी पोशाक में कपड़े पहने लोगों को देख सकते हैं। रंगीन त्यौहार और मेले उदयपुर की सांस्कृतिक समृद्धि दर्शाते हैं। झीलों, मंदिरों, विशाल किलों और महलों इस शहर की समृद्ध विरासत के बारे में दावा करते हैं। इस लेख में, हमने उदयपुर के लोगों, भोजन, भाषा, धर्म, लोक नृत्य और संगीत के विषयों को शामिल किया है।उदयपुर भोजन में शाकाहारी व्यंजन शामिल हैं क्योंकि इस स्थान पर जैन धर्म और वैष्णववाद का प्रभुत्व है। भोजन आम तौर पर कई सब्जियों और मसूर से बना है। यह राजस्थान की भूमि के लिए अद्वितीय मसालों की एक विशाल विविधता के साथ अनुभवी है। आप मसूर से लेकर दही तक के प्रकार के करी मिल सकते हैं। 'ओक्रा' और 'संगरी' की किस्म के नाम से सूखे आम को कई भोजन मिलते हैं। दीप-तली हुई ब्रेड और मिर्च का व्यापक उपयोग उदयपुर के भोजन, एक स्वादिष्ट भोजन बनाती है। उदयपुर के लोग वास्तव में मैत्रीपूर्ण और अच्छे हैं। अपने पहले देखो पर, आप उन्हें बीहड़ पाएंगे, लेकिन ये लोग वास्तव में दिल में अच्छे हैं। आधुनिक समय की गति से अछूता, इन रेगिस्तान लोग अच्छी तरह से निर्मित, सरल और खुशहाल हैं। यहां, लोग आमतौर पर चमकीले रंग के कपड़े पहने पसंद करते हैं महिलाओं की पारंपरिक पोशाक 'घाघरा चोली' और पुरुषों के लिए, अनग्रक्ष (कुर्ता) और धोती करेंगे। आधुनिक समय में, लोग समकालीन फैशन से मेल खाने के लिए आकस्मिक

पोशाक पहनना पसंद करते हैं |संवाद करने के लिए, भाषा सचमुच महत्वपूर्ण है मेवाड़ी उदयपुर की प्राथमिक भाषा है, फिर भी शहर में राजस्थानी, हिंदी और अंग्रेजी भी आम हैं। जैन धर्म मुख्य धर्म है जो उदयपुर में मनाया जाता है। अन्य धर्मों में घटते क्रम में हिंदू धर्म, इस्लाम, सिख धर्म और ईसाई धर्म शामिल हैं। गतिशील और जीवंत नृत्य उदयपुर के इस रोमांटिक शहर को चमक देता है। उदयपुर के पास अपना खुद का नृत्य नहीं है जो कि इसके साथ विशेष रूप से जुड़ा हुआ है। हालांकि, पूरे राजस्थान में प्रसिद्ध नृत्य जो उदयपुर के नृत्य भी बनाते हैं। भवई, घूमर, कछी घोड़ी, कालबेलिया और तेरहताली राजस्थान के असामान्य नृत्य हैं। फिर भी, दांडी गेयर का नृत्य मारवार से जुड़ा हुआ है और इसलिए उदयपुर के साथ। संगीत के बारे में बात करते हुए, उदयपुर के निवासियों ने मोरचांद, नाद, तनपुरा, सारंगी और कई अन्य उपकरणों के मधुर संगीत में सांत्वना प्राप्त की जो मेवाड़ शासकों की अदालतों को गूंजते थे। उदयपुर के मुख्य आकर्षणों में से एक है सहेली-की-बाड़ी यह उदयपुर में एक प्रसिद्ध पर्यटक आकर्षण है यह गार्डन फतेह सागर झील के तटबंधों के नीचे स्थित है और छायादार पैदल चलने वाले मैदानों के साथ है। उदयपुर में अन्य स्थान की रुचि लोक कला संग्रहालय है लोक कला संग्रहालय चित्रों, संगीत वाद्ययंत्र, कठपुतलियों, गुड़िया, गहने, मास्क, और लोक कपड़े का एक संग्रह दर्शाता है। उदयपुर में एक और पर्यटक आकर्षण शहर का महल है जो कि भारत का सबसे बड़ा पैलेस है। इस महल में महाराजाओं की 4 पीढ़ियों ने अपना योगदान जोड़ा; महल में चित्रों, आकर्षक फर्नीचर, बर्तन और परंपरागत लेख जैसे विभिन्न प्रकार के प्रदर्शन शामिल हैं। महल के संग्रहालय में पारंपरिक भारत की लघु दीवार की पेंटिंग और मोर की सुंदर मोज़ेक भी शामिल है। उदयपुर के प्रमुख झील पैलेस पूर्व शासकों के शाही ग्रीष्मकालीन आवास थे। जेम्स बॉन्ड फिल्म ऑक्टोपलिस्ट को यहां गोली मार दी गई थी, जिसके कारण यह महल पश्चिम में अधिक प्रसिद्ध हो गया था। उदयपुर में अन्य आकर्षण में जग मंदिर, मानसून महल, भारतीय लोक कला मंदिर, जगमंदिर पैलेस, बोगोर की हवेली शामिल हैं। फतेह सागर झील, झील पिचोला, गुलाब बाग, शिल्पाग्राम अन्य भ्रमण निकटतम उदयपुर राजसमंद और नाथद्वारा है सिटी पैलेस पिचोला झील पर लंबा खड़ा है, जो शासक रॉयल्टी के लिए निवास के रूप में सेवा कर रहा था। महाराणा उदय सिंह द्वारा निर्माण शुरू किया गया था और बाद के महाराहनों द्वारा जारी रखा गया था, जिसमें परिसर में कई महलों और ढांचे को शामिल किया गया था। दिलचस्प बात यह है कि, प्रत्येक अतिरिक्त डिजाइन की मूल शैली को संरक्षित किया गया था। आगंतुक बारि पोल (बिग गेट) के माध्यम से महल में

प्रवेश करते हैं जो एक त्रिपोलिया (ट्रिपल गेट) में जाता है, जहां यह एक समय था कि महाराजा के वजन को अपने विषयों में सोने और चांदी में वितरित करना था। यह अब मुख्य टिकट कार्यालय के रूप में कार्य करता है। महल में कई बालकनियां, कपोल और टॉवर हैं जो पिचोला झील को नजरअंदाज करते हैं। यह संरचना बहुत ही सुंदर है क्योंकि यह बाहर से शानदार है। प्रत्येक महल को एक अनूठे तरीके से बनाया गया है, और सजावट जैसे मिरर टाइलें, पेंटिंग्स, कांच का काम और सजावटी टाइलें जीवन के युग की भरपूरता में लगी हैं। आज, महल का मुख्य भाग एक संग्रहालय में परिवर्तित कर दिया गया है जो कलाकृतियों का एक बड़ा संग्रह रखता है अब एक होटल, लेक पैलेस को मूल रूप से जग निवास पैलेस कहा जाता था और एक ग्रीष्मकालीन महल के रूप में काम किया था। झील पिकोला झील के जगमंदिर पैलेस के निकट द्वीप पर 1743 और 1746 के बीच निर्मित, महल, जो पूर्व की ओर मुड़ता है, देखने के लिए एक अद्भुत दृष्टि है काले और सफेद पत्थरों से बने दीवारों को अर्ध कीमती पत्थरों और अलंकृत नीच द्वारा सजाया गया है। उद्यान, फव्वारे, स्तंभित छतों और स्तंभ इसकी आंगनों लाइन Also जग मंदिर झील पिकोला पर एक द्वीप पर बने एक महल है। इसके अलावा 'लेक गार्डन पैलेस' भी कहा जाता है, इसके लिए निर्माण 1551 में शुरू हुआ और 1652 के आसपास पूरा हुआ। शाही परिवार ने महल का उपयोग अपनी गर्मियों के रिज़ॉर्ट के रूप में किया और पार्टियों की मेजबानी करने के लिए दिलचस्प है, राजकुमार खुर्रम – बाद में सम्राट शाहजहां को उनके पिता सम्राट जहांगीर के खिलाफ विद्रोह करते हुए यहां आश्रय दिया गया था। महल का शाहजहां पर इतना प्रभाव था कि यह विश्व के सबसे शानदार चमत्कारों में से एक ताजमहल के लिए प्रेरित हो गया था। उदयपुर के बाहर स्थित इस 18 वीं सदी का महल मवर राजवंश के महाराणा सज्जन सिंह द्वारा बनाया गया था और उनके नाम पर भी इसका नाम रखा गया है। 3100 फीट की ऊंचाई पर अरवल्ली रेंज के बंसदरा पर्वत के ऊपर स्थित, महाराणा ने शुरू में इसे पांच मंजिला खगोलीय केंद्र के रूप में नियुक्त किया था। हालांकि, उनके समय से पहले मौत ने एक रुकावट की योजना लाई थी। यह तब एक मानसून महल और शिकार लॉज में बदल गया था। अपनी साइट की ऊंचाई का अर्थ है ग्रामीण इलाकों में राजसी महल के टॉवर, जबकि आगंतुकों को पैनोरमिक खाका पेश करते हैं। यह महल लंबे समय से मेवाड़ शाही परिवार के थे और इसे हाल ही में राजस्थान सरकार के वन विभाग को सौंप दिया गया है। यह अब जनता के लिए खुला है, जो महल में सफेद संगमरमर संरचना की सुंदरता के साथ अपने उच्च टर्रेट, बड़े पैमाने पर केंद्रीय अदालत और सुव्यवस्थित नक्काशीदार खंभे

सोखने के लिए एकत्र हुए हैं। रात में सुंदरता से प्रकाशित, इस शानदार महल के राजस्थानी वास्तुकला से भय हो जाता है। अहर संग्रहालय मेवाड़ के महाराणा के श्लोक के प्रभावशाली क्लस्टर के निकट है। संग्रहालय में मिट्टी के बर्तनों का एक छोटा लेकिन दुर्लभ संग्रह है आप मूर्तियों और पुरातात्विक खोजों के माध्यम से भी ब्राउज़ कर सकते हैं, कुछ 1700 ईसा पूर्व के लिए डेटिंग करते हैं। बुद्ध का 10 वीं शताब्दी का एक धातु वाला आकर्षण यहां एक विशेष आकर्षण है।वास्तुकला की इंडो-आर्यन शैली का एक उदाहरण, जगदीश मंदिर 1651 में बनाया गया था और उदयपुर में सबसे प्रसिद्ध मंदिरों में से एक रहा है। भगवान विष्णु को समर्पित, यह संरचना नक्काशीदार खंभे, सुंदर छत और चित्रित दीवारों के साथ एक वास्तुकला का चमत्कार है। यह तीन मंजिला मंदिर महाराणा जगत सिंह द्वारा बनाया गया था। एक शाम के लिए, दीन दयाल उपाध्याय पार्क एक शानदार गंतव्य है। यह खूबसूरत उद्यान धरहा तललाई के आसपास बनाया गया है और जग मंदिर, लेक पैलेस, झील पिकोला और सिटी पैलेस के शानदार दृश्य प्रदान करता है। संगीत फव्वारे, करीना माता मंदिर के लिए एक रोपवे और सूर्यास्त स्थान बाहर निकलने को पूरा करते हैं। फतेह सागर झील पहाड़ी और जंगल से घिरी एक आकर्षक झील है। इस कृत्रिम झील को 1678 ईस्वी में महाराणा जय सिंह द्वारा निर्मित किया गया था और यह झील पिचोला के उत्तर में स्थित है। बाढ़ में मिट्टी के बांध (बांध) को धोया जाने के बाद यह बाद में महाराणा फतेह सिंह (1884-19 30 ईस्वी) के शासनकाल के दौरान पुनर्निर्मित किया गया था। महाराणा ने कनॉट के ड्यूक की यात्रा को मनाने के लिए कनॉट बांध बनाया और झील का नाम बदलकर फतेह सागर झील रखा गया। फतेह सागर झील उदयपुर में चार झीलों में से एक है और यहां तीन छोटे द्वीप हैं। उनमें से सबसे बड़ा, सुंदर नेहरू द्वीप, पर्यटकों के लिए लोकप्रिय है; दूसरे द्वीप में एक सार्वजनिक पार्क और एक शानदार जल-जेट फव्वारा है; तीसरा द्वीप उदयपुर सोलर वेधशाला का घर है। मोटरबाट द्वारा सभी द्वीपों का दौरा किया जा सकता है हरे पहाड़ों के खिलाफ झील की शांत, नीली सतह उदयपुर भारत के 'दूसरा कश्मीर' बनाते हैं। झील पिचोला का नाम पिचोली गांव से मिलता है, जब महाराणा उदय सिंह ने उदयपुर शहर की स्थापना की थी और मूल झील को बड़ा किया था। इस कृत्रिम मीठे पानी की झील 1362 ईस्वी में बनाई गई थी और इसका उद्देश्य उदयपुर शहर और इसके पड़ोसी शहरों के पीने और सिंचाई आवश्यकताओं को पूरा करना था। सदियों से, झील के अंदर और आसपास के क्षेत्र को ध्यानपूर्वक विकसित किया गया है और कई महलों, मंदिरों, पारिवारिक प्रबंधकों और स्नान घाट (आमतौर पर एक आंगन में पाए गए

उठाए गए प्लेटफार्म) हैं। इस सुरम्य झील में जग निवास द्वीप और उसके मन्दिर में जग मंदिर है। प्रसिद्ध सिटी पैलेस (अब एक विरासत होटल) झील के पूर्वी बैंक के साथ फैलता है, जबकि पिचोला पैलेस झील के मध्य में फैलता है। बंसी घाट से लेकर एक झील के अन्य हिस्सों में नौकाओं को ले जा सकते हैं, जिसमें अर्सी विलास द्वीप भी शामिल है, जो एक पक्षी अभयारण्य और सीतामेट खेल अभयारण्य है। राणा संग्राम सिंह द्वारा महिलाओं के लिए एक उद्यान के रूप में निर्मित, सहेलियो-की-बाड़ी या मैडेंड्स के आंगन एक लोकप्रिय पर्यटन स्थल है। एक छोटे संग्रहालय के साथ, इसमें कई आकर्षण हैं जैसे संगमरमर हाथी, फव्वारे, कियोस्क और कमल पूल। सुखदिया सर्कल उदयपुर के उत्तर में स्थित है। इसमें एक छोटा तालाब होता है जिसमें 21 फीट लंबा, तीन टायर वाले संगमरमर के फव्वारे भी होते हैं। खूबसूरती से नक्काशीदार रूपांकनों के साथ सजाया गया, फव्वारा रात में शानदार दिखता है जब यह जलाया जाता है। फव्वारे उद्यान से घिरा हुआ है, पर्यटकों के साथ हलचल वाले शहर में एकदम सही ओएसिस पैदा करना। लोक कला, संस्कृति, गीत और राजस्थान, गुजरात और मध्य प्रदेश के त्योहारों के अध्ययन के लिए समर्पित, भारतीय लोक कला मंडल उदयपुर में एक सांस्कृतिक संस्थान है। लोक संस्कृति के प्रचार के अलावा, यह एक संग्रहालय भी है जो राजस्थानी संस्कृति के विभिन्न कलाकृतियों का प्रदर्शन करता है। बोगोर-की-हवेली झील पिचोला द्वारा गंगूर घाट पर स्थित है। मेवाड़ के प्रधान मंत्री अमर चंद बदवा ने इसे 18 वीं शताब्दी में बनाया। विशाल महल में सौ से ज्यादा कमरे हैं जो वेशभूषा और आधुनिक कला दिखाते हैं। अंदरूनी इलाकों में ग्लास और दर्पण शास्त्रीय हवेली शैली में संरचित हैं। उदयपुर शहर में पांच प्रमुख झील हैं, जिनमें से एक उदयसागर झील है। शहर के पूर्व में 13 किलोमीटर की दूरी पर स्थित, झील महाराणा उदय सिंह के शासनकाल के दौरान बनाई गई थी। 15 9 15 में, महाराणा ने अपने राज्य में पानी की मांगों को पूरा करने के लिए बेरच नदी पर एक बांध के निर्माण की तैयारी की। उदयसागर झील इस बांध का नतीजा है। 1573 में, कुंवर मान सिंह ने महाराणा प्रताप सिंह को उदयसागर झील के तट पर आमंत्रित किया। मुगल सम्राट अकबर ने आत्मसमर्पण की शर्तों पर चर्चा की थी। महाराणा प्रताप सिंह ने निमंत्रण मना कर दिया और इतिहास कहता है कि उन्होंने मान सिंह को अपमान भी किया। इस घटना ने तीन वर्ष बाद हल्दीघाटी की लड़ाई 1576 में फैल दी। कई साल बाद, महाराणा राज सिंह ने पराजित किया और उदयसागर झील के पास सम्राट औरंगजेब की सेना को हराया। आज, यह स्थानीय लोगों के लिए एक सप्ताह के अंत गंतव्य है और झील के शांत पानी भी पर्यटकों को आकर्षित करते

हैं। हल्दीघाटी अरावली रेंज की पहाड़ियों में एक प्रसिद्ध पर्वत पास है उदयपुर से करीब 40 किलोमीटर की दूरी पर पास, राजसमंद और पाली के जिलों को जोड़ता है। पास का नाम इस क्षेत्र के पीले-रंग की मिट्टी से मिलता है (हल्दी को हिंदी में हल्दी कहा जाता है)। पहाड़ का पार इतिहास के इतिहास को नीचे चला गया है, जहां उस स्थान पर हड्डीघाट की लड़ाई मक्का के राणा प्रताप सिंह और अंबर के राजा मान सिंह के बीच 1576 में हुई थी, जो मुगल सम्राट अकबर के सामान्य थे। युद्ध की साइट नाथद्वारा के दक्षिण-पश्चिम की ओर स्थित है। महाराणा प्रताप ने एक बहादुर युद्ध लड़ा, लेकिन उनके वफादार घोड़े चेतक ने अपना जीवन छोड़ दिया क्योंकि महाराणा युद्ध के मैदान से बाहर हो रहे थे। 1997 में, भारत सरकार ने महाराणा प्रताप राष्ट्रीय स्मारक का प्रस्ताव और निर्माण किया और आज यह राजपूत राजा की आत्मा और वीरता को समर्पित है। स्मारक, सफेद संगमरमर के स्तंभों के साथ एक शंकुशक्ति, चेतक की सवारी करते हुए महाराणा का एक कांस्य प्रतिमा प्रदर्शित करता है। युद्ध के अलावा, हल्दीघाटी दुनिया भर में अपनी धर्मार्थ गुलाब उत्पादों और मोलेला की कीचड़ कला के लिए जाना जाता है। सड़क जो कि पिचोला झील के लिए आगंतुकों को ले जाती है एक और लोकप्रिय गंतव्य है – दध तलई झील। इस झील को कई छोटे पहाड़ियों के बीच बसाया जाता है, जो खुद पर्यटक आकर्षण हैं। दीन दयाल उपाध्याय पार्क और मानिकला लाल वर्मा गार्डन दुध तालई झील गार्डन का हिस्सा हैं। मानिकला लाल वर्मा गार्डन झील पिगोला और दुध तलई झील के अद्भुत दृश्य प्रदान करता है। यह हाल के आकर्षण के बीच है और 1995 में उदयपुर के नगरपरिषद (नगर परिषद) ने इसे बनाया था। कोई कदम उठा कर या ड्राइविंग करके शीर्ष पर पहुंच सकता है। स्थानीय लोग अक्सर पहाड़ी पर करनी माता मंदिर में जाते हैं जो देवी की एक सफेद पत्थर की मूर्ति रखते हैं। दीन दयाल उपाध्याय उद्यान आस-पास पहाड़ी पर एक छोटा बगीचा है, जिसे उदयपुर के शहरी सुधार ट्रस्ट (यूआईटी) द्वारा विकसित किया गया है। इसका आकर्षण राजस्थान का पहला संगीत फव्वारा है, स्थानीय लोगों और दर्शकों के बीच लोकप्रिय आकर्षण भी है। उद्यान झील पिचोला को नजरअंदाज कर देता है और दर्शकों के लिए सूर्यास्त के शानदार दृश्य पेश करता है। एक रोपवे इन दोनों पहाड़ियों के ऊपर से जोड़ता है और पर्यटकों को करनी माता मंदिर में ले जाता है। यह 4 मिनट की सवारी राजस्थान का पहला रोपवे है और शहर का एक विशाल दृश्य प्रदान करता है। एशियामक झील एशिया की दूसरी सबसे बड़ी कृत्रिम झील होने के लिए प्रसिद्ध है। वास्तव में, यह एशिया का सबसे बड़ा कृत्रिम झील था, जब तक कि मिस्र में असवान बांध का निर्माण

नहीं हुआ। उदयपुर शहर से 48 किलोमीटर की दूरी पर स्थित यह भी ढेर के नाम से जाना जाता है। 1685 में, महाराणा जय सिंह ने गोमती नदी पर एक बांध के निर्माण के दौरान इस झील को बनाया। जैसलमान झील 36 वर्ग किलोमीटर क्षेत्र में फैला है, यह 14 किमी की लंबाई और 9 किलोमीटर की चौड़ाई तक फैला है। इस झील पर विशाल बांध का निर्माण किया गया था, जिसमें एक केन्द्र स्थित शिव मंदिर भी था। उदयपुर की रानी के ग्रीष्मकालीन महल झील के लिए एकदम सही पृष्ठभूमि बनाते हैं। इसके तटबंध पर छः, जटिल रूप से नक्काशीदार संगमरमर के कैनोटाफ हैं। जैसलमान झील में सात द्वीप शामिल हैं, जिनमें से एक भी भील मिनस के जनजाति का निवास है। सुशोभित संगमरमर के कदम पानी की ओर ले जाते हैं और आप मंत्रमुग्ध जल में सुंदर नाव की सवारी का आनंद ले सकते हैं। जैसलमंद झील जैसलैंड अभयारण्य के करीब है जो विभिन्न प्रकार के पक्षियों, तेंदुओं, तेंदुओं, हिरण, जंगली सूअरों और मगरमच्छों के निवास स्थान के रूप में कार्य करता है। यह निश्चित रूप से एक यात्रा के लायक है उदयपुर, झीलों का शहर भी राजस्थान के बाग शहर के रूप में जाना जाता है। खूबसूरत झीलों और हरे भरे बागानों की पृष्ठभूमि के साथ यह रोमांटिक शहर, किसी भी दर्शक के सौहार्दपूर्ण भाव की अपील करता है। बगीचे के नाम से कंक्रीट के जंगलों के युग में राहत की भावना पैदा होती है। पुरानी उम्र में, उदयपुर के शासकों ने प्रकृति और शांति के करीब रहने के लिए कुछ उद्यान और पार्क तैयार किए। उदयपुर शहर में कई उद्यान हैं जो वास्तव में राजस्थान के शुष्क क्षेत्रों में एक हरे रंग की वापसी हैं। उदयपुर शहर के झीलों और उष्णकटिबंधीय जलवायु ने यहां बगीचों को पैदा करना संभव बना दिया है। गुलाब बाग या सज्जन निवास गार्डन एक बढ़िया बगीचा है जो असामान्य गुलाब के फूलों से भरा है। नेहरु द्वीप पार्क फतेह सागर झील में एक द्वीप के रूप में रेखांकित किया गया है। सहेलियो की बारी एक अलग अवधारणा के साथ बनाई गई थी और शाही महिलाओं की खुशी के लिए थी। गुरु गोविंद सिंह पार्क (रॉक गार्डन) स्वर्ण आकाश का एक मनोरम दृश्य प्रदान करता है। जैसा कि सूर्य अरावली पहाड़ियों के पीछे छिपता है, वहीं फ्टेह सागर झील झिलमिलाता है। अरावली वटिका, मीरा पार्क, माणिक्याल वर्मा पार्क, नेहरु नगर के बच्चों के पार्क, पंडित दीन दयाल उपादा पार्क और मोती माग्री पार्क उदयपुर के कुछ अन्य दिलचस्प पार्क हैं। मोती माग्री पार्क और माणिक्या लाल वर्मा पार्क उनके सूर्य-निर्धारित विचारों के लिए प्रसिद्ध हैं गुलाब बाग़ / सज्जन निवास गार्डन राजस्थान का सबसे बड़ा बगीचा है, जो 100 एकड़ जमीन से अधिक है। 1850 के दशक के दौरान महाराणा सज्जन सिंह ने इस खूबसूरत बगीचे का

निर्माण करने के लिए पहल की। सज्जन निवास बाग अपनी कई किस्में गुलाब के लिए मनाया जाता है। गुलाब के फूलों की प्रचुरता के कारण, यह उद्यान गुलाब बाग या रोज गार्डन के रूप में भी जाना जाता है। सहेलीयन की बारी एक सबसे सुंदर उद्यान और उदयपुर में एक प्रमुख पर्यटन स्थल है। बगीचे अपने हरे भरे हरे रंग के लॉन, संगमरमर कला और फव्वारे के लिए प्रसिद्ध है। सहेलीयन की बरी का अंग्रेजी अनुवाद "नौकरानी का बाग़" का मतलब है। यह प्रसिद्ध उद्यान, फतेह सागर झील के तट पर स्थित है, जिसमें राजस्थान के शुष्क क्षेत्रों में एक ग्रीन रिट्रीट पेश किया गया है। नेहरु द्वीप गार्डन यह अंडाकार आकार द्वीप उद्यान फतेह सागर झील के बीच स्थित है। इस रोमांटिक उद्यान तक पहुंचने के लिए, आपको झील में एक नाव की सवारी लेनी होगी। अपने पानी के फव्वारे, फूलों के बागानों और लिली तालाब के साथ हरे भरे बगीचे में किसी भी पर्यवेक्षक के लिए वास्तव में एक आँख सुखदायक दृश्य है। बगीचे में एक रेस्तरां भी होता है जहां आप हरे-भरे अरावली पहाड़ियों के दृश्यों के साथ-साथ होंठ-चापलूसी व्यंजनों का आनंद ले सकते हैं। उदयपुर शहर में विशेष रूप से एक उष्णकटिबंधीय जलवायु है। तीन मुख्य मौसम, गर्मी, मानसून और सर्दियों क्रमशः उदयपुर शहर पर हावी हैं। समुद्र तल से 598 मीटर की ऊंचाई पर स्थित, इसके अलावा रेगिस्तानी इलाके में, उदयपुर में वायुमंडलीय प्रकार का जलवायु है हालांकि, राजस्थान में उदयपुर एकमात्र स्थान है, जो पूरे वर्ष काफी उदार जलवायु हैं। गर्मियों में, चखने वाली धूप शहर को गर्म करती है, जबकि सर्दियों में मौसम सुखद होता है | उदयपुर राजस्थान का एक नगर एवं पर्यटन स्थल है जो अपने इतिहास, संस्कृति और अपने आकर्षक स्थलों के लिये प्रसिद्ध है। इसे पूर्व के वेनिस के नाम से भी जाना जाता है। उदयपुर में रबारी, डाँगी, ब्राह्मण, राजपूत , भील , मीणा के साथ अन्य कई जातियाँ निवास करती हैं। उदयपुर का प्रारंभिक इतिहास सिसोदिया राजवंश से जुड़ा है। एक मत के अनुसार सन् 1558 में महाराणा उदय सिंह - सिसोदिया राजपूत वंश - ने स्थापित किया था। अपनी झीलों के कारण यह शहर झीलों की नगरी के नाम से भी जाना जाता है। उदयपुर शहर सिसोदिया राजवंश द्वारा शासित मेवाड़ की राजधानी रहा है। राजस्थान का यह खूबसूरत शहर देश विदेश से आने वाले पर्यटकों के लिए एक सपना सा लगता है।[1] यह शहर ऐतिहासिक और सांस्कृतिक दृष्टि से अनुपम है। किसी समय विलायती प्रशासक जेम्स टोड ने उदयपुर पूरे भारतीय उपमहाद्वीप पर सबसे रुमानी शहर कहा था |

मेवाड़ की राजधानी उदयपुर की स्थापना 1559 में महाराणा उदयसिंह ने की। किन्तु तिथि को लेकर इतिहासकारों के अलग-अलग मत हैं। कुछ इतिहासकार

हिन्दू कैलेंडर के अनुसार उदयपुर की स्थापना आखातीज के दिन मानते हैं तो कुछ का कहना है कि उदयपुर की स्थापना पंद्रह अप्रैल 1553 में ही हो गई थी। जिसके प्रमाण उदयपुर(राजस्थान) के मोतीमहल में मिलते हैं। जिसे उदयपुर का पहला महल माना जाता है जो अब खंडहर में तब्दील हो चुका है, जिसकी सुरक्षा मोतीमगरी ट्रस्ट कर रहा है। महाराणा उदय सिंह द्वितीय, जो महाराणा प्रताप के पिता थे, चित्तौडग़ढ़ दुर्ग से मेवाड़ का संचालन करते थे। उस समय चित्तौडग़ढ़ निरन्तर मुगलों के आक्रमण से घिरा हुआ था। इसी दौरान महाराणा उदयसिंह अपने पौत्र अमरसिंह के जन्म के उपलक्ष्य में मेवाड़ के शासक भगवान एकलिंगजी के दर्शन करने कैलाशपुरी आए थे। उन्होंने यहां आयड़ नदी के किनारे शिकार के लिए डेरे डलवाए थे। तब उनके दिमाग में चित्तौडग़ढ़ पर मुगल आतताइयों के आक्रमण को लेकर सुरक्षित जगह राजधानी बनाए जाने का मंथन चल रहा था। इसी दौरान उन्होंने एक शाम अपने सामंतों के समक्ष उदयपुर नगर बसाने का विचार रखा। जिसका सभी सामंत तथा मंत्रियों ने समर्थन किया। उदयपुर की स्थापना के लिए वह जगह तलाशने पहुंचे तब उन्होंने यहां पहला महल बनवाया, जिसका नाम मोती महल दिया, जो वर्तमान मोती मगरी पर खंडहर के रूप में मौजूद है। जिसको लेकर कई इतिहासकारों का मानना है कि मोतीमहल उदयपुर का पहला महल है और एक तरह से इस के निर्माण के साथ ही उदयपुर नगर की स्थापना शुरू हुई। स्थापना का दिन पंद्रह अप्रैल 1553 था और उस दिन आखातीज थी। बाकी इतिहासकार भी यह मानते हैं कि उदयपुर की स्थापना आखातीज के दिन हुई है, लेकिन यह तिथि पंद्रह अप्रैल 1553 है इसको लेकर कोई शिलालेख या प्रमाण मौजूद नहीं हैं। इतिहासकारों की मानें तो एक बार महाराणा उदयसिंह मोतीमहल में निवास कर रहे थे, तभी वह शिकार की भावना से खरगोश का पीछा करते हुए उस जगह पहुंचे जहां राजमहल मौजूद हैं। तब उदयपुर में फतहसागर नहीं था और वह एक सहायक नदी के रूप में था। वहां एक योगी साधु धूणी रमाए बैठे थे। साधु जगतगिरी से उनकी मुलाकात हुई और महाराणा के दिल का हाल जानकार साधु ने धूणी की जगह पर राज्य बसाने का सुझाव दिया, जिसे महाराणा ने मान लिया। यह बात सन 1559 की थी। जिस पहाड़ी की चोटी पर महल का निर्माण कराया गया, वह समूचे शहर से दिखाई देता है। जहां अलग-अलग काल में महाराणाओं ने राजमहल का निर्माण कराया। बाद में सरदार, राव, उमराव और ठिकानों के लोग भी राजमहल के पास बसाए गए। जिनकी हवेलियां भी राजमहल के इर्द-गिर्द मौजूद हैं। इतिहासकार जोगेंद्र राजपुरोहित बताते हैं कि पंद्रह अप्रेल को इस तरह उदयपुर शहर की स्थापना हुई। उदयपुर की स्थापना से पांच हजार साल

पहले आयड़ नदी के किनारे सभ्यता मौजूद थी। विभिन्न उत्खनन के स्तरों से पता चलता है कि प्रारंभिक बसावट से लेकर अठारहवीं सदी तक यहां कई बार बस्तियां बसी और उजड़ी। आहड़ के आस-पास तांबे की उपलब्धता के चलते यहां के निवासी इस धातु के उपकरण बनाते थे। इसी की वजह से यह तांबावती नगरी के नाम से जाना जाता था। इसी तरह पिछोली गांव भी महाराणा लाखा (सन 1382-1421)के काल का है। जब कुछ बंजारे यहां से गुजर रहे थे। छीतर नाम के बंजारे की बैलगाड़ी नमी वाली जगह धंस गई और वहां पानी का स्रोत जानकर खुदाई की और पिछोला झील का निर्माण हुआ था। तब यहां चारों तरफ पहाड़ी इलाके हुआ करते थे।[4] ऐतिहासिक दृष्टि से इस झील के बारे में कहा जाता है कि महाराणा लाखा के काल में इस झील का निर्माण एक बंजारे द्वारा करवाया गया इस झील के बीचों बीच एक नटनी का चबूतरा बना हुआ है महाराणा उदय सिंह द्वितीय ने इस शहर की खोज के बाद इस झील का विस्तार कराया था। झील में दो द्वीप हैं और दोनों पर महल बने हुए हैं। एक है जग निवास, जो अब लेक पैलेस होटल बन चुका है और दूसरा है जग मंदिर। दोनों ही महल राजस्थानी शिल्पकला के बेहतरीन उदाहरण हैं, बोट द्वारा जाकर इन्हें देखा जा सकता है। उदयपुर के राजघराने का इतिहास – उदयपुर के राजघराने का इतिहास, उदयपुर का किला किसने बनवाया था, उदयपुर का इतिहास, उदयपुर का राजा कौन था, उदयपुर रियासत, उदयपुर का पुराना नाम क्या था, उदयपुर की स्थापना कब हुई, उदयपुर के पर्यटन स्थल, मेवाड़ का इतिहास, उदयपुर के राजघराने का इतिहास, उदयपुर की स्थापना 1559 में महाराणा उदय सिंह द्वितीय द्वारा की गई थी, जो पूर्ववर्ती मेवाड़ राज्य की अंतिम राजधानी थी, जो उपजाऊ वृताकार घाटी में स्थित थी- "गिरवा" नागदा के दक्षिण-पश्चिम में बनास नदी पर, जो मेवाड़ की पहली राजधानी थी। राज्य। इस क्षेत्र में पहले से ही "अयद" का एक संपन्न व्यापारिक शहर था, जिसने 200 वर्षों तक मेवाड़ की राजधानी के रूप में काम किया था और मेवाड़ के 17 शासकों ने गिरवा घाटी के आयड़ शहर से शासन किया था; अभी भी पहले नागदा से रावल शासन करते थे; इसलिए "गिरवा" (और निकटवर्ती) घाटी पहले से ही चितौड़ शासकों के लिए अच्छी तरह से जानी जाती थी, जो जब भी कमजोर टेबललैंड (मेसा) चित्तौड़गढ़ को दुश्मन के हमलों का खतरा था, तब इसे स्थानांतरित कर दिया। महाराणा उदय सिंह द्वितीय ने 16 वीं शताब्दी में तोपखाने के युद्ध के उद्भव के मद्देनजर अपनी राजधानी को अधिक सुरक्षित स्थान पर स्थानांतरित करने का निर्णय लिया, जिसका महत्व उन्हें कुंभलगढ़ में अपने निर्वासन के दौरान महसूस हुआ था। अयाद बाढ़-ग्रस्त था, इसलिए उसने अपनी नई राजधानी

शुरू करने के लिए पिछोला झील के पूर्व में रिज को चुना, जहां वह अरावली रेंज की तलहटी में शिकार करते हुए एक पहाड़ी पर आया था। उपदेशक ने राजा को आशीर्वाद दिया और उसे मौके पर एक महल बनाने के लिए कहा, उसे आश्वासन दिया कि यह अच्छी तरह से संरक्षित होगा। उदय सिंह द्वितीय ने साइट पर एक निवास स्थापित किया। नवंबर 1567 में, मुगल बादशाह अकबर ने चित्तौड़ के आदरणीय किले की घेराबंदी की और हमला किया, जो कि मेवाड़ के 84 किलों में से एक तक कम हो गया था। उदयपुर के राजघराने का इतिहास उदयपुर – निश्चित रूप से, राजस्थान के शानदार शासकों से दुनिया परिचित है। उन शानदार शासकों में से एक महाराणा उदय सिंह हैं। ऐसी कहानियाँ हैं, जब एक बार महाराणा उदय सिंह अपनी शिकार यात्रा के दौरान अरावली पहाड़ियों में एक ऋषि से मिले। ऋषि ने उसे इस समृद्ध भूमि में एक महल बनाने का सुझाव दिया, जिसे अरावली द्वारा संरक्षित किया जाएगा। हरे-भरे और पहाड़ी क्षेत्र ने महाराजा के मन को स्तब्ध कर दिया। उन्होंने ऋषि की सलाह का पालन किया और निर्माण की योजनाओं पर काम करना शुरू किया। जल्द ही, महल की दीवारों को ऊंचा कर दिया गया और निर्माण 1553 ईस्वी तक खत्म हो गया। झील के साथ उदयपुर की निर्जन भूमि को कम्बोज को खोजने के लिए कुछ कठिन है। सुबह और धूल के बीच जगह का प्रवेश हो जाता है। आपको बस मौन में प्रतीक्षा करनी चाहिए और सूर्य को अपने उदय और अस्त होने में समय देना चाहिए। शायद राजा के मन में भी यही विचार था। किसी भी उदयपुराइट से पूछें और वे आपको बताएंगे कि झीलों के शहर का क्या मतलब है। जब हम शहर के लोगों से बात करते हैं तो शहर के लिए प्यार बहुत अधिक होता है। हरे-भरे अरावली पर्वतमाला से घिरा उदयपुर एक सुंदर और दर्शनीय शहर है। उदयपुर की झीलें आपस में जुड़ी हुई हैं, जिससे एक अनूठी झील प्रणाली बनती है। शहर घने घने के शांतिपूर्ण वातावरण के बीच बैठता है और दुनिया भर से लोग आते हैं और शांत अनुभव करते हैं। सभी पहलुओं को ध्यान में रखते हुए महाराणा उदय सिंह ने 1553 ईस्वी सन् की शुभ आखा-तीज के दिन शहर की स्थापना की अक्षय तृतीया, वैशाख सुदी तीज, शनिवार- 15 अप्रैल, 1553, 1567 में, जब मुगल साम्राज्य मेवाड़ को धमकी दे रहा था और चित्तौड़गढ़ किले पर कब्जा कर लिया, तो उदय सिंह ने उदयपुर को हमलों से बचाने के लिए एक बड़ी, छह किलोमीटर लंबी दीवार बनाई। दीवार में सात द्वार थे। आज भी इस क्षेत्र को उदयपुर की चारदीवारी कहा जाता है, मुगल सम्राटों अकबर (1576) और बाद में औरंगजेब (1680) ने शहर पर हमला किया और शहर का इलाका महाराणा के लिए एक फायदा साबित हुआ।

महाराणा उदय सिंह ने राजधानी के पूर्व में एक प्रमुख चिनाई बांध का निर्माण भी किया था, जिसका नाम उन्होंने उदयसागर रखा था। महाराणा ने सभी जातियों और समुदायों के लोगों को नए शहर में बसने के लिए प्रोत्साहित किया, जिसके लिए उन्होंने उदारतापूर्वक भूमि प्रदान की।

रईसों और व्यापारियों ने अपनी हवेलियों के निर्माण के साथ यहां बस गए, जबकि आम जनता ने साधारण घरों का निर्माण किया। पिछोला के तट पर स्नान घाटों के अलावा चरण कुओं का भी निर्माण किया गया था, महाराणा जगत सिंह-प्रथम ने महाराणा उदय सिंह द्वारा बनाए गए महल में और अधिक कमरे जोड़े और शहर में जगमंदिर द्वीप महल और मंदिरों को विकसित किया। सदियों से, इसके उत्तर में पिछोला में चार और जल निकाय जोड़े गए- अमर कुंड, रंग सागर, कुम्भारिया तालाब (स्वरूप का विस्तार), स्वरूप सागर। उदयपुर के इतिहास में एक प्रमुख सूर्य वंशानुगत है, क्योंकि महाराणा उदय सिंह को सिसोदिया का उत्तराधिकारी माना जाता है जो सूर्य देव के वंशज माने जाते हैं। सिसोदिया सबसे बहादुर योद्धा कबीले हैं, दावा किया गया है कि यह सबसे पुराना कबीला है जो कभी भी एक झंडा उठा सकता है और राजस्थान में एक क्षेत्र पर शासन कर सकता है। चित्तौड़गढ़ महाराणा उदय सिंह, मेवाड़, और राजपूताना के विस्तार की मूल राजधानी था। मुगलों के लगातार हमलों के कारण राजधानी को उदयपुर स्थानांतरित कर दिया गया। राजा ने एक बुद्धिमान पसंद किया, जैसा कि ऋषि ने भविष्यवाणी की थी कि अरावली ने मुगलों से राजधानी की रक्षा की। शातिर मुगलों ने बिना किसी दया के हड़ताल कर दी, लेकिन राजस्थान की प्राकृतिक सीमाओं और शौर्य रेखा पर कब्जा कर लिया। यह 1568 का वर्ष था जब मुगल सम्राट चित्तौड़गढ़ किले और मेवाड़ के अन्य हिस्सों पर कब्जा करने में कामयाब रहे। लेकिन, राजधानी जहाज स्थानांतरित होने के तुरंत बाद, मेवाड़ ने एक मजबूत पकड़ हासिल कर ली और अपने क्षेत्र के अधिकांश हिस्सों को हटा दिया, लेकिन चित्तौड़गढ़ किले को छोड़कर | महाराणा प्रताप उदय सिंह के पुत्र और सिंहासन के उत्तराधिकारी थे। 1572 में उदय सिंह की मृत्यु के बाद उन्हें नए राजा के रूप में चुना गया। दुर्भाग्य से, मुगलों ने कभी नहीं रोका। नए राजा ने वीरतापूर्वक लड़ाई लड़ी, हालांकि, 1576 में, यह हल्दीघाटी का युद्ध था जब मुगल सम्राट अकबर राजपूत राजा के खिलाफ विक्टर था और उदयपुर को अपना दावा किया था। फिर वह समय आया जब मृत्यु महान सम्राट की ओर बढ़ी, उनके पुत्र जहाँगीर ने राजगद्दी संभाली और महाराणा प्रताप के पुत्र अमर सिंह को उदयपुर का नियंत्रण दे दिया और दोनों राज्यों के बीच एक संधि कर दी। अपने पिता की मृत्यु के बाद, उन्होंने अपने कंधों

पर बोझ डाला और मुगल पर हावी होने की कोशिश की, जो अंततः शांति की भेंट चढ़ गया। बाद में, जब मुगल साम्राज्य कमजोर हो गया, तो सिसोदिया ने खुद को स्वतंत्र कहा और चित्तौड़गढ़ को छोड़कर उदयपुर और मेवाड़ के अन्य क्षेत्रों को फिर से संगठित किया। यद्यपि मुगलों ने उदयपुर और उसके आस-पास के क्षेत्रों पर कब्जा करने की कोशिश की, लेकिन यह सिसोदियों द्वारा ब्रिटिश नियंत्रण के तहत एक रियासत बनने तक बना रहा। मेवाड़ साम्राज्य के 76 वें संरक्षक – श्री अरविंद सिंह जी मेवाड़ उदयपुर के राजा हैं, वास्तव में इसका मतलब यह नहीं है कि वह शहर पर शासन करता है, शहर भारत की लोकतांत्रिक सरकार के अधीन है, श्री अरविंद सिंह जी मेवाड़ का जन्म 13 दिसंबर 1944 को हुआ था, उनके पिता का नाम श्री भागवत सिंह जी मेवाड़ और श्री अरविंद सिंह जी मेवाड़ उनका दूसरा पुत्र है। श्री भागवत सिंह जी मेवाड़ के पहले पुत्र श्री महेंद्र सिंह जी मेवाड़ हैं, अरविंद सिंह जी ने अपनी स्कूली शिक्षा मेयो कॉलेज, अजमेर से प्राप्त की है जो कि कैम्ब्रिज विश्वविद्यालय द्वारा प्रमाणित किया गया था। बाद में उन्होंने महाराणा भूपाल कॉलेज उदयपुर से अंग्रेजी साहित्य, अर्थशास्त्र और राजनीति विज्ञान विषयों के साथ कला में डिग्री हासिल की। इसके बाद वे यूके चले गए और होटल मैनेजमेंट के कोर्स के लिए मेट्रोपॉलिटन कॉलेज, सेंट एल्बंस में दाखिला लिया, वह कई महलों के मालिक हैं, जिन्हें अब एचआरएच समूह के तहत होटल में बदल दिया गया है वह एंटीक कारों और क्रिस्टल के संग्रह का भी मालिक है और अन्य संपत्तियों के साथ-साथ उनके शिकारीबाड़ी होटल में एक निजी हवाई अड्डा, जयपुर में एक पोलो क्लब आदि। तीन मुख्य मौसम हैं जो उदयपुर का अनुभव करते हैं – गर्मी, मानसून, सर्दी। हम आपको सुझाव देते हैं कि अक्टूबर से मार्च तक होने वाले सर्दियों के मौसम में उदयपुर की यात्रा करें, रात में तापमान 5 डिग्री और दिन के समय 30 डिग्री के आसपास रहता है, जो विशेष समय में सुखद माहौल बन जाता है। जब उदयपुर को अंग्रेजों से मिलवाया गया, तो उन्होंने उनकी सुरक्षा स्वीकार कर ली और ब्रिटिश बैनरमैन के रूप में काम किया। यह महाराणा भीमसिंह थे जिन्होंने उस समय संधि पर हस्ताक्षर किए क्योंकि वे उस समय के प्रमुख शासक थे। 1947 में स्वतंत्रता के दिन तक इस सम्मान को सम्मानित किया गया। जब एक मौका दिया गया तो उदयपुर ने स्वेच्छा से आत्मसमर्पण कर दिया और स्वतंत्र भारत का हिस्सा बन गया। शाही परिवार को राजा के रूप में अपना खिताब हासिल करना था लेकिन उन्हें अपने महल को अपने पैतृक वंश के रूप में रखने की अनुमति थी। आज, वे महल वंशानुगत होटलों के रूप में कार्य करते हैं। वे जेम्स बॉन्ड फिल्म- ऑक्टोपसी और बॉलीवुड की ब्लॉकबस्टर फिल्म गोलियां की

रास लीला राम-लीला में भी दिखाई देते हैं। क्षेत्र के सबसे प्रसिद्ध त्योहारों में से एक, इस त्योहार में गणगौर की पूजा की जाती है, 'गण' भगवान शिव के लिए और 'गौर' उनकी पत्नी देवी पार्वती के लिए खड़ा है। गणगौर की मूर्तियों की पूजा महिलाएं करती हैं, अविवाहित महिलाएं आशीर्वाद में एक अच्छे पति की तलाश करती हैं और विवाहित महिलाएं अपने पति के अच्छे स्वास्थ्य की कामना करती हैं। गणगौर त्यौहार की शाम को महिलाएँ तैयार हो जाती हैं और अपनी हथेलियों पर हीना लगाती हैं और गणगौर की मूर्तियों को गणगौर घाट (उदयपुर के एक घाट, विशेष रूप से गणगौर महोत्सव के लिए समर्पित) में ले जाती हैं और उन्हें झील के पानी में विसर्जित कर देती हैं। एक विशाल जुलूस निकाला जाता है जो महल से शुरू होता है और रथ, गाड़ियाँ और पालकी (पालकी) सहित पुराने शहर के प्रमुखों से होता है; और बाद में गणगौर के लिए विदाई के लिए गणगौर घाट पहुँचते हैं। शहर के बाहरी इलाके में, शिपग्राम एक छोटा सा गाँव है, जो बेहद सांस्कृतिक रूप से समृद्ध है, इसके परिसर में एक 10 दिवसीय उत्सव का आयोजन किया जाता है जिसे प्रत्येक वर्ष 21 दिसंबर से 31 दिसंबर तक शिपग्राम उत्सव / उत्सव के रूप में बुलाया जाता है, जब दुनिया भर के कारीगर इकट्ठा होते हैं यहां अपनी कला और प्रतिभा का प्रदर्शन करते हैं। भारत के राजस्थान राज्य का उदयपुर शहर एक बहुत फेमस और बड़ा शहर है. यह पूर्व राजपूताना एजेंसी में मेवाड़ के राज्य की ऐतिहासिक राजधानी है. महाराणा उदय सिंह ने सन 1553 में इस शहर की खोज की थी, और चित्तोरगढ़ की जगह उदयपुर को अपनी राजधानी बना लिया था. 1818 में जब ब्रिटिश राज्य आया, तब तक ये राजधानी रही. 1947 में राजधानी के बाद मेवाड़ को राजस्थान का हिस्सा बना दिया गया. उदयपुर एक बहुत लोकप्रिय पर्यटन स्थल है, अपने इतिहास, संस्कृति, सुंदर स्थानों और राजपूत महलों के लिए ये समस्त दुनिया में प्रसिध्य है. 2009 में एक मैगजीन के अनुसार उदयपुर को दुनिया में बेस्ट सिटी कहा गया है. यहाँ की मेहमान नवाजी पुरे जगत में प्रसिध्य है. देश विदेश से लोग उदयपुर की सुन्दरता, संस्कृति को देखने जाते है. यहाँ रोयल मेवाड़ परिवार की अनेकों महल, स्थल है, जहाँ लोग घुमने-देखने जाते है. इन रॉयल पैलेस को आज कई होटलों में तब्दील कर दिया गया है, जिसमें रुका भी जा सकता है. उदयपुर में अनेकों तालाब भी है, जिस वजह से इसे 'सिटी ऑफ़ लेक' भी कहा जाता है. इसे 'पूरब का वेनिस' भी कहा जाता है. सिटी पैलेस का निर्माण 1559 में महाराणा उड़ाई मिर्जा द्वारा करवाया गया था. यह पिकोला लेक के पास स्थित है. महल की वास्तुकला यूरोपीय और चीनी शैलियों का मिश्रण है. ये सिटी पैलेस 11 भव्य महलों से मिल कर बना है और ये सभी का निर्माण विभिन्न

अवधियों के दौरान और विभिन्न शासकों द्वारा किया गया. महल में छत, आँगन, हैंगिंग गार्डन आदि है. महल की वास्तुकला शानदार है, जिसे देख आप अचंभित हो जायेंगें. महल के अंदर बहुत सुंदर सजावट है, दीवाल में सुंदर-सुंदर पेंटिंग है, जिसे देख कर आपको लगेगा कि आप 200-300 साल पीछे चले गए है, और महल को करीब से देख पायेंगें. महल अब संग्रहालय बन गया है, जहाँ कई प्राचीन लेख, शाही पेंटिंग, सजावटी फर्नीचर और बर्तन रखे गए है.यह पिकोला लेक के पास ही स्थित है. इसका निर्माण मेवाड़ के मंत्री अमर चन्द बडवा द्वारा हुआ था. यह हवेली 1878 में महाराणा शक्ति सिंह का निवास बन गई थी, जिसके बाद इसका नाम बगोरे की हवेली पड़ा. इसे अब संग्रहालय में तब्दील किया गया है, लेकिन महाराजा के शाहीपन को आज भी यहाँ महसूस किया जा सकता है. यह मेवाड़ की संस्कृति को दर्शाती है. राजपूतों द्वारा उपयोग की हुई, वस्तु जैसे जेवर बॉक्स, हाथ पंखा, तरह तरह के धातु के बर्तन आदि. इस हवेली में 100 से भी ज्यादा कमरे है, जो अपनी अलग तरह की वास्तुकला को दर्शाते है. यहाँ रोज शाम को एक शो का भी आयोजन होता है.अगर आप मानव निर्मित सुन्दरता से अधिक प्राकृतिक सुन्दरता पसंद करते है, तो सज्जन गढ़ आपको सुखद अनुभव देगा. यह छोटा सा पैलेस है, लेकिन इसकी सुन्दरता देखने लायक है. इस पैलेस का रखरखाव अब अच्छे से नहीं होता है, लेकिन यहाँ से सूर्यास्त बहुत सुंदर दिखता है. इस पैलेस का निर्माण 1884 में महाराणा सज्जन सिंह के द्वारा हुआ था. राजा ने इस पैलेस का निर्माण इसलिए कराया था ताकि वे मौसम की जानकारी ले सकें, विशेषकर कर मानसून के बारे में पहले से पता लगाया जा सके. इसलिए इसे मानसून पैलेस भी कहते है. उनके असामयिक निधन के कारण इस पैलेस का काम पूरा नहीं हो सका. हालांकि यहां से नजारा शब्दों से परे है, जो आपको मोहित कर देगा. यह समुद्र तल से 1000 फीट ऊंचाई पर है, जहाँ पुरे उदयपुर को देखा जा सकता है.यह पिकोला लेक में स्थित है, जिसे देखने सबसे ज्यादा पर्यटक जाते है. यह जगनिवास आइसलैंड में स्थित है, जिसे आजकल ताज ग्रुप द्वारा चलाया जा रहा है. इसे ताज लेक पैलेस नाम से भी जाना जाता है. इस जगह से अरावली हिल्स बहुत से नजर आता है, जो इस जगह को और अधिक रोमेंटिक बना देता है. जो लोग यहाँ रुकना वहन कर सकते है, उनके लिए ये किसी जन्नत से कम नहीं है. लेक के बीचोंबीच रुकना, सोच कर ही सुख की अनुभूति होती है. इसे महाराजा जगत सिंह द्वीतीय द्वारा बनवाया गया था, जिसकी वास्तुकला भी बहुत सुंदर है.यह भारतीय-आर्य का मिलाजुला मंदिर है, जिसका निर्माण महाराणा जगत सिंह द्वारा कराया गया था. इस मंदिर में विष्णु जी की प्रतिमा है, जो काले पत्थर से बनी हुई है. मंदिर के प्रवेश में विष्णु

के वाहन गरुड़ की भी प्रतिमा है. यहाँ गणेश जी, सूर्य देव, आदि शक्ति, एवं शिव के भी मंदिर है. यहाँ लोग मुख्य रूप से सुबह शाम आरती में शामिल होते है.यह उदयपुर से 3 किलोमीटर दूर है. यहाँ शाही राजपुतानों के इतिहास को देखा जा सकता है.यह भी पिकोला लेक में स्थित है, जो फोटोग्राफी पसंद करने वालों की सबसे पसंदीदा जगह में से एक है. यहाँ से सिटी पैलेस एवं लेक पैलेस की सुन्दरता को देखा जा सकता है. यहाँ शाम के समय बहुत से जोड़ों को देखा जा सकता है, जो किसी लवपॉइंट से कम नजर नहीं आता है.यहाँ राजस्थान के महाराजाओं की सुंदर सवारी को देखा जा सकता है. यहाँ बहुत सुंदर सुंदर गाड़ियों का संग्रह है. यहाँ अभी 22 गाड़ी है, जिसे देख आप रॉयल एरा में पहुँच जायेंगें.उदयपुर में इस रोपवे का मजा हर पर्यटक लेता है. यह पिकोला लेक के दो ओर स्थित पहाड़ी के बीच में बनाया गया है. यहाँ से पूरी उदयपुर सिटी की सुन्दरता को देखा जा सकता है.इसे ढेबर लेक भी कहते है. यह भारत में मानव द्वारा निर्मित लेकों में से एक है, जो उदयपुर से 48 किलोमीटर दुरी पर है. इसका निर्माण महाराणा जय सिंह द्वारा 1685 में कराया गया था. इस लेक पर एक बाँध भी बना हुआ है, जो 1202 फीट लम्बा, 116 फीट ऊँचा एवं 70 फीट चौड़ा है. यहाँ एक शिव मंदिर भी है.

10

||मेवाड़ के अन्य हिस्से||

राजसमन्द

राजसमंद भारतीय राज्य राजस्थान का एक जिला है। जिले का मुख्यालय राजसमंद है। यह अरावली पर्वतमाला के बीच में स्थित है। शहर और जिले का नाम मेवाड़ के राणा राज सिंह द्वारा 17 वीं सदी में निर्मित एक कृत्रिम झील, राजसमन्द झील के नाम से लिया गया है। 10 अप्रैल 1991 को उदयपुर जिले के राजनगर और कांकरोली को मिलाकर राजसमंद जिले का गठन किया गया था। कुम्भलगढ़ में बना कुंभलगढ़ दुर्ग राजसमंद जिले का प्रमुख पर्यटन केंद्र है । राजसमंद जिले के उत्तर में अजमेर , उत्तर-पूर्व में भीलवाड़ा , पूर्व में चित्तौड़गढ़ , दक्षीण में उदयपुर और पश्चिम में पाली जिले हैं ।

श्रीनाथजी

नाथद्वारा विराजित श्रीनाथजी

श्रीनाथजी श्रीकृष्ण भगवान के 7 वर्ष की अवस्था के रूप हैं। श्रीनाथजी हिंदू भगवान कृष्ण का एक रूप हैं, जो सात साल के बच्चे (बालक) के रूप में प्रकट होते हैं।[1] श्रीनाथजी का प्रमुख मंदिर राजस्थान के उदयपुर शहर से 49 किलोमीटर उत्तर-पूर्व में स्थित नाथद्वारा के मंदिर शहर में स्थित है। श्रीनाथजी वैष्णव सम्प्रदाय के केंद्रीय पीठासीन देव हैं जिन्हें पुष्टिमार्ग (कृपा का मार्ग) या वल्लभाचार्य द्वारा स्थापित वल्लभ सम्प्रदाय के रूप में जाना जाता है। श्रीनाथजी को मुख्य रूप से भक्ति योग के अनुयायियों और गुजरात और राजस्थान में वैष्णव और भाटिया एवं अन्य लोगों द्वारा पूजा जाता है। वल्लभाचार्य के पुत्र विठ्ठलनाथजी ने नाथद्वारा में श्रीनाथजी की पूजा को संस्थागत रूप दिया। श्रीनाथजी की लोकप्रियता के कारण, नाथद्वारा शहर को 'श्रीनाथजी' के नाम से जाना जाता है। लोग इसे बावा की (श्रीनाथजी बावा) नगरी भी कहते हैं। प्रारंभ में, बाल कृष्ण रूप को देवदमन (देवताओं का विजेता - कृष्ण द्वारा गोवर्धन पहाड़ी के उठाने में इंद्र की अति-शक्ति का उल्लेख) के रूप में संदर्भित किया गया था। वल्लभाचार्य ने उनका नाम गोपाल रखा और उनकी पूजा का स्थान 'गोपालपुर' रखा। बाद में, विट्ठलनाथजी ने उनका नाम श्रीनाथजी रखा। श्रीनाथजी की सेवा दिन के 8 भागों में की जाती है।

पुष्टिमार्ग के अनुयायी बताते हैं कि स्वरूप का हाथ और चेहरा पहले गोवर्धन पहाड़ी से उभरा था और उसके बाद माधवेंद्र पुरी के आध्यात्मिक नेतृत्व में स्थानीय निवासियों (व्रजवासियों) ने गोपाल (कृष्ण) देवता की पूजा शुरू की। इन्हीं गोपाल देवता को बाद में श्रीनाथजी कहा गया। इस प्रकार, माधवेन्द्र पुरी को गोवर्धन के पास गोपाल देवता की खोज के लिए मान्यता दी जाती है, जिसे बाद में वल्लभाचार्य द्वारा श्रीनाथजी के रूप में अनुकूलित और पूजा गया। प्रारंभ में, माधवेंद्र पुरी ने देवता के ऊपर उठे हुए हाथ और बाद में, चेहरे की पूजा की। पुष्टिमार्ग साहित्य के अनुसार, श्रीनाथजी ने श्री वल्लभाचार्य को हिंदू विक्रम संवत 1549 में दर्शन दिए और वल्लभाचार्य को निर्देश दिया कि वे गोवर्धन पर्वत पर पूजा शुरू करें। वल्लभाचार्य ने उन देवता की पूजा के लिए व्यवस्था की, और इस परंपरा को उनके पुत्र विठ्ठलनाथजी ने आगे बढ़ाया। श्रीनाथजी को आगरा और ग्वालियर के माध्यम से राजस्थान के मेवाड़ क्षेत्र में लाया गया था ताकि औरंगजेब के दमनकारी शासनकाल के दौरान हो रहे हिंदू मंदिरों के व्यापक विनाश से सुरक्षा की जा सके। माना जाता है कि प्रतिमा ले जाते हुए रथ, यात्रा करते समय मेवाड़ के सिहाड़ गांव में कीचड़ में फंस गया था, और इसलिए मूर्ति की स्थापना मेवाड़ के तत्कालीन राणा की अनुमति के साथ एक मंदिर में की गई थी। धार्मिक मिथकों के अनुसार, नाथद्वारा में मंदिर का निर्माण 17 वीं शताब्दी में श्रीनाथजी द्वारा स्वयं चिन्हित किए गए स्थान पर किया गया था। [5] मंदिर को लोकप्रिय रूप से श्रीनाथजी की हवेली (श्रीनाथजी का घर) भी कहा जाता है क्योंकि एक नियमित गृहस्थी की तरह इसमें रथ की आवाजाही होती है (वास्तव में मूल रथ जिसमें श्रीनाथजी को सिंघार लाया गया था), दूध के लिए एक स्टोर रूम (दूधघर), सुपारी के लिए एक स्टोर रूम (पानघर), चीनी और मिठाइयों के लिए एक स्टोर रूम (मिश्रीघर और पेडघर), फूलों के लिए एक स्टोर रूम (फूलघर), एक कार्यात्मक रसोई (रासीघर), एक आभूषण कक्ष (गहनाघर), एक खजाना (खारचा भंडार), रथ (अश्वशाला) के घोड़ों के लिए एक स्थिर, एक ड्राइंग रूम (बैठक), एक सोने और चांदी का पहिया (चक्की)। दुनिया भर में कई प्रमुख मंदिर हैं जहां श्रीनाथजी की पूजा होती है। पश्चिमी गोलार्ध के "नाथद्वारा" को व्रज के नाम से जाना जाता है| यह Schuylkill Haven, Pennsylvania में स्थित है। एक वर्ष में 100,000 से अधिक हिंदू व्रज की यात्रा करते हैं। मंदिर के पुजारियों और सेवकों को उनके कर्तव्यों के प्रतिफल के रूप में, वेतन कि स्थान पर प्रसाद दिया जाता है। अक्सर यह प्रसाद उन मेहमानों को दिया या बेचा जाता है जो दर्शन के लिए मंदिर आते हैं।

श्रीनाथजी के अनुयायियों का हिंदू कलाओं पर महत्वपूर्ण प्रभाव है, उनके द्वारा विकसित की गई पिछवाई चित्रों के रूप में। ये चित्र कपड़े,कागज, दीवारों या मंदिरों की झूलन के रूप में हो सकती हैं। ये बारीक एवं रंगीन भक्ति वस्त्र हैं जो श्रीनाथजी की छवि पर केन्द्रित हैं। नाथद्वारा पिचवाई कला, नाथद्वारा पेंटिंग का केंद्र है। नाथद्वारा शहर की राजस्थानी शैली के लिए जाना जाता है, जिसे "पिचवाई पेंटिंग" कहा जाता है। इन पिचवाइ चित्रों को नाथद्वारा के प्रसिद्ध समकालीन कलाकारों द्वारा नाथद्वारा मंदिर के चारों ओर की दीवार पर चित्रित किया गया है। श्री नाथ जी की मुख्य 6 चरण चौकियों में से एक कि पूजा राजस्थान के ही कोटा में की जाती है। यहाँ श्री नाथ जी सवंत 1726 में पधारे थे। राजस्थान में श्री नाथ जी की 6 चरण चौकियों में से 4 उपस्थित है। राजस्थान में 352 साल पुरानी ये चरण चौकी कोटा से 18 किमी दूर डाढ़ देवी मार्ग पर मोतीपुरा नामक स्थान पर उपस्थित है। श्रीनाथ जी की मूर्ति पहले मथुरा के निकट गोकुल में स्थित थी।परंतु जब औरंगजेब ने इसे तोडना चाहा, तो वल्लभ गोस्वामी जी ने इसे राजपूताना (राजस्थान) ले गए। जिस स्थान पर मूर्ति की पुनः स्थापना हुई, उस स्थान को नाथद्वारा कहा जाने लगा। नाथद्वारा शब्द दो शब्दों को मिलाकर

बनता है नाथ+द्वार, जिसमे नाथ का अर्थ भगवान से है। और द्वार का अर्थ चौखट या आम भाषा मे कहा जाए तो गेट से है। तो इस प्रकार नाथद्वारा का अर्थ "भगवान का द्वार हुआ। इस पवित्र पावन स्थान के बारे में कहा जाता है, कि एक बार भगवान श्रीनाथजी ने स्वयं अपने भक्तों को प्रेरणा दी थी कि, बस! यहीं वह स्थान है जहाँ मैं बसना चाहता हूँ। फिर क्या था डेरे और तंबू गाड़ दिए गए।राजमाता की प्रेरणा से उदयपुर के महाराणा राजसिंह ने एक लाख सैनिक श्रीनाथजी की सेवा मैं सुरक्षा के लिए तैनात कर दिये। महाराणा का आश्रय पाकर नाथ नगरी भी बस गई इसी से इसका नाम नाथद्वारा पड़ गया। द्वापर युग में जरासंध और कालयवन ने जिस प्रकार मथुरा पर आक्रमण कर दिया था और उससे बचकर भगवान् श्रीकृष्ण कुछ समय के लिये अन्यत्र चले गये थे एवं शांति होने पर पुनः व्रज लौट आये वैसा का वैसा लीला चरित्र नाथद्वारा में श्रीकृष्ण स्वरूप प्रभु श्रीनाथजी के साथ बना।वि.स. 1835 में अजमेर मेरवाड़ा के मेरो ने मेवाड़ पर भयानक आक्रमण किया तथा नृशंस हत्याएं करना प्रारंभ कर दिया। इधर पिंडारियों ने नाथद्वारा में घुसकर लूट खसोट की और धन-जन को हानि पहुँचाई। निरन्तर बढती हुई अशांति के बादल अभी छितरा भी नहीं पाये कि वि.स. 1858 में दौलतराव सिन्धिया से पराजित होकर जसवन्तराव होल्कर यत्र तत्र भटकता हुआ मेवाड़ भूमि के समीप आ गया। परन्तु सिन्धिया की सेना उसे खोजती हुई नाथद्वारा आ पहुँची। अनवरत युद्धों की विभीषिका के मध्य भी नाथद्वारा का अनुपम वैभव देखकर उन्होने गोस्वामी जी से तीन लाख रूपया मांगा और व्यर्थ का श्रम देकर वसूलने का निरर्थक प्रयास किया। मंदिर की अचल संपति पर भी उसका मन मचल उठा और उसे भी हथियाने की चैष्ठाएँ की जाने लगी। आगत विकट स्थिति को भांपकर प्रभु श्रीनाथजी को सुरक्षित रखने के लिए गो.ति. श्री गिरिधरजी महाराज ने घसियार नामक वीहड़ में नाथद्वारा के समान ही मन्दिर बनवाना प्रारंभ कर दिया और नगर की संकटापन्न स्थिति के बारे में महाराज श्री ने वि.स. 1857 आषाढ सुदी 2 को मेवाड़ महाराणा श्री भीमसिंह को एक पत्र लिखा। प्रभु श्रीनाथजी एवं नगर का जन जीवन संकटग्रस्त देखकर गो.ति. श्री गिरिधर महाराज को मेवाड़ महाराणा ने श्री ठाकुर जी को उदयपुर पधारने की आज्ञा दे दी। भगवत् भक्त महाराणा ने त्वरित ही देलवाडा के राजा कल्याणसिंह झाला, कूंठवा के ठाकुर विजयसिंह जी चूंडावत सांगावत आगर्या के ठाकुर जगतसिंह जेत मालोत, मोई के जागीदार अजीतसिंह भाटी, शाह एकलिंगदास बोल्या तथा जमादार नाथूसिंह को सेना सहित नाथद्वारा की ओर रवाना किया। मेवाड़ की बहादुर सेना ने नाथद्वारा आकर घोर संग्राम किया तथा

शत्रुओं को तितर-बितर कर दिया। गो.ति. श्री गिरिधरजी महाराज ने उदयपुर चले जाने में ही अपना हित समझा और वि.सं. 1858 माघ कृष्ण 1 तद्नुसार दिनांक 29 जनवरी 1902 को प्रभु श्रीनाथजी, श्री नवनीप्रियजी और विट्ठलनाथजी को रत्नालंकारों सहित लेकर महाराज श्री उदयपुर की ओर लेकर चल पड़े। कुछ ही समय में कोठारिया के रावत विजयसिंह चौहान उनके साथ हो लिये। इनका पहला पड़ाव उनवास नामक ग्राम में हुआ। वहां जब सुना की नाथद्वारा में होल्कर की सेना बड़ा उत्पात मचा रही है तब कोठारिया रावत नगर की रक्षार्थ नाथद्वारा लौट आये। यहां पर होल्कर की सेना ने उन्हे घेर लिया तथा शस्त्र एवं घोड़ा दे देने को विवश किया। कोठारिया रावत ने इसमें अपना अपमान समझा। उन्होने होल्कर की सेना से युद्ध ठान लिया और लड़ते- लड़ते वीरगति को प्राप्त किया। प्रभु श्रीनाथजी उदयपुर की सीमा में आगे बढ़ने लगे। मेवाड़ महाराणा ने घसियार में प्रभु श्रीनाथजी व अन्य स्वरूपों की अगवानी की लेकिन उस समय तक घसियार का मंदिर निर्माणाधीन था। अतः मेवाड़ महाराणा प्रभु को लेकर उदयपुर पधारे। उदयपुर में प्रभु का दिव्य स्वागत :- उस समय उदयपुर मेवाड़ की सुप्रसिद्ध राजधानी थी। भारत के वैभवशली नगरों में इसकी गणना होती थी। जिसके चारों ओर सुन्दर-सुन्दर जलाशय थे। उनके किनारे हरे-भरे उपवन लहरा रहे थे। वृक्ष फल-फूलों से लदे हुए थे। उन पर विविध प्रकार के पक्षी कलरव कर रहे थे। हिरण चौकडी भरते स्पष्ट दिखाई देते थे। दूसरी ओर नगर की सम्पन्नता भी वर्णनातीत थी। बड़ी-बड़ी अटारियां ,बाजार, अन्न के गोदाम, घी तेल के कुंड ,सभा भवन, बड़े-बड़े गोपुर तथा चार दिवारियों से यह नगर अत्यन्त ही शोभा पर था। अस्तबल घोड़ो से भरे हुए थे तथा गज शाला में अनेक मदमस्त हाथी सुशोभित हो रहे थे। जैसे ही प्रभु श्रीनाथजी के शुभागमन की चर्चा इस नगर में फैली वैसे ही राजप्रसादों के गगनचुम्बी शिखरों पर चमकते स्वर्ण कलशों को स्वच्छ कर दिया गया और उन पर विचित्र झांडियां फहरा दी गई। कितने ही दिनों पूर्व से ही नरनारियों ने प्रभु के आगमन की खुशी में घरबारों को लीपापोता तथा गृहद्वारों को आम्र तथा आशा पल्लवों से सजा दिया। नगर में बड़े-बड़े दरवाजे बनाये गये तथा रंग बिरंगी पताकाओं की सैकड़ो, वन्दनवारों से प्रधान मार्गो को सुशोभित कर दिया गया। नगर के राजपथ, गलियों और चौराहे झाड़ बुहारकर साफ कर दिये और उन पर निर्मल जल का छिड़काव कर दिया गया। प्रत्येक घर में उस दिन आनन्द का स्रोत फूट पड़ा। लोगो ने नई पौशिके पहनी। जगह-जगह पर अगर धूप लगाकर नगर को महका दिया गया। अनेक नरनारी सजधज कर राजमार्ग में एकत्रित हो प्रभु श्रीनाथजी की बाट निहारने लगे। वर्तमान श्रीनाथजी मंदिर से

लेकर राजमार्ग प्रमुख चौक और नगर से बाहर तक आपारन समूह लालायित था। सुहागिन नारियों ने किनारीदार कसुमल साड़ियों को पहिना, हाथो में कंकड तथा मंगलसूत्र से अपने आप को सजा लिया। पुरूष धोती, लम्बी अंगरखी पहिने हुये थे। उनके मस्तक पर रंग बिरंगी पगड़िया व मोठ्ठडे देखते ही बनते थे। ऐसे ही नौजवानों के सुगठित शरीर पर नाना प्रकार के उपरणे लहरा रहे थे उनमें भी कुछ लोगों ने अपने पैरों मे सोने के लंगर पहिन रखे थे। वृद्ध मनुष्यों की रजतधवल दाढ़ियां अत्यन्त ही गौरवान्वित हो रही थी। उस महोत्सव में सम्मिलित होने वाले अनेक रावराणा शोभायात्रा में यथावत् अपने-अपने स्थान पर खड़े थे जैसे ही प्रभु के आगमन का बिगुल बजा, सब लोग सतर्क हो गये और अपने हाथों में पुष्पगुच्छो को ले लिया। महाराणा भीमसिंह पहले से ही श्रीनाथप्रभु के स्वागतार्थ नगर के प्रमुख द्वार पर खड़े थे। शोभायात्रा के अग्रभाग में अश्व पर नगाढा बज रहा था। उसके पीछे हाथी पर उदयपुर महाराणा का निशान था और उसके पीछे कई सुसज्जित मदमाते हाथी अपनी अल्हड़ चाल से चल रहे थे। इनके पीछे सोने व चाँदी के आभूषणों से युक्त इठलाते घोड़े और इनके बाद महाराणा के अनेक शस्त्रधारी अद्वितीय योद्वा एक-एक कदम पंक्तिबद्ध बढा रहे थें। उदयपुर का प्रसिद्ध बाजा इस समय अपनी मधुर आवाज से सभी दर्शकों को आत्मविभोर किए हुए था। इसके पश्चात् गोपाल निशान को लिये ब्रजवासी अश्व पर सवार था। इनके पीछे गोस्वामी जी की सेना शनेःशने अपने कदम बढ़ा रही थी। इसके पश्चात् अरबी ताशे बजाने वालों का समूह बाजे बजाता चल रहा था। तदनन्तर छड़ीदार ,समाधानी तथा मंदिर के अनेक कर्मचारी छड़ी लिए हुए आगे बढ रहे थें। इनके पीछे गोस्वामी बालक दिखलाई पड़ते थे। महाराज श्री गिरधरजी के मुख पर उस समय एक दिव्य चमक थी। गोस्वामी बालकों के साथ ही सच्चिदानन्द घन प्रभु श्रीनाथजी का अनुपम रथ चल रहा था और कईं सेवक उस पर चँवर आदि डुला रहे थे। जैसे ही श्रीनाथजी का रथ महाराणा को दिखलाई पड़ा वे नतमस्तक हो गये। वे बार-बार प्रभु को वन्दन करने लगे। जय जयकार की तुमूल हर्ष की ध्वनी से सारा नगर निनादित हो उठा। महाराणा सही समय पर रथ के साथ सम्मिलित हो गये और स्वयं श्रीजी पर चँवर डुलाने लगे। श्रीजी के रथ के पीछे श्रीनवनीत प्रियजी और पीछे श्री विट्ठलेशरायजी के रथ चल रहे थे। इनके पीछे नाथद्वारा नगर की असंखय महिलाएँ चल रही थी। उनके धूल घुसरित मुखडे पर पसीने की बूंदे दिखलाई पड रही थी। उनमें से कई ने मस्तक पर टोकरे ले रखे थे। अनेको की गोदी में कई नन्हे-नन्हे बच्चे किल्लोल कर रहे थे। महिलाओं के बाद नाथद्वारा के कई संभ्रान्त नागरिक चल रहे थे। इनके बाद अनेक बैलगडियाँ थी जिन पर सामान

लदा हुआ था। शोभायात्रा में सबसे पीछे महाराज श्री के नगर रक्षक सांडनी सवारों की कतारे चौकन्नी होकर धीरे-धीरे आगे बढ रही थी। इस प्रकार "श्री गिरिराज धरण की जय" उद्गोष के साथ प्रभु का रथ अनवरत अग्रसर होता जा रहा था। सड़के, छते तथा दुकाने दर्शनार्थियों से खचाखच भरी थी। लोग जय जयकार करते हुए पुष्प् वर्षा कर रहे थे। ऐसे परमानन्दमय अवसर पर कुछ भक्त आँखों में प्रेमाश्रु बहाकर प्रभु का स्तवन करने लगे और कुछ आनन्दोन्मत होकर नाचने लग गये। जैसे ही श्री गोवर्धन धरण प्रभु श्रीनाथजी का रथ राजप्रसाद के समीप पहुँचा, मेवाड की महारानियों ने प्रभु श्रीनाथजी का स्वागत किया। उस समय वे अद्भुत रूप लावण्य से सम्पन्न और बहुमूल्य वस्त्रालंकारों से सुसज्जित थी। राजमहिषी ने मुट्ठि भर-भरकर प्रभु के रथ पर मुद्राएं उछाली और रजत कनक पुष्पों की वर्षा की। इस प्रकार मन्थर गति से यह शोभायात्रा सात घंटो तक चलकर वर्तमान श्रीनाथजी मंदिर तक पहुँची। बड़ी धूमधाम के साथ रथ की आरती उतारी गई और रथ में ही श्रीकृष्णस्वरूप प्रभु श्रीनाथजी के दर्शन कराये गये। जिस समय प्रभु श्रीनाथजी के दर्शन खुले उस समय भक्तों में अपार अहाद देखते ही बनता था। प्रभु श्रीनाथजी के उदयपुर पहुँचने पर एक लघु मंदिर में प्रभु बिराजे। उसके बाद वहां भी नाथद्वारा के समान ही मंदिर का निर्माण कार्य कराया गया। श्री नवनीत प्रिय प्रभु श्रीनाथ प्रभु के साथ थे। श्री विट्ठलेशराय अपने अलग मंदिर में प्रतिष्ठापित हुए। प्रभु के साथ यहां फाल्गुन चैत्र, वैशाख, ज्येष्ठ, आषाढ़, श्रावण, भाद्रपद, आदिगवन एवं कार्तिक के दीपावली व अन्नकूट आदि के उत्सव सम्पन्न किये। परन्तु सिन्धियां की सेना धीरे-धीरे बढते हुए यहां भी आ पहुँची। महाराणा भीमसिंह ने उसे पुनः लौट जाने तथा उदयपुर को कोई क्षति नहीं पहुँचाने के लिये कर रूप में अपनी राजरानियों के मूल्यवान हीरे-जवाहरात युक्त आभूषण भी दे दिये। ऊपर से तीन लाख रूपया और दिया। फिर भी उसकी अर्थ पिपासा शान्त नहीं हुई और उसने मेवाड की प्रजा को लूटा। महाराणा के शूखीर योद्वा उनसे भीड़ गये। देखते ही देखते युद्ध के प्रलयंकारी बादल दिखलाई पड़े। ऐसी विषमावस्था में प्रभु के निवास स्थान के लिये एकमात्र घसियार ही उपयुक्त स्थान दिखलाई पड़ा। उदयपुर में प्रभु श्रीनाथजी दस माह और नौ दिन बिराजे। तत्पश्चात् घसियार में सुदृढ़ दुर्गनुमा मंदिर बन जाने के बाद प्रभु श्रीनाथजी उस ओर रवाना हो गये।घसियार प्रस्थान :- घसियार सुन्दर पर्वतीय उपत्यका में हरितिमा लिये हुए एक भयानक स्थान था। यकायक यहां किसी का पहुँचना सहज नही था तो दुभर अवश्य था। गो.ति. श्री गिरधरजी महाराज ने पन्द्रह लाख रूपया लगाकर जो प्रभु श्रीनाथजी का मंदिर बनवाया अब तो वह पूर्णरूपेण निर्मित हो चुका था। अतः प्रभु

को वहीं पधराना उचित समझा गया। नन्दनन्दन प्रभु श्रीनाथजी अब घसियार पधारे और अपने दुर्गाकार मंदिर में बिराजमान हुए। देखते ही देखते घसियार नाथद्वारा हो गया। मंदिर के चारो ओर गली मोहल्ले तथा चौराहे बनने लगे। नित नये आनन्द व मनोरथों की वहां झडी लगने लग गई। जंगल में मंगल के नगाड़े बज उठे।घसियार से पुनः नाथद्वारा आगमन :- वहां घसियार का जलवायु सभी को अनुकूल नहीं हुआ। वहा का पहाड़ी पानी प्रभु श्रीनाथजी की सेवा योग्य नही था। यहाँ तक कि विपरित वातावरण से आचार्य ति. श्री गिरधरजी महाराज के तीन पुत्र कुछ ही वर्षो में परलोक सिधार गये। अतः महाराजश्री ने अपने चतुर्थ पुत्र श्री दाऊजी को प्रभु श्रीनाथजी के श्रीचरणों में डाल दिया। करूणावरूणालय प्रभु श्रीनाथजी ने तुरन्त ही अपना दायाँ श्रीहस्त दाऊजी के ऊपर रख दिया और अभय वर दिया। इसके साथ ही पुनः नाथद्वारा कूच करने की आज्ञा प्रदान की। इस प्रकार एक वर्ष उदयपुर और पांच वर्ष घसियार वास करने के पश्चात् वि.सं. 1964 में प्रभु श्रीनाथजी दलबल सहित अनेक भक्तों को साथ लेकर युद्ध भूमि हल्दीघाटी के अरण्य मार्ग को पारकर खमनोर होते हुए नाथद्वारा आ पहुँचे। लेकिन श्री विट्ठलनाथजी प्रभु श्रीनाथजी संग नही पधारे। वे उदयपुर से सीधे वि.सं. 1958 में कोटा पधार गये। जब गो.ति. श्री दाऊजी महाराज ने वि.सं. 1878 में प्रभु श्रीनाथजी में द्वितीय सप्तस्वरूपोत्सव किया तब कोटा से पुनः श्री विट्ठलेशरायजी नाथद्वारा आये और अपने मंदिर में बिराजे तभी से अभी तक आप इस नगर को पावन किये हुए है।प्रभु श्रीनाथजी पुनः छः वर्षो बाद नाथद्वारा पधारे उस समय तक इस नगर की ऐसी दुर्दशा हो गई कि लोग अपने पुराने मकानों तक को नहीं पहचान सके। तिलकायत महाराज का भवन मात्र भग्नावशेष रह गया। परन्तु ऐसे समय में प्रभु श्रीनाथजी का जीर्ण शीर्ण मंदिर सभी भक्तों के लिए परम वंदनीय था। जिस दिन से प्रभु श्रीनाथजी ने पुनः पदार्पण किया। उसी दिन से अनवरत इस वसुधा पर सुधा वर्षण होने लगा है। महाराणा भीमसिंह ने जब देखा कि प्रभु श्रीनाथजी आनन्दपूर्वक नाथद्वारा पधार गये है और पुनः उसी मंदिर में बिराजे है, उनका हृदय प्रसन्नता के मारे बाँसो उछल पड़ा। क्योकि प्रभु के घसियार वास करने से महाराणा काफी चिन्तित हो गये थे। अतः शुभवेला देख महाराणा भीमसिंह नाथद्वारा आये और प्रभु श्रीनाथजी के दर्शन कर गद् गद हो गये। इसके साथ ही श्रीजी में अनेक मनोरथ करवाकर सालोर, घसियार, व्याल, चेनपुरिया, चरवोटिया, भोजपुरिया, टांटोल, बाँसोल, होली, जीरण, देपुर छोटा, सिसोदिया, ब्राह्मणों का खेड़ा तथा माँडलगढ का मंदिर आदि गाँव प्रभु को भेंट कर प्रभु श्री गोवर्धनधरण श्रीनाथजी के प्रति अपनी अटूट श्रद्धाभक्ति का परिचय दिया।

भीलवाड़ा

भीलवाड़ा जिले का इतिहास 300 से 400 साल पुराना हैं. पर्यटन की दृष्टि से समृद्ध शहर भीलवाड़ा के दर्शनीय स्थलों, इतिहास, भूगोल, जनसंख्या, साक्षरता, क्षेत्रफल के बारें में यहाँ जानकारी दी गई हैं. 10508.85 वर्ग किलोमीटर क्षेत्रफल में फैला यह राज्य के बड़े जिलों में गिना जाता हैं. उद्योग तथा पर्यटन के लिए भीलवाड़ा की अपनी विशिष्ट पहचान हैं. 421 मीटर ऊँचाई पर स्थित भीलवाड़ा शहर 25.35 ° उत्तरी एवं 74.63 ° पूर्वी अक्षांश के मध्य स्थित हैं. इसके उत्तर में अजमेर, दक्षिण में चित्तौड़गढ़, उदयपुर पूर्व में बूंदी तथा पश्चिम में राजसमंद जिले सीमा बनाते हैं. भीलवाड़ा में बहने वाली नदियाँ बनास, बेडच, खारी, मानसी, मेनाली, चन्द्रभागा एवं नागदी हैं.भीलवाड़ा जिले के इतिहास के सम्बन्ध में कोई ठोस प्रमाण नहीं है जिसके आधार पर कहा जा सके, इसकी स्थापना कब व किसके द्वारा की गई. स्वतंत्रता से पूर्व यह मेवाड़ राज्य का हिस्सा था. उदयपुर के शासन के अधीन आता था, कई ऐतिहासिक स्थलों के कारण यह पर्यटन केंद्र के रूप में विकसित हुआ हैं. विशेषकर यहाँ हिन्दू धर्म से जुड़े कई धार्मिक स्थल हैं.बताते है कि भीलवाड़ा का इतिहास 11 वीं सदी का हैं. इसके नामकरण के सम्बन्ध में दो किंवदन्तियाँ विशेष प्रचलित हैं, एक के अनुसार कहा जाता हैं कि यहाँ भील जनजाति के लोग निवास करते थे. सदियों से यह भील जाति का क्षेत्र रहा हैं. जिन्होंने मेवाड़ के महाराणाओं खासकर राणा प्रताप की मदद की थी. बलिदानी एवं वीर भूमि भीलवाड़ा का नामकरण स्थानीय शासक भीलराज के नाम पर पड़ा हैं. मगर वर्तमान परिपेक्ष्य में यह दावा कमजोर इसलिए प्रतीत होता है कि यहाँ अनुसूचित जाति के मात्र 17 व जनजाति के 10 प्रतिशत लोग ही रहते हैं. ऐसे में इसे भील जनजाति बहुल क्षेत्र कहना तथ्यगत नहीं हैं. भीलवाड़ा शहर के इतिहास के सम्बन्ध में दूसरा दावा समीचीन प्रतीत होता हैं. कहते है जब यह क्षेत्र मेवाड़ राज्य के अधीन था तो यहाँ एक सिक्के बनाने वाली टकसाल हुआ करती थी. उन सिक्कों को भिलाड़ी कहा जाता हैं. जो बाद में भीलवाड़ा हो गया. ऐसा भी कहा जाता हैं कि महाभारत काल में अर्जुन ने यहाँ कई युद्ध लड़े थे. यहाँ शिवजी का एक प्राचीन मंदिर भी है जिसे बाड़ा मंदिर या जतुन मंदिर के नाम से जाना जाता हैं.इस क्षेत्र पर राज्य चौहान व गुहिल वंश के शासकों ने किया. जब मेवाड़ संयुक्त राजस्थान में सम्मिलित हुआ तो 1949 में नये जिले के रूप में भीलवाड़ा अस्तित्व में आया. वर्तमान में जिले में 16 तहसील व उपतहसील हैं. 11 पंचायत समिति, 12 नगर परिषद, 1 नगर पालिका, 7 शहर व कस्बे, 383 ग्राम पंचायत, 1903 राजस्व गाँव हैं. भीलवाड़ा जिले की कुल जनसंख्या 24 लाख, 8 हजार 5 सौ 23

हैं. जिनमें ग्रामीण 1895869 व 512,654 शहरी हैं. जिले की दशकीय वृद्धि दर 19.60 प्रतिशत, साक्षरता 61.37 प्रतिशत हैं.भीलवाड़ा जिले में कई महत्वपूर्ण पर्यटन स्थल हैं. शहर से 8 किमी दूरी पर हरणी महादेव मंदिर हैं. पहाड़ियों से घिरे इस स्थान पर शिवरात्री को विशाल मेला भरता हैं. जिले में बदनोर का किला ऐतिहासिक स्थल है जो शहर से 70 किमी दूर आसींद रोड़ पर स्थित हैं. इसके अतिरिक्त जिले में स्थित अन्य दर्शनीय स्थलों में चावण्डिया तालाब, थला की माता, दरगाह हजरत गुल अली बाबा, गाँधी सागर तालाब, कोटडी, बनेड़ा, मेनाल, जहाजपुर, बिजोलिया, शाहपुरा, माण्डल, माण्डलगढ मुख्य हैं.भीलवाड़ा के लिए नजदीकी हवाई अड्डा डबोक उदयपुर में हैं. भोपाल जयपुर एक्सप्रेस, अजमेर हैदराबाद स्पेशल, चेतक एक्स प्रेस उदीपुर-जयपुर इंटरसिटी एक्सप्रेस रेलवे मार्ग से भीलवाड़ा को राजस्थान के अन्य जिलों एवं देश के विभिन्न शहरों से जोड़ा गया हैं. राष्ट्रीय राजमार्ग संख्या 79 भीलवाड़ा को अजमेर, जयपुर, उदयपुर आदि शहरों से जोड़ता हैं.शीतला सप्तमी भीलवाड़ा जिले का सबसे लोकप्रिय त्योहार है और देवी शीतला को समर्पित है। यह त्योहार स्थानीय लोगों द्वारा मनाया जाता है और देवी शीतला की पूजा जिले में स्थित शीतला माता मंदिर में की जाती है। त्योहार हिंदू कैलेंडर के अनुसार चैत्र और श्रावण के महीनों में अंधेरे पखवाड़े के 7 वें दिन मनाया जाता है ।शीतला माता को बच्चों की देवी माना जाता है। यह त्योहार माताओं द्वारा मनाया जाता है, जो अपने बच्चों की भलाई के लिए देवी से प्रार्थना करते हैं।भीलवाड़ा जिले का एक और प्रसिद्ध त्योहार रंग तेरस है। यह त्यौहार चैत्र महीने में अंधेरे पखवाड़े के 13 वें दिन मनाया जाता है। इस त्योहार को 'रंग त्रयोदशी' के नाम से भी जाना जाता है। यह "होली" के त्योहार की तरह मनाया जाता है और लोगों में भाईचारे की भावना को समर्पित है।रंग तेरस देश के अन्य राज्यों जैसे गुजरात, हिमाचल प्रदेश, उत्तर प्रदेश और बिहार में भी मनाया जाता है। इस त्यौहार पर, किसान धरती माता का धन्यवाद करते हैं। महिलाएं उपवास रखती हैं और संबंधित अनुष्ठानों का पालन करती हैं।लोग रंगों के साथ इस त्योहार का आनंद लेते हैं। नवरात्रि भारत के सभी राज्यों में लोकप्रिय है। यह भीलवाड़ा में बड़े उत्साह के साथ मनाया जाता है। नवरात्रि एक संस्कृत शब्द है जिसका अर्थ है 'नौ रातें'। नौ रातों की इस अवधि के दौरान, देवी दुर्गा के नौ रूपों की पूजा की जाती है।चैत्र नवरात्रि मार्च-अप्रैल के महीने में आती है, जबकि शरद नवरात्रि सितंबर-अक्टूबर के महीनों में। शरद नवरात्रि के दसवें दिन को दशहरा के रूप में मनाया जाता है। गणगौर राजस्थान के सबसे पुराने और सबसे महत्वपूर्ण त्योहारों में से एक है। यह राज्य के सभी जिलों में समान

उत्साह के साथ मनाया जाता है। गणगौर का शाब्दिक अर्थ है भगवान शिव और देवी पार्वती का मिलन।विवाहित महिलाएं देवी पार्वती से अपने पति और परिवार की समृद्धि के लिए प्रार्थना करती हैं जबकि अविवाहित महिलाएं भविष्य में एक अच्छा पति पाने के लिए प्रार्थना करती हैं।प्रति वर्ष चैत्र मास (मार्च) में गणगौर का त्यौहार मनाया जाता है। हिंदू कैलेंडर के अनुसार, यह महीना हिंदुओं के लिए नए साल की शुरुआत करता है। यह महीना सर्दियों के मौसम के अंत और ग्रीष्मकाल की शुरुआत का भी प्रतीक है। गणगौर अठारह दिन का त्योहार है और स्थानीय लोगों द्वारा पूरे जोश और उत्साह के साथ मनाया जाता है।गणगौर का एक जुलूस (जुलूस) सिटी पैलेस के ज़नानी-देवड़ी से शुरू होता है और शहर के विभिन्न हिस्सों में जाकर तालकटोरा के पास एक स्थान पर समाप्त होता है। जूलूस में बैलगाड़ी, रथ, पुराने पालकी आदि शामिल होते हैं।भीलवाड़ा में एक और त्योहार जो पवित्र महत्व रखता है वह है फूलडोल महोत्सव। भीलवाड़ा में हर साल एक मेला आयोजित किया जाता है जो पांच दिनों तक चलता है। यह त्योहार प्रसिद्ध रामद्वारा मंदिर में होली के बाद मनाया जाता है। यह मंदिर जिले के शाहपुरा क्षेत्र में स्थित है और राज्य भर से लोग इस स्थान पर आते हैं।राजस्थान के महत्व पूर्ण शहरों में भीलवाड़ा की गिनती जाती हैं. 11 वीं सदी के ऐतिहासिक शहर भीलवाड़ा धार्मिक लिहाज से भी अहम केंद्र हैं. हिंदू धर्म से जुड़े कई अहम स्थान यहाँ स्थित हैं. भीलवाड़ा जिले का नामकरण यहाँ की बहुसंख्यक भील जनजाति के नाम पर पड़ा हैं. जिले का शाब्दिक अर्थ हैं भीलों का स्थान या जमीनं. यही के भीलों ने हल्दीघाटी के युद्ध में राणा प्रताप की ओर से लड़े थे. भीलवाड़ा को राजस्थान की टेक्सटाइल सिटी तथा राजस्थान का मेनचेस्टर भी कहा जाता हैं. अपने अतीत में यहाँ सिक्के निर्माण की टकसाल हुआ करती थी. यह भी मान्यता हैं कि भिलाई नामक सिक्कों के निर्माण के कारण यह भीलवाड़ा कहलाया. प्राकृतिक सुन्दरता के सम्पूर्ण शहर से जुड़े कई रहस्य भी हैं. आपकों जानकर यकीन नहीं होगा कि मृत्यु के बाद लादेन के आधार में भी उसका स्थान भीलवाड़ा दिखाया गया था. शाहपुरा का रामद्वारा– शाहपुरा, भीलवाड़ा में रामस्नेही संप्रदाय का मठ सवाई भोज मंदिर– यह आसीन्द भीलवाड़ा में खारी नदी के तट स्थित लगभग 11 सौ वर्ष पुराना देवनारायण मंदिर हैं. यह गुर्जर जाति के लोगों के लिए विशेष श्रद्धा का केंद्र हैं. बाईसा महारानी का मंदिर– यह प्रसिद्ध देवालय गंगापुर भीलवाड़ा में स्थित हैं. यह मन्दिर ग्वालियर के महाराजा महादजी सिंधिया की पत्नी महारानी गंगाबाई की स्मृति में बनाया गया.मांडल- इस कस्बे में प्रसिद्ध प्राचीन स्तम्भ मिंदारा, जगन्नाथ कच्छवाहा की बतीस खम्भों की छतरी एवं मेजा

बाँध प्रमुख दर्शनीय स्थल हैं.बिजोलिया– स्वतंत्रता पूर्व के देश के पहले संगठित किसान आंदोलन के लिए प्रसिद्ध बिजौलिया कस्बे में प्राचीन मंदाकिनी मन्दिर एवं बावड़ियाँ हैं.शाहपुरा- यहाँ प्रसिद्ध स्वतंत्रता सेनानी केसरीसिंह बारहठ और प्रतापसिंह बारहठ की हवेली एक स्मारक के रूप में संरक्षित हैं. यह कस्बा फड़ चित्रण के लिए प्रसिद्ध हैं.मेनाल– चित्तौड़गढ़ बूंदी मार्ग पर मांडलगढ़ कस्बे के निकट स्थित यह स्थान नीलकंठेश्वर महादेव के लिए प्रसिद्ध हैं. यहाँ तीन नदियाँ बनास, बेडच व मेनाल का त्रिवेणी संगम हैं.बागोर– कोठारी नदी के तट पर स्थित बागोर एक पुरातात्विक स्थल हैं. बस्ती से एक किमी पूर्व में महासतियों का टीला नाम का स्थल पाषाणकालीन अवशेषों के लिए विश्व विख्यात हैं.चमना बावड़ी– शाहपुरा भीलवाड़ा में स्थित भव्य और विशाल तिमंजिली बावड़ी जिसका निर्माण विक्रम सम्वत 1800 में चमना नाम की एक गणिका के लिए महाराजा उम्मेदसिंह प्रथम ने करवाया था.सीताराम जी की बावड़ी– भीलवाड़ा में स्थित इस बावड़ी में एक गुफा बनी हुई हैं. जिसमें बैठकर रामस्नेही संप्रदाय के प्रवर्तक स्वामी रामचरण जी ने 36 हजार पदों की रचना की तथा रामस्नेही संप्रदाय की स्थापना की.मांडलगढ़ गिरिदुर्ग– बनास, बेडच और मेनाल नदियों के संगम पर बीजासण पहाड़ी व नकटिया की चौड़ के निकट स्थित मंडलाकृति वाला दुर्ग. यह किला ईसा पूर्व से मानव का आवास स्थल रहा हैं. अकबर ने मांडलगढ़ को केंद्र बनाकर महाराणा प्रताप के विरुद्ध सैनिक अभियान किये थे.बतीस खम्भों वाली छतरी- यह छतरी आमेर के जगन्नाथ कच्छवाहा की स्मृति में शाहजहाँ द्वारा निर्मित हैं. जगन्नाथ कछवाहा का मांडल में मेवाड़ सेना के विरुद्ध युद्ध में निधन हो गया था.भीलवाड़ा भारत के राजस्थान राज्य में स्थित एक नगर है। यह शहर भीलवाड़ा ज़िले का मुख्यालय है। यह राजस्थान के मेवाड़ क्षेत्र में स्थित है तथा उदयपुर से 152 कि.मी. दूर स्थित है। राजस्थान में यह अपने वस्त्र उद्योग के लिए प्रसिद्ध है, इस कारण इसे राज्य की वस्त्रनगरी भी कहते हैं। पूरा ज़िला पारम्परिक "फड़ चित्रकला" के लिए अंतरराष्ट्रीय स्तर पर प्रसिद्ध है।

भीलवाड़ा का इतिहास 11वीं शताब्दी से संबंधित है और उस समय भील राजाओं ने जटाऊ शिव मंदिर का निर्माण करवाया।[2] हालांकि, इस जगह की स्थापना की असल तारीख और समय का अब तक पता नहीं चल पाया है। पुष्टि के अनुसार, वर्तमान भीलवाड़ा शहर में एक टकसाल था जहां 'भिलाडी' के नाम से जाने जाने वाले सिक्कों का खनन किया जाता था और इसी संप्रदाय से जिले का नाम लिया गया था। और दूसरी कहानी इस प्रकार है कि भील नामक एक जनजाति ने मुगल साम्राज्य के खिलाफ युद्ध में महाराणा प्रताप की मदद की

थी, राजा अकबर भीलवाड़ा क्षेत्र में रहते थे, इस क्षेत्र को भील + बड़ा (भील का क्षेत्र) भीलवाड़ा के नाम से जाना जाने लगा। वर्षों से यह राजस्थान के प्रमुख शहरों में से एक के रूप में उभरा है। आजकल भीलवाड़ा को देश में टेक्सटाइल सिटी के रूप में जाना जाता है।1948 में राजस्थान का भाग बनने से पूर्व भीलवाड़ा भूतपूर्व उदयपुर रियासत का हिस्सा था।थला की माता जी देवली भीलवाड़ा शहर से 15 किलोमीटर दूर बनास नदी के किनारे बहुत पुराना और विशाल बढ़ा देवी का मंदिर है यह बहुत विख्यात है यहां पर बारिश के मौसम में बड़ी संख्या में लोग घूमने के लिए आते हैं यहां पर नवरात्रा में रामायण वह बड़े-बड़े कलाकारों का ताता लगा रहता है वह अष्टमी के दिन बड़े मेले का आयोजन किया जाता है जिसमें राष्ट्रीय स्तर के कलाकार आते है वह अष्टमी के दिन देवली मैं भव्य जुलूस निकलता है बाद में माता जी के यहां पर आते हैं यहां पर आने के लिए भीलवाड़ा से पुर देवली से 2 किलोमीटर है। भीलवाड़ा से 15 किलोमीटर कोटा रोड़ कि तरफ चावंडिया तालाब स्थित है जहां तालाब के मध्य माता चामुंडा का मंदिर स्थित है। यहां हर वर्ष अक्टूबर से मार्च के मध्य विदेशी प्रवासी पक्षी आते है और इसी कारण इसे पक्षी ग्राम के नाम से जाना जाता है।यह पर्यटकों और पक्षी प्रेमियों के लिए बहुत ही सुन्दर जगह है। हर वर्ष ज़िला प्रशासन और कुछ संस्थाओं के द्वारा हर वर्ष पक्षी महोत्सव का आयोजन किया जाता है जहां देश विदेश से पक्षी विशेषज्ञ पक्षी अवलोकन के लिए आते है।दरगाह हजरत गुल अली बाबा शहर के सांगानेरी गेट पर स्थित यह दरगाह आस्ताना हज़रत गुल अली बाबा रहमतुल्लाह अलेही के नाम से मशहूर है यहाँ सभी धर्मों के लोग आस्था रखते है दरगाह पर प्रति वर्ष 1 से 3 नवम्बर तक उर्स का आयोजन होता है जो बड़ी धूमधाम से मनाया जा[5] ता है। दरगाह के पास ही एक विशाल मस्जिद भी स्थित है जो रज़ा मस्जिद के नाम से जानी जाती है इस मस्जिद में पांच हजार लोग एकसाथ नमाज अदा कर सकते है दरगाह के सामने ही सुव्यवस्थित ढंग से एक नगरी बसी हुई है जिसे गुल अली नगरी के नाम से जाना जाता है इस नगरी में कुल-दे-सेक- यानी वो गली जो आगे जाकर बंद हो जाति है यहाँ की खास पहचान है आस्ताना गुल अली में ही एक दारुल उलूम भी संचालित है जिसका नाम सुल्तानुल हिन्द ओ रज़ा दारुल उलूम है इस दारुल उलूम में देश के कई राज्यों से आये बच्चे इल्म हासिल करते हैगाँधी सागर तालाब यह तालाब शहर के दक्षिण पूर्वी भाग में स्थित है किसी ज़माने में यह लोगो के लिए प्रमुख पेयजल स्रोत हुआ करता था इस तालाब के मध्य में एक विशाल टापू स्थित है यह तालाब लोगो के लिए महत्वपूर्ण पर्यटन स्थल है इसके उत्तरी छोर पर एक तरफ तेजाजी का मंदिर, दूसरी तरफ बालाजी का मंदिर तथा

मध्य में हज़रत मंसूर अली बाबा और हज़रत जलाल शाह बाबा की दरगाह स्थित हे इस पर्यटन स्थल को विकसित करने के लिए इसके दक्षिणी किनारे पर एक मनोरम पार्क का निर्माण कराया गया है जिसका नाम ख्वाज़ा पार्क रखा गया है बरसात के मोसम में इस तालाब से गिरते पानी का मनोरम दृश्य देखते ही बनता हेहरणी महोदव भीलवाड़ा से 6 किलोमीटर दूर मंगरोप रोड़ पर शिवालय है। जो कि हरणी महोदव के नाम से प्रसिद्ध है। जहां पर प्रत्येक शिवरात्रि पर 3 दिवसीय भव्य मेले का आयोजन होता है। मेले का आयोजना जिला प्रशासन द्वारा नगर परिषद के सहयोग से किया जाता है। जिसमें 3 दिन तक प्रत्येक रात्रि में अलग-अलग कार्यक्रम यथा धार्मिक भजन संध्या (रात्रि जागरण), कवि सम्मेलन व सांस्कृतिक संध्या का आयोजन किया जाता है। यह मन्दिर पहाड़ी की तलहटी पर स्थित है। प्राचीन समय में यहां घना आरण्य होने से आरण्य वन कहा जाता था, जिसका अपभ्रंश हो कर हरणी नाम से प्रचलित हो गया।बदनोर

भीलवाडा शहर से 72 किलोमीटर दूर स्थित इस कस्बे का इतिहास में एक अलग ही महत्व है जब मेड़ता के राजा जयमल ने राणा उदेसिंह से सहायता के लिए कहा तो राणा ने जयमल को बदनोर जागीर के रूप में दिया बदनोर में कई देखने योग्य स्थल हे उनमे से निम्न है - छाचल देव। अक्षय सागर। जयमल सागर। बैराट मंदिर। धम धम शाह बाबा की दरगाह। आंजन धाम। केशर बाग़। जल महल। आदि कोटडी भीलवाडा शहर से 23 किलोमीटर दूर स्थित इस कस्बे का नाम आते ही सबसे पहले विख्यात श्री चारभुजा जी का मंदिर स्मृति में आता है। भीलवाडा-जहाजपुर रोड पर स्थित यह नगर भगवान के मंदिर के कारण काफी प्रसिद्ध है। सगतपुरा का देवनारायण मंदिर, पारोली में चंवलेश्वर मंदिर, मीराबाई का आश्रम व ढोला का सगस जी(भूत), कोठाज का श्री चारभुजा जी का मंदिर देखने योग्य हैं। आसोप के चारभुजा नाथ का मंदिर भी दर्शनीय है। देवनारायण जी का मन्दिर देवतालाई मे बना हुआ है जहाँ पर मूर्तियाँ अपने आप जमीन से बाहर निकली। 1921 में बसा गुर्जरों का गढ़ सरकाखेड़ा गांव भी कोटडी में है बनेड़ा यह भीलवाडा जिले का सबसे पुराना शहर हे बनेड़ा में दुर्ग हे, जो महाराजा सरदार सिंह ने बनवाया था। ये एक तहसील व् उपखंड कार्यालय है यह ऐक ऐतिहासिक सत्र हे सबसे पुराना जेन मंदिर है व् बहुत बड़ा दुर्ग के परकोटा बना हुआ है।मेनाल माण्डलगढ से 20 किलोमीटर दूर चित्तौड़गढ़ की सीमा पर स्थित पुरातात्विक एवं प्राकृतिक सौन्दर्य स्थल मेनाल में 12 वीं शताब्दी के चौहानकला के लाल पत्थरों से निर्मित महानालेश्वर मंदिर, हजारेश्वर मंदिर देखने योग्य हैं। सैकडों फीट ऊंचाई से गिरता मेनाली नदी का जल प्रपात भी पर्यटकों के लिए आकर्षण का प्रमुख

केन्द्र हैं।जहाजपुर भीलवाडा का प्रसिद्ध ऐतिहासिक स्थल, जिसका इतिहास बड़ा रंगबिरंगा रहा हैं। कर्नल जेम्स टॉड 1820 में उदयपुर जाते समय यहाँ आये थे। यहाँ का बड़ा देवरा (पुराने मंदिरों का समूह), पुराना किला और गैबीपीर के नाम से प्रसिद्ध मस्जिद दर्शनीय हैं।यहा पर जैन धर्म का मंदिर भी है जो स्वस्तिधाम के नाम से जाना जाता हे इस मंदिर श्री मुनि सुवर्तनाथ की प्राकट्य प्रतिमा है जो बहुत अदभुद हे यह प्रतिमा चमत्कारी है यह मंदिर शाहपुरा रोड पर स्थित है।जहाजपुर से 12 किलोमीटर दूर श्री घटारानी माता जी का मंदिर है जो अतिसुन्दर व् दर्शनीय है तथा इस मंदिर से 2 किलोमीटर दूर पंचानपुर चारभुजा का प्राकट्य स्थान मंदिर है।जहाजपुर क्षेत्र में एक नागदी बांध है जो अतिसूंदर व् आकर्षक है यहाँ एक नदी भी हे जिसे नागदी नदी के नाम से जाना जाता हैं इसे जहाजपुर की गंगा भी कहते है। जहाजपुर में देखने के लिए अनेको मंदिर व् धर्मस्तल है। जहाजपुर की भाषा व् जीवन शैली अदभुद है। बिजोलिया माण्डलगढ से लगभग 35 किलोमीटर दूर स्थित बिजौलिया में प्रसिद्ध मंदाकिनी मंदिर एवं बावडियाँ स्थित हैं। ये मंदिर 12 वीं शताब्दी के बने हुए हैं। लाल पत्थरों से बने ये मंदिर पुरातात्विक व ऐतिहासिक महत्व के स्थल इतिहास प्रसिद्ध किसान आन्दोलन के लिए भी बिजौलियाँ प्रसिद्ध रहा हैं। यहाँ पर बना भूमिज शैली का विष्णु भगवान का मंदीर 1000 वर्ष सै भी पुराना है , जो भीलवाडा का एक मात्र मंदिर है। यहा बिजोलिया अभिलेख हैं जिससे चौहानो की जानकारी मिलती हैं व इसमे चौहनो को ब्राह्मण बताया गया हैं शाहपुरा भीलवाडा तहसील मुख्यालय से 50 किलोमीटर पूर्व में शाहपुरा राज्य की राजधानी था। यहाँ रेल्वे स्टेशन नहीं ह परन्तु यह सडक मार्ग द्वारा जिला मुख्यालय से जुडा हुआ हैं। यह स्थान रामस्नेही सम्प्रदाय के श्रद्धालुओं का प्रमुख तीर्थ स्थल हैं। मुख्य मंदिर रामद्वारा के नाम से जाना जाता हैं। यहाँ पूरे भारत से और बर्मा तक तक से तीर्थ यात्री आते हैं। यहाँ लोक देवताओं की फड पेंटिंग्स भी बनाई जाती हैं। यहाँ प्रसिद्ध स्वतंत्रता सेनानी केसरसिंह बारहठ की हवेली एक स्मारक के रूप में विद्यमान हैं। यहाँ होली के दूसरे दिन प्रसिद्ध फूलडोल मेला लगता हैं, जो लोगों के आकर्षण का मुख्य केन्द्र होता हैं। यहाँ शाहपुरा से 30 किलो मीटर दूर धनोप माता का मंदिर भी है और खारी नदी के तट पर शिव मंदिर छतरी भी लोगों को काफी पसंद हे माण्डल भीलवाडा से 14 किलोमीटर दूर स्थित माण्डल कस्बे में प्राचीन स्तम्भ मिंदारा पर्यटन की दृष्टि से महत्वपूर्ण हैं। यहाँ से कुछ ही दूर मेजा मार्ग पर स्थित प्रसिद्ध जगन्नाथ कछवाह की बतीस खम्भों की विशाल छतरी ऐतिहासिक एवं पुरातात्विक महत्व का स्थल हैं। छह मिलोकमीटर दूर भीलवाडा का प्रसिद्ध पर्यटन स्थल मेजा बांध हैं। होली के तेरह दिन पश्चात

रंग तेरस पर आयोजित नाहर नृत्य लोगों के आकर्षण का प्रमुख केन्द्र होता हैं। कहते हैं कि शाहजहाँ के शासनकाल से ही यहाँ यह नृत्य होता चला आ रहा हैं। यहां के तालाब के पाल पर प्राचीन शिव मंदिर स्थित है। जिसे भूतेश्वर महादेव के नाम से जाना जाता है।माण्डलगढ भीलवाडा से 51 किलोमीटर दूर माण्डलगढ नामक अति प्राचीन विशाल दुर्ग ह। त्रिभुजाकार पठार पर स्थित यह दुर्ग राजस्थान के प्राचीनतम दुर्गों में से एक हैं। यह दुर्ग बारी-बारी से मुगलों व राजपूतों के आधिपत्य में रहा हैं।

डूंगरपुर

डूंगरपुर भारत के राजस्थान राज्य के डूंगरपुर ज़िले में स्थित एक नगर है। यह ज़िले का मुख्यालय भी है। यहाँ से होकर बहने वाली सोम और माही नदियाँ इसे उदयपुर और बांसवाड़ा से अलग करती हैं। पहाड़ों का नगर कहलाने वाला डूंगरपुर में जीव-जन्तुओं और पक्षियों की विभिन्न प्रजातियाँ पाई जाती हैं। डूंगरपुर, वास्तुकला की विशेष शैली के लिए जाना जाता है जो यहाँ के महलों और अन्य ऐतिहासिक भवनों में देखी जा सकती है। डूंगरपुर न्यूज़ डेस्क, डूंगरपुर जिले का नाम 'पहाड़ियों के शहर' और डूंगरपुर की पूर्व रियासत की राजधानी के नाम पर रखा गया है। यह राजस्थान के दक्षिणी भाग में 23° 20' और 24° 01' उत्तरी अक्षांश और 73° 21' और 74° 01' पूर्वी देशांतर के बीच स्थित है। कहा जाता है कि डूंगरपुर शहर ही भील 'पाल' या 'डुंगरिया' का एक गांव था, एक भील सरदार जिसे रावल वीर सिंह देव ने चौदहवीं शताब्दी में हत्या कर दी थी। जिले में बस्तियों की शुरुआत के बारे में जो कुछ भी किंवदंतियां हो सकती हैं, इसमें कोई संदेह नहीं है कि यह इतिहास में 'बगार' या 'वागड़' के रूप में जाना जाने वाला क्षेत्र 'वाटपद्रक', वर्तमान 'बड़ौदा' (एक गांव) के रूप में जाना जाता है। असपुर तहसील में) अपनी पुरानी राजधानी के रूप में।मेवाड़ क्षेत्र में खोजे गए अहार सभ्यता के भौतिक अवशेष सभ्यता के अवशेष हैं जो 4000 साल पहले के हो सकते हैं। अहार से यह संस्कृति राजस्थान के दक्षिण-पूर्व में वर्तमान डूंगरपुर और बांसवाड़ा जिले के कुछ हिस्सों सहित अन्य केंद्रों तक फैली हुई है। बांसवाड़ा राज्य के सरवनिया गांव से हजारों की संख्या में मिले चांदी के सिक्कों से इस क्षेत्र के इतिहास पर कुछ और प्रकाश डाला गया, जो 'बगार' का एक हिस्सा भी था। ये सिक्के इस क्षेत्र के 181 से 353 ईस्वी पूर्व के इतिहास का पता लगाते हैं। वे यह भी स्थापित करते हैं कि यह क्षेत्र तब ईरान और अफगानिस्तान के बीच स्थित क्षेत्र के निवासियों, शक के क्षत्रपों या क्षत्रपों द्वारा शासित था। उन्होंने विक्रम युग की पहली शताब्दी में किसी

समय अफगानिस्तान और भारत में प्रवेश किया, हालांकि इस पथ पर गुप्त शासन का सटीक रूप से पता नहीं लगाया जा सकता है। इसके बाद, क्षेत्र वल्लबी राज्य का एक हिस्सा बन सकता है। कहा जाता है कि 725 ईस्वी और 738 ईस्वी के बीच अरबों द्वारा बगर पर आक्रमण किया गया था, हालांकि, उनके हमलों को रद्द कर दिया गया था और उन्हें इन हिस्सों से निष्कासित कर दिया गया था। जब से मालवा के परमार बागर पर शासन करने आए, तब से हमें इस क्षेत्र का एक स्पष्ट और निरंतर इतिहास मिलता है। 12वीं शताब्दी में मेवाड़ (उदयपुर) के गुहिलों ने इस क्षेत्र में अपना आधिपत्य स्थापित किया।'ख्यातों' में उल्लेख किया गया है कि महारावल वीर सिंह देव के समय, मेवाड़ के सावंत सिंह के छठे वंशज, वर्तमान शहर डूंगरपुर के आसपास के क्षेत्र में एक शक्तिशाली भील सरदार डूंगरिया था, जो शादी करने की इच्छा रखता था। साला शाह नाम के एक धनी 'महाजन' की बेटी। बाद वाले ने शादी के लिए एक दूर की तारीख तय की और इस बीच, वीर सिंह के साथ मिलकर डूंगरिया सहित पूरे विवाह दल की हत्या करने की साजिश रची, जबकि वे नशे की हालत में थे। इसे सफलतापूर्वक अंजाम दिया गया। रावल वीर सिंह ने डूंगरिया के गांव पर कब्जा कर लिया और 1358 ईस्वी में उस शहर डूंगरपुर की स्थापना की। किंवदंती है कि वीर सिंह ने डूंगरिया भील की दो विधवाओं को उनके सम्मान में एक स्मारक बनाकर उनकी यादों को कायम रखने का वादा किया था। यह भी बताया गया है कि उन्होंने अपने दिवंगत पति के बाद शहर का नाम रखने के लिए सहमति व्यक्त की है। उन्होंने आगे कहा कि भविष्य में, प्रत्येक नए शासक की स्थापना पर, डूंगरिया का एक वंशज शासक के माथे पर उसकी उंगली से निकाले गए रक्त से 'तिलक' लगाएगा।रावल वीर सिंह को अलाउद्दीन खिलजी ने चित्तौड़ की बोरी में मार दिया था। वह भचुंडी द्वारा सफल हुआ जिसने हनुमत पोल बनवाया। रावल गोपीनाथ जो उनके उत्तराधिकारी बने, 1433 ईस्वी में गुजरात के सुल्तान अहमदशाह पर अपनी जीत के लिए प्रसिद्ध हैं और उन्होंने ही डूंगरपुर में गैपसागर झील का निर्माण किया था जो आज भी इस शहर का एक सौंदर्य स्थल बना हुआ है। 13वें शासक रावल सोमदासजी सुल्तान महमूद शाह और गयासुद्दीन के आक्रमण को रोकने के लिए प्रसिद्ध हैं। महारावल उदय सिंह प्रथम को उनकी बहादुरी के लिए भी जाना जाता है। उन्होंने 'वागड़' को दो भागों में विभाजित किया। पश्चिमी भाग, डूंगरपुर में राजधानी के साथ, उन्होंने अपने बड़े बेटे पृथ्वीराज के लिए और पूर्वी भाग को बाद में बांसवाड़ा के नाम से जाना, अपने छोटे बेटे जगमल को दिया। सन् 1529 ई. में दोनों राज्य स्वतंत्र हुए। महारावल अस्करन के शासनकाल में पहली बार मुग़लों का देश के इस हिस्से में

आगमन हुआ। अपने शासनकाल के दौरान अकबर ने स्वयं इन हिस्सों का दौरा किया और असकरन ने उनके दरबार में भाग लिया। उसने मुगल आधिपत्य को स्वीकार किया और साम्राज्य का जागीरदार बन गया। महारावल पुंज़राज को सम्राट शाहजहाँ द्वारा सम्मानित किया गया था, जिन्होंने उन्हें 'महिमरातिब' का प्रतीक चिन्ह और एक डेढ़हज़री मनसब' और 'इज़्ज़त' का अनुदान 1,500 'सवारों' को उनके द्वारा अपने अभियानों में सम्राट को प्रदान की गई सेवाओं की मान्यता में प्रदान किया था। दक्कन में।महारावल राम सिंह के समय में इन भागों पर मराठों ने आक्रमण किया था। 25वें शासक महारावल शिव सिंह मराठों के सहयोगी बने। यह महारावल जसवंत सिंह द्वितीय के समय में था। कि 11 दिसंबर, 1818 ई. को ब्रिटिश ताज के साथ चिरस्थायी मित्रता, गठबंधन और हितों की एकता की एक संधि संपन्न हुई, जिसके अनुसार रु। ब्रिटिश सरकार को सालाना 17,500 रुपये का भुगतान किया जाना था। महारावल उदय सिंह द्वितीय ने 1857 के विद्रोह में ब्रिटिश सरकार के लिए वफादार सेवाएं प्रदान कीं। 1898 ईस्वी में महारावल बिजय सिंह उनके उत्तराधिकारी बने जो एक बहुत ही प्रबुद्ध राजकुमार थे। महारावल लक्ष्मण सिंह 5 नवंबर, 1918 ई. को गद्दी पर चढ़े और 1948 में संयुक्त राज्य राजस्थान में विलय होने तक राज्य पर शासन करना जारी रखा।1945 में 'डूंगरपुर राज्य प्रजा मंडल' अस्तित्व में आया और एक साल बाद 1946 में शासक के तत्वावधान में ज़िम्मेदार सरकार देने की मांग की गई। मार्च 1948 में शासक ने उत्तरदायी सरकार देने की घोषणा की। हालाँकि, संयुक्त राज्य राजस्थान के उद्घाटन पर स्थानीय सरकार का अंत हो गया जब राज्य के प्रशासन को राज्य के नवगठित संघ के 'राजप्रमुख' को सौंप दिया गया और डूंगरपुर को संयुक्त राज्य राजस्थान के एक जिले के रूप में गठित किया गया। डूंगरपुर की स्थापना 13 वी शताब्दी मे राजा डूँगरीया भील ने की थी। रावल वीर सिंह ने भील प्रमुख डुंगरिया को हराया जिनके नाम पर इस जगह का नाम डूंगरपुर पड़ा था। 1818 में ईस्ट इंडिया कंपनी ने इसे अपने अधिकार में ले लिया। यह जगह डूंगरपुर प्रिंसली स्टेट की राजधानी थी। सफेद पत्थरों से बने इस सातमंजिला महल का निर्माण १३वीं शताब्दी में हुआ था। इसकी विशालता को देखते हुए यह महल से अधिक किला प्रतीत होता है। इसका प्रचलित नाम पुराना महल है। इस महल का निर्माण तब हुआ था जब मेवाड़ वंश के लोगों ने अलग होकर यहाँ अपना साम्राज्य स्थापित किया था। महल के बाहरी क्षेत्र में बने आने जाने के संकर रास्ते दुश्मनों से बचाव के लिए बनाए गए थे। महल के अंदर की सजावट में काँच, शीशों और लघुचित्रों का प्रयोग किया गया था। महल की दीवारों और छतों पर डूंगरपुर के

इतिहास और 16वीं से 18वीं शताब्दी के बीच राजा रहे व्यक्तियों के चित्र उकेरे गए हैं। इस महल में केवल वे मेहमान की आ सकते हैं जो उदय विलास महल में ठहरे हों।

देव सोमनाथ डूंगरपुर से 24 किलोमीटर उत्तर-पूर्व में स्थित है। दियो सोमनाथ सोम नदी के किनार बना एक प्राचीन शिव मंदिर है। मंदिर के बार में माना जाता है कि इसका निर्माण विक्रम संवत 12 शताब्दी के आसपास हुआ था। और इस मंदिर के बारे में यह भी कहा जाता है कि इसे एक रात में बनाया गया था। बिना किसी चूनाई के सफेद पत्थर से बने इस मंदिर पर पुराने समय की छाप देखी जा सकती है। मंदिर के अंदर अनेक शिलालेख भी देखे जा सकते हैं।

संग्रहालय इस संग्रहालय का पूरानाम है राजमाता देवेंद्र कुंवर राज्य संग्रहालय और सांस्कृतिक केंद्र। यह संग्रहालय 1988 में आम जनता के लिए खोला गया था। यहाँ एक खूबसूरत शिल्प दीर्घा है। इस दीर्घा में तत्कालीन वागड़ प्रदेश की इतिहास के बार में जानकारी मिलता है। यह वागड़ प्रदेश आज के डूंगरपुर, बंसवाड़ा और खेरवाड़ा तक फैला हुआ था। समय: सुबह 10 बजे-शाम 4.30 बजे तक, शुक्रवार और सरकारी अवकाश के दिन बंद| गैब सागर झील इस झील के खूबसूरत प्राकृतिक वातावरण में कई पक्षी रहते हैं। इसलिए यहाँ बड़ी संख्या में पक्षियों को देखने में रुचि रखने वाले यहाँ आते हैं। झील के पास ही श्रीनाथजी का प्रसिद्ध मंदिर है। मंदिर परिसर में मुख्य मंदिर के अलावा कई छोटे-छोटे मंदिर हैं। इनमें से एक मंदिर विजय राज राजेश्वर का है जो भगवान शिव को समर्पित है। (41 किलोमीटर) डूंगरपुर से 41 किलोमीटर दूर बड़ौदा वगद की पूर्व राजधानी थी। यह गाँव अपने खूबसूरत और ऐतिहासिक मंदिरों के लिए प्रसिद्ध है। इनमें से सबसे ज्यादा लोकप्रिय है सफेद पत्थरों से बना शिवजी का प्राचीन मंदिर। इस मंदिर के पास एक कुंडली है जिस पर संवत 1349 अंकित है। गाँव के बीच में एक पुराना जैन मंदिर है जो मुख्य रूप से पार्श्वनाथ को समर्पित है। मंदिर की काली दीवारों पर 24 जन तीर्थकरों को उकेरा गया है।बेणेश्वर धामसाँचा: बेणेश्वर धाम (60 किलोमीटर) बेणेश्वर धाम डूंगरपुर से 60 किलोमीटर दूर है। इस मंदिर में इस क्षेत्र का सबसे प्रसिद्ध और पवित्र शिवलिंग स्थापित है। यह मंदिर सोम माही और जाखम के मुहाने पर बना है। यह एक त्रिवेणी संगम है इसे वागड़ के कुंभ के नाम से भी जाना जाता इस दो मंजिला भवन में बारीकी से तराशे गए खंबे और दरवाजे हैं। माघ शुक्ल एकादशी से माघ शुक्ल पूर्णिमा तक यहाँ एक मेला लगता है। शिव मंदिर के पास ही भगवान विष्णु का मंदिर है। एक अनुमान के अनुसार इस मंदिर का निर्माण 1793 ई. में हुआ था। इस मंदिर के बारे में माना जाता है कि इसी जगह

भगवान कृष्ण के अवतार मावजी ने ध्यान लगाया था। जोकि डूंगरपुर जिले में स्थित गेपसागर जील के उपर से पैदल चलकर बेणेश्वर धाम पहुंचे थे यहाँ पर एक और मंदिर भी है जो ब्रह्माजी को समर्पित है।

गलीयाकोट (58 किलोमीटर) माही नदी के किनार बसा गलीयाकोट गाँव डूंगरपुर से 58 किलोमीटर दक्षिण पूर्व में स्थित है। एक जमाने में यह परमारों की राजधानी हुआ करता था। आज भी यहाँ पर एक पुराने किले के खंडहर देखे जा सकते हैं। यहाँ पर सैयद फखरुद्दीन की मजार है। उर्स के दौरान पूरे देश से हजारों दाउद बोहारा श्रद्धालु आते हैं। यह उर्स प्रतिवर्ष माहर्रम से 27वें दिन मनाया जाता है। सैयद फखरुद्दीन धार्मिक व्यक्ति थे और घूम-घूम कर ज्ञान का प्रचार-प्रसार करते थे। इसी क्रम में गलीकोट गाँव में उनकी मृत्यु हुई थी। इस मजार के अलावा भी इस जिले में अन्य महत्वपूर्ण स्थान भी हैं जैसे मोधपुर का विजिया माता का मंदिर और वसुंधरा का वसुंधरा देवी मंदिर।

आदिवासी

आदिवासी लडकियाँ

राजस्थान के डूंगरपुर, बाँसवाड़ा और उदयपुर का मिला जुला क्षेत्र "वागड़" कहलाता है। वागड़ प्रदेश अपने उत्सव प्रेम के लिए जाना जाता है। यहाँ की मूल बोली "वागड़ी" है। जिस पर गुजराती भाषा का प्रभाव दिखाई देता है। वागड़ प्रदेश की बहुसंख्यक आबादी भील आदिवासियों की है। वागड़ क्षेत्र में लबाना समाज के लोग भी बड़ी संख्या में निवास करते है यह समाज लव वंशज कहलाती है यह समाज भी राजनीति और शानो शौकत के लिए मानी जाती है राजाओं के राज में भी इस समाज को सम्मान के रूप में नायक की पदमी से सम्मिनित किया गया था एवम राजा अपनी गाड़ी लेकर इनके इलाको का जाया करते थे वहा पर कलाल समाज के भी लोग रहते है| यह इलाका पहाड़ों से घिरा हुआ है| इन्हीं के तो बीच इन आदिवासियों का घेरा है|

इन लोगो के बारे में कहा जाए तो, वे दुनिया की बातों से अजनबी है| वे अपने ही लोगो में रहते है| जैसे कहा गया है की, वे दुनिया के वास्तविकता से कोई तालुक्कात नहीं करते लेकिन, गुजरात पास में है तो काम के सिलसिले में अहमदाबाद में पलायन होता है और नेशनल हाईवे की स्थित में ही इलाका होने के नाते लोग अब जानने लगे है|

इनमे देखा जाए तो वे एक दुसरे के लिए हमेशा मदद के लिए तैयार होते है| यही इनकी विशेषता है| जैसे शादी की बात की जाए तो लोगो के मदद की वजह से शादी की विधि पूरी की जाती है| शादी के हल्दी की रस्म में जो कोई हल्दी लगाने दूल्हा

या दुल्हन को लगाने आते है, हर कोई अपने अपने हिसाब से पैसे देते है और उसीसे से शादी की आगे की रस्म पूरी की जाती है|हमारी भारतीय संस्कृती पुरुषप्रधान मानी जाती है| लेकिन इन्ही लोगो में औरते और पुरुष एक जैसे ही माने जाते है| लड़के और लडकियों को अपने पसंदीदार व्यक्ति को चुनने की संमती होती है| जैसे अप्रैल महीने में "भगोरिया" नाम का त्यौहार होता है| इनमे लड़के लडकिया मेले में आते है आते है, इस मेले में वे अपने पसंदीदार व्यक्ति को चुनके शादी की जाती है|

भाषा

यहाँ की भाषा अगर जानो तो वागडी में बोली में बोली जाती है| यह भाषा थोडीसी गुजराती तथा हिंदी भाषा से मिलती-जुलती है| वैसे तो पास में ही 25 किलोमीटर की दुरी पर गुजरात है| इस वजह से भाषा उनसे मिलती जुलती है|यहाँ पर महुआ नाम की शराब बनाई जाती है| जब महुआ के पेड़ पर फूल आते है, तो बड़े से लेकर छोटे बच्चो तक महुआ के फूलो को बिनते है और उसके बाद उसपर महुआ जाती है|शिक्षा अब इन्ही लोगोमे बढ़ रही है, स्कूल में लडकियों की संख्या ज्यादा से ज्यादा दिखेगी | ज्यादा करके बच्चे वहापर शिक्षक-शिक्षिका बनने की रूचि रखते है|बिच्छिवारा के इलाके में नागफणी नाम का प्राचीन मंदिर है जोकि भगवान शिव को समर्पित है एवम् वहीं पे एक जैन मंदिर भी है। जो जैन धर्म लोगो के दैवत है| चुंडावाडा और कनबा नाम के गाव लोगो में जानामाना है क्योंकि वहा का हर घर पढ़ा-लिखा है| कनबा गाव में ज्यादा से ज्यादा शिक्षको के घर स्थित है| उसके अलावा वकील, डाक्टरी की हुई लोग भी वहापर रहते है| चुंडावाडा में चुंडावाडा नाम का महल जानामाना है|

पर्व : इनके लिए होली यह सबसे महत्वपूर्ण त्यौहार है, होली के पंधरा दिन पहले ही ढोल बजाये जाते है| होली दे दिन में लड़के-लडकिया नृत्य करते है, जिसे गैर नाम से जाना जाता है।

बांसवाड़ा

बांसवाड़ा राजस्थान का एक प्रमुख जिला है जो दक्षिणी भाग से गुजरात और मध्य प्रदेश की सीमा से लगता है। आपको बता दें कि इस जिले को राजस्थान का चेरापूंजी भी कहते हैं। मध्य प्रदेश से होकर आने वाली माही नदी यहां का प्रमुख आकर्षण है। यह नदी बासंवाडा जिले की जीवन वाहिनी है। इस जगह का अपना नाम बासंवाडा बांस के पेड़ों से मिलता है जो यहां कभी काफी संख्या में हुआ करते

थे।इन सब के अलावा बांसवाड़ा अपने विभिन्न पर्यटन स्थलों के लिए भी जाना जाता है। जिसकी वजह से यह देश भर के पर्यटकों को अपनी तरफ आकर्षित करता है। माही डैम के कारण बने टापुओं की वजह से इसे "सिटी ऑफ हण्ड्रेड आईलैण्डस" के नाम से भीजाना जाता है। पौराणिक कथा के अनुसार बांसवाड़ की उत्पत्ति राजा पुत्रका द्वारा की गई थी। वैज्ञानिक इतिहास की माने तो बांसवाड़ा, राजस्थान का इतिहास 490 ईसा पूर्व के आसपास शुरू हुआ, जब मगध के राजा अजातशत्रु अपनी राजधानी को पहाड़ी क्षेत्र से और अधिक सामरिक रूप से स्थित करना चाहते थे। बताया जाता है कि गौतम बुद्ध अपने जीवन के अंतिम वर्ष में इस स्थान से गुजरे थे। वर्तमान की स्थापना एक भील राजा वाहिया चरपोटा द्वारा की गई थी। वाहिया को राजा बांसिया भील भी कहा जाता था उस उसी के नाम पर इस शहर का नाम पड़ा। 1530 में इस क्षेत्र का बांसवाड़ा राजवाड़े के रूप में किया गया था और बांसवाड़ा इसकी राजधानी हुआ करता था। 1948 में राजस्थान में शामिल होने से पहले यह डूंगरपुर राज्य का एक भाग हुआ करता था। बांसवाड़ा भारतीय राज्य राजस्थान के दक्षिणी भाग में स्थित एक शहर है। यह गुजरात और मध्य प्रदेश दोनों राज्यों की सीमा के निकट है। बांसवाड़ा की स्थापना राजा बांसिया भील ने की थी जिसे वाहिया भील के नाम से भी जाना जाता है। बांसवाड़ा के राजा बांसिया के नाम पर ही इसका नाम बांसवाड़ा पड़ा। इसे "सौ द्वीपों का नगर" भी कहते हैं क्योंकि यहाँ से होकर बहने वाली माही नदी में अनेकानेक से द्वीप हैं। बांसवाड़ा के आसपास का क्षेत्र अन्य क्षेत्रों की तुलना में समतल और उपजाऊ है, माही बांसवाड़ा की प्रमुख नदी है। मक्का, गेहूँ और चना बांसवाड़ा की प्रमुख फ़सलें हैं। बांसवाड़ा में लोह-अयस्क, सीसा, जस्ता, चांदी और मैंगनीज पाया जाता है। इस क्षेत्र का गठन 1530 में बांसवाड़ा रजवाड़े के रूप में किया गया था और बांसवाड़ा शहर इसकी राजधानी था। 1948 में राजस्थान राज्य में विलय होने से पहले यह मूल डूंगरपुर राज्य का एक भाग था।

ऐतिहासिक तौर पर वागड़ राज्य की स्थापना के कई तथ्य पाए जाते हैं। एक मान्यता के अनुसार बंसिया भील ने बांसवाड़ा की नींव रखी थी जबकि एक दूसरा मत यह है कि गुहिलोतों ने वागड़ राज्य की स्थापना की थी। इन तथ्यों के बावजूद ज्यादातर यही माना जाता है कि इस राज्य के वास्तिवक संस्थापक सामन्तसिंह थे। उन्होंने 1179 ईस्वी के लगभग वागड़ प्रदेश को अधिकृत किया। सामन्तसिंह के पुत्र सिंहडदेव के पौत्र वीरसिंह देव (विक्रम सम्वत 1343—1349) तक वागड़ के गुहिलवंशीय राजाओं की राजधानी बड़ौदा—डूंगरपुर थी। जब वीरसिंह के पोते डूंगरसिंह ने डूंगरपुर शहर बसाकर इसे अपनी राजधानी बनाया तब से वागड़ के

राज्य का नाम उसकी नई राजधानी के नाम से डूंगरपुर प्रसिद्ध हुआ।बांसवाड़ा के पूर्व में प्रतिवेशी पहाड़ियों द्वारा बने एक गर्त में बाई तालाब नाम से ज्ञात एक कृत्रिम तालाब है जो महारावल जगमाल की रानी द्वारा निर्मित बताया जाता है। लगभग 1 किलोमीटर दूर रियासत के शासकों की छतरियां हैं। कस्बे में कुछ हिन्दू व जैन मन्दिर व एक पुरानी मस्जिद भी है। अब्दुल्ला पीर दरगाह निकटस्थ ग्राम भवानपुरा में स्थित है। इस स्थान पर प्रतिवर्ष बोहरा जाति के लोग बड़ी संख्या में एकत्रित होते हैं। माही परियोजना बांध की नहरों में पानी वितरण के लिए शहर के पास निर्मित कागदी पिक-अप-वियर है जो सैलानियों के लिए आकर्षण का मुख्य केन्द्र है।

11

||कला,साहित्य,संस्कृति,नृत्य व गीत||

राजस्थानी चित्रकला का प्रारम्भिक व मौलिक रूपअजन्ता परम्परा और स्थानीय विशेषताओं का सामंजस्य। बाद में मुगली विशेषताओं का समावेश। चमकीले पीले रंग व लाख के लाल रंग की प्रधानता। लम्बी नाक, गोल चेहरे, छोटा कद व मीनाक्षी आँखें मुगल प्रभाव युक्त गुंबजदार मकान व वेशभूषा। उदाहरण-'आवक प्रतिक्रमण सूत्र चूर्णि' ग्रन्थ (1261 ई.), नेशनल म्यूजियम की 'रागमाला' बीकानेर की 'रसिकप्रिया' आदि। पुरुषों के वीरत्व व शिकार के चित्रण।राजस्थानी चित्रकला का वर्गीकरण

1. भित्ति एवं भूमि चित्र

(अ) अकारद् चित्र-ऐसे चित्रों को मुख्य रूप से आदिवासी जातियों द्वारा अपनाया गया है, देवरा व पथवारी पर।

(ब) अमूर्त, सांकेतिक व ज्यामितीय अलंकरण–साँझी पूजन व मांडणा, ये आँगन, चबूतरे, चौक व पूजा स्थल पर बनाए जाते हैं। माँडणों के आकार अनिश्चित हैं। ये ज्यामितीय वृत्त, वर्ग या आड़ी तिरछी रेखाओं के रूप में हो सकते हैं।

2. कपड़े पर निर्मित—इसमें छींपा जाति के जोशी, ज्योतिषी, चितेरों द्वारा जिस कपड़े पर चित्रांकन किया जाता है, 'फड़' कहलाते हैं। लोक देवता व लोकनायकों की 'माड़' प्रचलित हैं। यह कला भीलवाड़ा व शाहपुरा में प्रचलित है।

3. कागज पर चित्र- कागज पर जो चित्र बनाए जाते हैं, उन्हें 'पाने' कहा जाता है। इनमें श्रीगणेश, माँ लक्ष्मी, गोगाजी, रामदेवजी व श्रीनाथजी आदि के पाने

प्रसिद्ध हैं।

4. लकड़ी पर निर्मित चित्र-कावड़, चोकरी, हिन्डोला, विमान व मोर चोपड़ा इस कला के महत्वपूर्ण नमूने हैं। खैराडी, खाती व सुथार राजस्थान में इस कला को विकसित कर रहे हैं। भीलवाड़ा से कुछ दूरी पर बस्सी गाँव इस के लिए प्रसिद्ध है।

5. पक्की मिट्टी पर चित्र-पक्की मिट्टी पर चित्र बनाने की कला राजस्थान में प्राचीनकाल से रही है, इसमें लोक देवों, देवियों, मिट्टी के बर्तन व मिट्टी के खिलौनों पर लाल, सिन्दूरी, पीला, फिरोजा, नीला, सफेद, लाल रंग की खड़िया द्वारा चित्रकारिता की जाती है। उदयपुर जिले के मोलेला गाँव में मूर्तियाँ बनाई व उन पर चित्रकारी की जाती है।

6. मानव शरीर पर निर्मित चित्र-इस चित्रकला में मेंहदी‘ व 'गुदना' मुख्य रूप से प्रचलित है। मेंहदी का प्रयोग शुभ अवसरों व त्यौहारों पर किया जाता है। गुदना में स्त्रियाँ अपने हाथों पर नाम बेल, बूंटे आदि अंकित करवाती हैं।

---

1. लोक जीवन का सानिध्य- राजस्थानी चित्रकला मुख्य रूप से सादगी, सरलता, रंगों की अतहइता व विषय-विस्तु चयन लोक जीवन पर ही आधारित हैं।

2. विषय-वस्तु की विविधता - राजस्थानी चित्रकारी में महाभारत पुराणकाल से आधुनिक जीवन तक के सभी चित्र परिलक्षित

3. रस प्रधान- राजस्थानी चित्रकला में मुख्यतः भक्ति व शृंगार रस के साथ करुण रस का भी सजीव चित्रण देखा जा सकता है।

4. रंगात्मकता- राजस्थानी चित्रकला में लाल, पीला, श्वेत, हरा आदि रंगों का प्रयोग किया गया है, जो चमकीले व दीप्तिमान हैं।

5. प्राकृतिक परिवेश की अनुरूपता- इसमें प्राकृतिक दृश्यों का बड़े ही सुंदर ढंग से चित्रण हुआ है। इसमें पेड़-पौधे, मेघ, कमल, फूल-पत्तियों आदि का सुंदर चित्रण हुआ है।

6. स्त्री सुंदरता- रागमाला बारहमासा में स्त्री पात्रों का सुंदर अंकन किया गया है।

---

1. पथवारी– गाँवों में पथरक्षक रूप से पूजा जाने वाला स्थल जिस पर चित्र बने होते हैं।

2. पाना- राजस्थान में कागज पर बने देवी-देवताओं के चित्रों को 'पाना' कहा जाता है।

3. माँडणा- यह लोक चित्रकला की एक परम्परा है। पांडणा प्रायः सभी त्यौहारों एवं मांगलिक अवसरों पर पूजा-स्थल अथवा चौक पर बनाया जाता है।

4. फड़- कपड़े पर किए गए चित्रांकन को 'फड़' कहा जाता है।

5. गुदना- इस लोक कला में शरीर पर नाम, बेल व बूटे आदि खुदवाये जाते हैं।

6. साँझी- यह गोबर से आँगन, पूजा स्थल अथवा चबूतरे पर बनाई जाती है।

7. कावड़- यह मंदिर जैसी काष्ठ कलाकृति होती है।

राजस्थान में मुश्किल से कोई महीना ऐसा जाता होगा, जिसमें धार्मिक उत्सव न हो। सबसे उल्लेखनीय व विशिष्ट उत्सव गणगौर है, जिसमें महादेव व पार्वती की मिट्टी की मूर्तियों की पूजा 15 दिन तक सभी जातियों की स्त्रियों के द्वारा की जाती है, और बाद में उन्हें जल में विसर्जित कर दिया जाता है। विसर्जन की शोभायात्रा में पुरोहित व अधिकारी भी शामिल होते हैं व बाजे-गाजे के साथ शोभायात्रा निकलती है। हिन्दू,सिख,जैन और बौद्ध एक-दूसरे के त्योहारों में शामिल होते हैं। इन अवसरों पर उत्साह व उल्लास का बोलबाला रहता है। एक अन्य प्रमुख उत्सव अजमेर के निकट पुष्कर में होता है, जो धार्मिक उत्सव व पशु मेले का मिश्रित स्वरूप है। यहाँ राज्य भर से किसान अपने ऊँट व गाय-भैंस आदि लेकर आते हैं, एवं तीर्थयात्री मुक्ति की खोज में आते हैं। अजमेर स्थित ब्रह्मा जी का मंदिर दुनियां का एक मात्र ब्रह्मा मंदिर है। यह विश्व का एकमात्र ऐसा स्थान है जहां पर कंबंधो(वे योद्धा जिनका धड़ सर कटने के बाद भी सैकड़ों किलोमीटर और सैकड़ों लोगों से या कई घंटों तक लड़ा हो) की पूजा होती है।

राजस्थान का विशिष्ट नृत्य घूमर है, जिसे उत्सवों के अवसर पर केवल महिलाओं द्वारा किया जाता है। घेर नृत्य (महिलाओं और पुरुषों द्वारा किया जाने वाला, पनिहारी (महिलाओं का लालित्यपूर्ण नृत्य), व कच्ची घोड़ी (जिसमें पुरुष नर्तक बनावटी घोड़ी पर बैठे होते हैं) भी लोकप्रिय है। सबसे प्रसिद्ध गीत 'कुर्जा' है, जिसमें एक स्त्री की कहानी है, जो अपने पति को कुर्जा पक्षी के माध्यम से संदेश भेजना चाहती है व उसकी इस सेवा के बदले उसे बेशक़ीमती पुरस्कार का वायदा करती है। राजस्थान ने भारतीय कला में अपना योगदान दिया है और यहाँ साहित्यिक परम्परा मौजूद है। विशेषकर भाट कविता की। चंदबरदाई का काव्य पृथ्वीराज रासो या चंद रासा, विशेष उल्लेखनीय है, जिसकी प्रारम्भिक हस्तलिपि 12वीं शताब्दी की है। मनोरंजन का लोकप्रिय माध्यम ख्याल है, जो एक नृत्य-नाटिका है और जिसके काव्य की विषय-वस्तु उत्सव, इतिहास या प्रणय प्रसंगों पर आधारित रहती है। राजस्थान में प्राचीन दुर्लभ वस्तुएँ प्रचुर मात्रा में हैं, जिनमें बौद्ध शिलालेख, जैन मन्दिर, किले, शानदार रियासती महल और मंदिर शामिल

हैं। राजस्थान मेलों और उत्सवों की धरती है। यहाँ एक कहावत प्रसिद्ध हैं. सात वार नौ त्योहार. यहाँ के मेले और पर्व राज्य की संस्कृति के परिचायक हैं. यहाँ लगने वाले पशु मेले व्यक्ति और पशुओं के बीच की आपसी निर्भरता को दिखाते हैं. राज्य के बड़े मेलों में पुष्कर का कार्तिक मेला[3], परबतसर और नागौर के तेजाजी का मेला को गिना जाता हैं. यहाँ तीज का पर्व सबसे बड़ा माना गया है श्रावण माह के इसी पर्व के साथ त्योहारों की श्रंखला आरम्भ होती हैं जो गणगौर तक चलती हैं. इस सम्बन्ध में कथन है कि तीज त्योहारा बावरी ले डूबी गणगौर. होली, दीपावली, विजयदशमी, नवरात्र जैसे प्रमख राष्ट्रीय त्योहारों के अलावा अनेक देवी-देवताओं, संतो और लोकनायकों तथा नायिकाओं के जन्मदिन मनाए जाते हैं। यहाँ के महत्त्वपूर्ण मेले हैं तीज, गणगौर(जयपुर), जीण माता मेला (सीकर), बेनेश्वर (डूंगरपुर) का जनजातीय कुंभ, श्री महावीर जी (सवाई माधोपुर मेला), रामदेवरा या रूणेचा(जैसलमेर), जंभेश्वर जी मेला(मुकाम-बीकानेर), कार्तिक पूर्णिमा और पशु-मेला (पुष्कर-अजमेर) और श्याम जी मेला (सीकर) आदि।राजस्थान के भीलवाड़ा जिले के शाहपुरा तहसील में संगरिया के पास में धनोप माताजी का एक प्रसिद्ध मेला भरता है जो नवरात्रा में भरता है धनोप माता राजा धुंध की कुलदेवी थी और इस मंदिर का निर्माण पृथ्वीराज चौहान के शासन काल के समय बताया जाता है प्राचीन काल में यह नगर राजा धुंध की नगरी की जिसे ताम्रवती नगरी के नाम से भी जाना जाता था राजस्थान को फेस्टिवल टूरिज्म का प्रमुख केंद्र कहना कोई अतिशयोक्ति नहीं होगी। पुष्कर मेला देश के सबसे बड़े आकर्षणों में से है। हर साल लाखों श्रद्धालु पुष्कर आकर पवित्र झील में डूबकी लगाते हैं। यहां दुनिया का सबसे बड़ा ऊंटों का मेला भी लगता है जिसमें 50,000 ऊँट हिस्सा लेते हैं। जनवरी, 2010 में इस मेले ने बड़ी संख्या में विदेशी पर्यटकों को आकर्षित किया। इलाहाबाद, हरिद्वार, उज्जैन और नासिक में हर 12 साल पर कुंभ होता है जबकि हर छह साल में अद्धकुंभ का आयोजन हरिद्वार और प्रयाग में होता है। इनमें विदेशी पर्यटक भारी तादाद में आते हैं। राजस्थानी भाषा में पर्याप्त प्राचीन साहित्य उपलब्ध है। जैन यति रामसिंह तथा हेमचंद्राचार्य के दोहे राजस्थानी-गुजराती के अपभ्रंश कालीन रूप का परिचय देते हैं। इसके बाद भी पुरानी पश्चिमी राजस्थानी में जैन कवियों के फागु, रास तथा चर्चरी काव्यों के अतिरिक्त अनेक गद्य कृतियाँ उपलब्ध हैं। पद्मनाभ कृत प्रसिद्ध गुजराती काव्य "कान्हडदे प्रबन्ध" वस्तुतः पुरानी पश्चिमी राजस्थानी या मारवाड़ी की ही कृति है। इसी तरह "प्राकृतपैंगलम्" के अधिकांश छंदों की भाषा पूर्वी राजस्थानी की भाषा-प्रकृति का संकेत करती है। यदि राजस्थानी की इन साहित्यिक कृतियों को अलग रख दिया

जाए तो हिंदी और गुजराती के साहित्यिक इतिहास को मध्ययुग से ही शुरु करना पड़ेगा। पुरानी राजस्थानी की पश्चिमी विभाषा का वैज्ञानिक अध्ययन डॉ. एल. पी. तेस्सितोरी ने "इंडियन एंटिववेरी" (1914-16) में प्रस्तुत किया था, जो आज भी राजस्थानी भाषाशास्त्र का अकेला प्रामाणिक ग्रंथ है। हिंदी में सुनीति कुमार चटर्जी की ""राजस्थानी भाषा"" (सूर्यमल्ल भाषणों) के अतिरिक्त राजस्थानी भाषा के विशय में कोई प्रामाणिक भाषाशास्त्रीय कृति उपलब्ध नहीं है। वैसे दो तीन पुस्तकें और भी हैं, पर उनका दृष्टिकोण परिचयात्मक या साहित्यिक है, शुद्ध भाषाशास्त्रीय नहीं। ग्रियर्सन की लिंग्विस्टिक सर्वे में राजस्थानी बोलियों का विस्तृत परिचय अवश्य मिलता है। पश्चिमी राजस्थानी का मध्ययुगीन साहित्य समृद्ध है। राजधानी की ही एक कृत्रिम साहित्यिक शैली डिंगल है, जिसमें पर्याप्त चारण-साहित्य उपलब्ध है। "ढोला मा डिग्री रा दोहा" जैसे लोक-काव्यों ने और "बेलि क्रिसन रुकमणी री" जैसी अलंकृत काव्य कृतियों ने राजस्थानी की श्रीवृद्धि में योगदान दिया है। भाषागत विकेंद्रीकरण की नीति ने राजस्थानी भाषाभाषी जनता में भी भाषा संबंधी चेतना पैदा कर दी है और इधर राजस्थानी में आधुनिक साहित्यिक रचनाएँ होने लगी है। राजस्थानी साहित्य ई. सन् 1000 से विभिन्न विधाओं में लिखी गई है। लेकिन सर्वसम्मत रूप से माना जाता है कि राजस्थानी साहित्य पर कार्य सूर्यमल मिश्रण के कार्य के बाद आरम्भ हुआ।[1] उनका मुख्य कार्य वंश भास्कर और वीर सतसई में है। वंश भास्कर [[राजपूत राजकुमारों का उल्लेख आता है जिन्होंने राजपूताना (वर्तमान राजस्थान) का नेतृत्व किया। मध्यकालीन राजस्थानी साहित्य में मुख्यतः काव्यात्मक है और यह सामान्यतः राजस्थान के वीरों की गाथाओं से भरपूर होता है।

पूर्व राजस्थानी साहित्य प्रमुखतः जैन संतो द्वारा रचित है। पूर्व राजस्थानी को मारू गुर्जर (या डिंगल) के रूप में जाना जाता है जो गुजराती के बहुत निकट है।

सम्पूर्ण राजस्थानी साहित्य को पाँच मुख्य भागों में बाँटा जा सकता है-

जैन साहित्य : जैन धर्मावलम्बियों यथा- जैन आचार्यों, मुनियों, यतियों एवं श्रावकों तथा जैन धर्म से प्रभावित साहित्यकारों द्वारा वृहद् मात्रा में रचा गया साहित्य जैन साहित्य कहलाता है। यह साहित्य विभिन्न प्राचीन मंदिरों के ग्रन्थागारों में विपुल मात्रा में संग्रहित है। यह साहित्य धार्मिक साहित्य है जो गद्य एवं पद्य दोनों में उपलब्ध होता है।

चारण साहित्य : चारण साहित्य मुख्यतः पद्य में रचा गया है। इसमें वीर रसात्मक कृतियों का बाहुल्य है।

ब्राह्मण साहित्य : राजस्थानी साहित्य में ब्राह्मण साहित्य अपेक्षाकृत कम मात्रा में उपलब्ध होता है। कान्हड़दे प्रबन्ध, हम्मीरायण, बीसलदेव रासौ, रणमल छंद आदि प्रमुख ग्रन्थ इस श्रेणी के ग्रन्थ हैं।

संत साहित्य : मध्यकाल में भक्ति आन्दोलन की धारा में राजस्थान की शांत एवं सौम्य जलवायु में इस भू-भाग पर अनेक निर्गुणी एवं सगुणी संत-महात्माओं का आविर्भाव हुआ। इन उदारमना संतों ने ईश्वर भक्ति में एवं जन-सामान्य के कल्याणार्थ विपुल साहित्य की रचना यहाँ की लोक भाषा में की है। संत साहित्य अधिकांशतः पद्यमय ही है।

लोक साहित्य : राजस्थानी साहित्य में सामान्यजन द्वारा प्रचलित लोक शैली में रचे गये साहित्य की भी अपार थाती विद्यमान है। यह साहित्य लोक गाथाओं, लोकनाट्यों, प्रेमाख्यानों, कहावतों,

1. पृथ्वीराज रासौ (चन्दबरदाई) : इसमें अजमेर के अन्तिम चौहान सम्राट-पृथ्वीराज चौहान तृतीय के जीवन चरित्र एवं युद्धों का वर्णन है। यह पिंगल में रचित वीर रस का महाकाव्य है। माना जाता है कि चन्द बरदाई पृथ्वीराज चौहान के दरबारी कवि एवं मित्र थे। 2. खुमाण रासौ (दलपत विजय) : पिंगल भाषा के इस ग्रन्थ में मेवाड़ के बप्पा रावल से लेकर महाराजा राजसिंह तक के मेवाड़ शासकों का वर्णन है।3. विरूद छतहरी, किरतार बावनौ (कवि दुरसा आढ़ा) : विरूद् छतहरी महाराणा प्रताप को शौर्य गाथा है और किरतार बावनौ में उस समय की सामाजिक एवं आर्थिक स्थिति को बतलाया गया है। दुरसा आढ़ा अकबर के दरबारी कवि थे। इनकी पीतल की बनी मूर्ति अचलगढ़ के अचलेश्वर मंदिर में विद्यमान है। 4. बीकानेर रां राठौड़ा री ख्यात (दयालदास सिंढायच) : दो खंडो के ग्रन्थ में जोधपुर एवं बीकानेर के राठौड़ों के प्रारंम्भ से लेकर बीकानेर के महाराजा सरदार सिंह के राज्यभिषेक तक की घटनाओं का वर्णन है। 5. सगत रासौ (गिरधर आसिया) : इस डिंगल ग्रन्थ में महाराणा प्रताप के छोटे भाई शक्तिसिंह का वर्णन है। यह 943 छंदों का प्रबंध काव्य है। कुछ पुस्तकों में इसका नाम सगतसिंह रासौ भी मिलता है। 6. हम्मीर रासौ (जोधराज) : इस काव्य ग्रन्थ में रणथम्भौर शासक राणा चौहान की वंशावली व अलाउद्दीन खिलजी से युद्ध एवं उनकी वीरता आदि का विस्तृत वर्णन है। 7. पृथ्वीराज विजय (जयानक) : संस्कृत भाषा के इस काव्य ग्रन्थ में पृथ्वीराज चौहान के वंशक्रम एवं उनकी उपलब्धियाँ का वर्णन किया गया है। इसमें अजमेर के विकास एवं परिवेश की प्रामाणिक जानकारी है। 8. अजीतोदय (जगजीवन भट्ट) : मुगल संबंधों का विस्तृत वर्णन है। यह संस्कृत भाषा में है। 9. ढोला मारू रा दूहा (कवि कल्लोल) : डिंगलभाषा

के शृंगार रस से परिपूर्ण इस ग्रन्थ में ढोला एवं मारवणी का प्रेमाख्यान है। 10. गजगुणरूपक (कविया करणीदान) : इसमें जोधपुर के महाराजा गजराज सिंह के राज्य वैभव तीर्थयात्रा एवं युद्धों का वर्णन है। गाडण जोधपुर महाराजा गजराज सिंह के प्रिय कवि थे। 11. सूरज प्रकास (कविया करणीदान) : इसमें जोधपुर के राठौड़ वंश के प्रारंभ से लेकर महाराजा अभयसिंह के समय तक की घटनाओं का वर्णन है। साथ ही अभयसिंह एवं गुजरात के सूबेदार सरबुलंद खाँ के मध्य युद्ध एवं अभयसिंह की विजय का वर्णन है। 12. एकलिंग महात्म्य (कान्हा व्यास) : यह गुहिल शासकों की वंशावाली एवं मेवाड़ के राजनैतिक व सामाजिक संगठन की जानकारी प्रदान करता है।13. मूता नैणसी री ख्यात तथा मारवाड़ रा परगना री विगत (मुहणौत नैणसी) : जोधपुर महाराजा जसवंतसिंह प्रथम के दीवान नैणसी की इस कृति में राजस्थान के विभिन्न राज्यों के इतिहास के साथ-साथ समीपवर्ती रियासतों (गुजरात, काठियावाड़, बघेलखंड आदि) के इतिहास पर भी अच्छा प्रकाश डाला गया है। नैणसी को राजपूताने का 'अबुल फ़जल' भी कहा गया है। 'मारवाड़ रा परगना री विगत' को 'राजस्थान का गजेटियर' कह सकते हैं।14. पद्मावत (मलिक मोहम्मद जायसी) : 1543 ई, लगभग रचित इस महाकाव्य में अलाउद्दीन खिलजी एवं मेवाड़ के शासक रावल रतनसिंह की रानी पद्मिनी को प्राप्त करने की इच्छा का वर्णन है।15. विजयपाल रासौ (नल्ल सिंह) : पिंगल भाषा के इस वीर-रसात्मक ग्रन्थ में विजयगढ़ (करौली) के यदुवंशी राजा विजयपाल की दिग्विजय एवं पंग लड़ाई का वर्णन है। नल्लसिंह सिरोहिया शाखा का भाट था और वह विजयगढ़ के ययुवंशी नरेश विजयपाल का आश्रित कवि था।16. नागर समुच्चय (भक्त नागरीदास) : यह ग्रन्थ किशनगढ़ के राजा सावंतसिंह (नागरीदास) की विभिन्न रचनाओं का संग्रह है सावंतसिंह ने राधाकृष्ण की प्रेमलीला विषयक श्रृंगार रसात्मक रचनाएँ की थी।17. हम्मीर महाकाव्य (नयनचन्द्र सूरि) : संस्कृत भाषा के इस ग्रन्थ में जैन मुनि नयनचन्द्र सूरि ने रणथम्भौर के चौहान शासकों का वर्णन किया है।18. वेलि किसन रुक्मणी री (पृथ्वीराज राठौड़) : अकबर के नवरत्नों में से कवि पृथ्वीराज बीकानेर शासक रायसिंह के छोटे भाई तथा 'पीथल' नाम से साहित्य रचना करते थे। इन्होंने इस ग्रन्थ में श्रीकृष्ण एवं रुक्मिणी के विवाह की कथा का वर्णन किया है। दुरसा आढ़ा ने इस ग्रन्थ को 'पाँचवा वेद' व '१९वाँ पुराण' कहा है।19. कान्हड़दे प्रबन्ध (पद्मनाभ) : पद्मनाभ जालौर शासक अखैराज के दरबारी कवि थे। इस ग्रन्थ में इन्होंने जालौर के वीर शासक कान्हड़दे एवं अलाउद्दीन खिलजी के मध्य हुए युद्ध एवं कान्हड़दे के पुत्र वीरमदे अलाउद्दीन की पुत्री फिरोजा के प्रेम प्रसंग

का वर्णन किया हे। 20. राजरूपक (वीरभाण) : इस डिंगल ग्रन्थ में जोधपुर महाराजा अभयसिंह एवं गुजरात के सूबेदार सरबुलंद खाँ के मध्य युद्ध (1787 ई,) का वर्णन है। 21. बिहारी सतसई (महाकवि बिहारी) : मध्यप्रदेश में जन्में कविवर बिहारी जयपुर नरेश मिर्जा राजा जयसिंह के दरबारी कवि थे। ब्रजभाषा में रचित इनका यह प्रसिद्ध ग्रन्थ शृंगार रस की उत्कृष्ट रचना है। 22. बाँकीदास री ख्यात (बाँकीदास) (1838-90 ई,) : जोधपुर के राजा मानसिंह के काव्य गुरू बाँकीदास द्वारा रचित यह ख्यात राजस्थान का इतिहास जानने का स्त्रोत है। इनके ग्रन्थों का संग्रह 'बाँकीदास ग्रन्थवली' के नाम से प्रकाशित है। इनके अन्य ग्रन्थ मानजसोमण्डल व दातार बावनी भी है। 23. कुवलमयाला (उद्योतन सूरी) : इस प्राकृत ग्रन्थ की रचना उद्योतन सूरी ने जालौर में रहकर 778 ई, के आसपास की थी जो तत्कालीन राजस्थान के सांस्कृतिक जीवन की अच्छी झाकी प्रस्तुत करता है। 24. ब्रजनिधि ग्रन्थावली : यह जयपुर के महाराजा प्रतापसिंह द्वारा रचित काव्य ग्रन्थों का संकलन है। 25. हम्मीद हठ : बूंदी शासन राव सुर्जन के आश्रित कवि चन्द्रशेखर द्वारा रचित। 26. प्राचीन लिपिमाला, राजपुताने का इतिहास (पं. गौरीशंकर हीराचंद ओझा) : पं. गौरीशंकर हीराचन्द्र ओझा भारतीय इतिहास साहित्य के पुरीधा थे, जिन्होंने हिन्दी में सर्वप्रथम भारतीय लिपि का शास्त्र लेखन कर अपना नाम गिनीज बुक मे लिखवाया। इन्होंने राजस्थान के देशी राज्यों का इतिहास भी लिखा है। इनका जन्म सिरोही रियासत में 1863 ई. में हुआ था। 27. वचनिया राठौड़ रतन सिंह महे सदासोत री (जग्गा खिड़िया) : इस डिंगल ग्रंथ में जोधपुर महाराजा जसवंतसिंह के नेतृत्व में मुगल सेना एवं शाहजहाँ के विद्रोही पुत्र औरंगजेब व मुराद की संयुक्त सेना के बीच धरमत (उज्जैन, मध्यप्रदेश) के युद्ध में राठौड़ रतनसिंह के वीरतापूर्ण युद्ध एवं बलिदान का वर्णन हे। 28. बीसलदेव रासौ (नरपति नाल्ह) : इसमें अजमेर के चौहान शासक बीसलदेव (विग्रहरा चतुर्थ) एवं उनकी रानी राजमती की प्रेमगाथा का वर्णन है। 29. रणमल छंद (श्रीधर व्यास) : इनमें पाटन के सूबेदार जफर खाँ एवं इडर के राठौड़ राजा रणमल के मध्य युद्ध (संवर्त 1454) का वर्णन है। दुर्गा सप्तशती इनकी अन्य रचना है। श्रीधर व्यास राजा रणमल का समकालीन था। 30. अचलदास खींची री वचनीका (शिवदास गाडण) : सन् 1430-35 के मध्य रचित इस डिंगल ग्रन्थ में मांडू के सुल्तान हौशंगशाह एवं गागरौन के शासक अचलदास खींची के मध्य हुए युद्ध (1423 ई.) का वर्णन है एवं खींची शासकों की संक्षिप्त जानकारी दी गई है। 31. राव जैतसी रो छंद (बीठू सूजाजी) : डिंगल भाषा के इस ग्रन्थ में बाधर के पुत्र कामरान एवं बीकानेर नरेश राव जैतसी के मध्य हुए

युद्ध का वर्णन है। 32. रूक्मणी हरण, नागदमण (सायांजी झूला) : ईडन नरेश राव कल्याणमल के आश्रित कवि सायाजी द्वारा इन डिंगल ग्रन्थों की रचना की गई। 33. वंश भास्कर (सूर्यमल्ल मिश्रण) (1815-1868 ई.) - वंश भास्कर को पूर्ण करने का कार्य इनके दत्तक पुत्र मुरारीदान ने किया था। इनके अन्य ग्रन्थ है -बलवंत विलास, वीर सतसई व छंद-मयूख उम्मेदसिंह चरित्र, बुद्धसिंह चरित्र। 34. वीरविनोद (कविराज श्यामलदास) : मेवाड़ (वर्तमान भीलवाड़ा) में 1836 ई. में जन्में एवं महाराण सज्जन के आश्रित कविराज श्यामलदास द्वारा पाँच खंडों में रचित इस ग्रन्थ पर कविराज की ब्रिटिश सरकार द्वारा 'केसर-ए-हिन्द' की उपाधि प्रदान की गई। इस ग्रन्थ में मेंवाड़ के विस्तृत इतिहास वृत सहित अन्य संबंधित रियासतों का भी इतिहास वर्णन है। मेवाड़ महाराणा सज्जनसिंह ने श्यामलदास को 'कविराज' एवं सन् 1888 में 'महामहोपाध्याय' की उपाधि से विभूषित किया था। 35. चेतावणी रा चुँगट्या (केसरी सिंह बारहट) : इन दोहों के माध्यम से कवि केसरीसिंह बारहठ ने मेवाड के स्वाभिमानी महाराजा फतेहसिंह को 1903 ई, के दिल्ली में जाने से रोका था। ये मेवाड़ के राज्य कवि थे।

राजस्थानी के साहित्य-सम्बन्धी शब्द

ख्यात : राजस्थानी साहित्य के इतिहासपरक ग्रंथ जिनकी रचना तत्कालीन शासकों ने अपनी मान मर्यादा एवं वंशावली के चित्रण हेतु करवाई हो, ख्यात कहलाती है।

वंशावली : राजवंशों की वंशावलियां विस्तृत विवरण सहित।

वात : वात का अर्थ ऐतिहासिक, पौराणिक, प्रेमपरक व काल्पनिक कथा या कहानी से है।

प्रकास : किसी वंश या व्यक्ति विशेष की उपलब्धियों पर प्रकाश डालने वाली कृतियां।

वचनिका : यह गद्य-पद्य तुकांत रचना होती है।

मरस्या : राजा या किसी व्यक्ति विशेष की मृत्यु के बाद शोक व्यक्त करने के लिए रचित काव्य।

दवावैत : यह उर्दू फारसी की शब्दावली से युक्त राजस्थानी कलात्मक लेखन शैली है।

रासौ : राजाओं की प्रशंसा में लिखे गये विशाल काव्य ग्रंथ।

वेलि : राजस्थानी वेलि साहित्य में शासकों व सामंतों की वीरता, इतिहास, उदारता व वंशावली का उल्लेख होता है।

विगत : इतिहास परक रचनाएं।

निसाणी : किसी व्यक्ति या घटना का स्मरण दिलाने वाली रचना।

इनमें से ख्यात, वात, वित, वंशावलि - गद्य रूप में होतीं हैं जबकि निसाणी, गीत, रासौ, वेलि पद्य रूप में होते हैं।

मारू गुर्जर चित्रकला राजस्थान का प्राचीन कला है जो ६ठी शताब्दी के आरम्भिक दिनों में राजस्थान और उसके आसपास के क्षेत्रों में विकसित हुई। राजस्थान की वास्तुकला के अलावा, राजस्थान की दृश्य कला के सबसे उल्लेखनीय रूप मध्यकालीन युग में हिंदू और जैन मंदिरों पर स्थापत्य मूर्तिकला, धार्मिक ग्रंथों के चित्रण में, मध्ययुगीन काल के अंत में और मुगल के बाद की लघु पेंटिंग हैं। प्रारंभिक आधुनिक काल में, जहां विभिन्न विभिन्न दरबारी विद्यालयों का विकास हुआ, जिन्हें एक साथ राजपूत चित्रकला के रूप में जाना जाता है। दोनों ही मामलों में, राजस्थानी कला में गुजरात के पड़ोसी क्षेत्र की कई समानताएं थीं, दोनों "पश्चिमी भारत" के अधिकांश क्षेत्र का निर्माण करते हैं, जहां कलात्मक शैली अक्सर एक साथ विकसित होती है।

वास्तुकला

राजस्थान की वास्तुकला आमतौर पर उस समय उत्तर भारत में प्रचलित भारतीय वास्तुकला की शैली का एक क्षेत्रीय रूप रही है। राजस्थान कई राजपूत शासकों के किलों और महलों के लिए विशेष रूप से उल्लेखनीय है, जो लोकप्रिय पर्यटक आकर्षण हैं। राजस्थान की अधिकांश आबादी हिंदू है, और ऐतिहासिक रूप से काफी संख्या में जैन अल्पसंख्यक रहे हैं; यह मिश्रण क्षेत्र के कई मंदिरों में परिलक्षित होता है। मारू-गुर्जर वास्तुकला, या "सोलंकी शैली" एक विशिष्ट शैली है जो 11 वीं शताब्दी के आसपास राजस्थान और पड़ोसी गुजरात में शुरू हुई, और इसे पुनर्जीवित किया गया और हिंदुओं और जैन दोनों द्वारा भारत और दुनिया के अन्य हिस्सों में ले जाया गया। यह हिंदू मंदिर वास्तुकला में क्षेत्र के मुख्य योगदान का प्रतिनिधित्व करता है। 11वीं और 13वीं शताब्दी के बीच निर्मित माउंट आबू के दिलवाड़ा जैन मंदिर इस शैली के सबसे प्रसिद्ध उदाहरण हैं। अजमेर में अढ़ाई दिन का झोंपरा मस्जिद (अब धार्मिक उपयोग में नहीं है) एक राज्य में भारत-इस्लामी वास्तुकला का एक महत्वपूर्ण प्रारंभिक उदाहरण है जो इसके लिए अन्यथा उल्लेखनीय नहीं है; हालांकि अजमेर शरीफ दरगाह एक और प्रारंभिक इमारत है। हालांकि, महलों और घरों में मुगल वास्तुकला से काफी प्रभाव है, और राजस्थान का कुछ दावा है कि झरोखा संलग्न बालकनी और छतरी खुले मंडप जैसे तत्वों में प्रभाव वापस भेज दिया गया है।

स्मारकीय मूर्तिकला

मारू-गुर्जर वास्तुकला, या "सोलंकी शैली" में बड़ी मात्रा में मूर्तिकला की विशेषता है, जिसमें आमतौर पर बड़ी संख्या में छोटे, तेज-नक्काशीदार आंकड़ों पर जोर दिया जाता है, बजाय बड़े एकल आंकड़ों या समूहों के। इनमें बार-बार जानवरों की आकृति वाले फ्रिज़ शामिल हैं, कभी-कभी मानव सवारों के साथ, मंदिरों के आधारों के आसपास दौड़ते हुए।

मध्यकालीन चित्रकला

जैन मंदिरों और मठों में कम से कम 2,000 साल पहले के भित्ति चित्र थे, हालांकि पूर्व-मध्ययुगीन जीवित दुर्लभ हैं। इसके अलावा, कई जैन पांडुलिपियों को चित्रों के साथ चित्रित किया गया था, कभी-कभी तो भव्य रूप से। इन दोनों मामलों में, जैन कला हिंदू कला के समानांतर है, लेकिन जैन उदाहरण सबसे पहले जीवित रहने वालों में से अधिक हैं। पांडुलिपियां 11वीं शताब्दी के आसपास शुरू होती हैं, लेकिन ज्यादातर 13वीं के बाद से हैं, और मुख्य रूप से गुजरात में बनाई गई थीं, कुछ राजस्थान में। 15वीं शताब्दी तक वे सोने के अधिक उपयोग के साथ अधिकाधिक भव्य होते जा रहे थे। पांडुलिपि पाठ सबसे अधिक बार सचित्र कल्प सूत्र है, जिसमें तीर्थंकरों, विशेषकर पार्श्वनाथ और महावीर की आत्मकथाएँ शामिल हैं। चित्र पाठ में सेट किए गए चौकोर-ईश पैनल हैं, जिनमें "वायरी ड्रॉइंग" और "शानदार, यहां तक कि गहना जैसा रंग" है। आंकड़े हमेशा तीन-चौथाई दृश्य में देखे जाते हैं, विशिष्ट "लंबी नुकीली नाक और उभरी हुई आंखें" के साथ। एक परंपरा है जिसके तहत चेहरे का अधिक दूर का भाग बाहर की ओर निकलता है, जिससे दोनों आंखें दिखाई देती हैं। प्रमुख संगीत के क्षेत्र जोधपुर ,जयपुर ,जैसलमेर तथा उदयपुर इत्यादि माने जाते हैं। ऐसा ही संगीत नज़दीकी राष्ट्र पाकिस्तान (सिंध) में भी सुनने को मिलता है।

राजस्थान में संगीत अलग-अलग जातियों के हिसाब से है ,जिसमें ये जातियां आती है -लांगा ,सपेरा , मांगणीयरभोपा और जोगी। यहां संगीतकारों के दो परम्परागत कक्षाएं है एक लांगा और और दूसरी मांगणीयर। राजस्थान में पारम्परिक संगीत में महिलाओं का गाना जो बहुत प्रसिद्ध है जो कि (पणीहारी) नाम से है। इनके अलावा विभिन्न जातियों के संगीतकार अलग-अलग तरीकों से गायन करते हैं। सपेरा बीन बजाकर सांप को नचाता है तो भोपा जो फड़ में गायन करता है। राजस्थान के संगीत में लोकदेवताओं पर भी काफी गीत गाये गए हैं। इनके अलावा विभिन्न जातियों के लोग अलग-अलग तरीकों से गायन करते हैं। सपेरा बीन बजाके सांप को नचाता है तो भोपा फड़ में गायन करते हैं। राजस्थान के संगीत में लोकदेवाताओ पर भी काफी गायन होता है जिसमें मुख्य रूप से पाबूजी

,बाबा रामदेव जी ,तेजाजी इत्यादि लोकदेवाताओं पर भजन गाये जाते है।

ढोली

ढोली समुदाय के लोग ब्याह शादियों में अपना संगीत प्रस्तुत करते है साथ ही समुदाय के लोग विशेषरूप से माजीसा के भजन करते हैं।

ढोल

राजस्थान के संगीत में ढोल एक मुख्य वाद्य है यह एक बड़ा वाद्ययंत्र है साथ ही इसके साथ हारमोनियम का सहारा लेकर ढोली गायन करते हैं।

मौसम के अनुसार गायन

राजस्थान मानसून के आने पर भी कई प्रकार के गाने गाये जाते हैं। जीरा , पुदीना , सांगरी इत्यादि पर गीत गाये जा रहे हैं।घूमर राजस्थान का एक परंपरागत लोकनृत्य है। इसका विकास भील जनजाति ने मां सरस्वती की आराधना करने के लिए किया था और बाद में बाकी राजस्थानी बिरादरियों ने इसे अपना लिया। यह नाच मुख्यतः महिलाएं घूंघट लगाकर और एक घुमेरदार पोशाक जिसे "घाघरा" कहते हैं, पहन कर करती हैं। इस नृत्य में महिलाएं एक बड़ा घेरा बनाते हुए अन्दर और बाहर जाते हुए नृत्य करती हैं। घूमर नाम हिन्दी शब्द घूमना से लिया गया है जो कि नृत्य के दौरान घूमने को सूचित करता है।[1]

घूमर प्रायः विशेष अवसरों जैसे कि विवाह समारोह, त्यौहारों और धार्मिक आयोजनों पर किया जाता है, और अक्सर कुछ घंटो तक चलता है।

घूमर गीत

राजपूत महिला द्वारा घूमर नाच सामान्यतः निम्न गीतों पर घूमर नृत्य किया जाता है।

"म्हारी घूमर"

"चिरमी म्हारी चिरमली"

"आवे हिचकी" - पारम्परिक राजस्थानी घूमर गीत

"घूमर"

"जंवाई जी पावणा"

"तारां री चुंदड़ी"

"म्हारो गोरबन्द नखतरालो"

"म्हारी घूमर"

"घूमर रे घूमर रे"

"घूमर" - 2018 की फिल्म पद्मावत से

राजस्थानी नृत्य के प्रकार

कामड़

कालबेलिया

गणगौर

गीदड़ (नृत्य)

गेर नृत्य

गोपिका लीला

घापाल

घूमर

चंग नृत्य

चरी नृत्य

डंडिया क्रष्ण नृत्य,तेराताली,पनिहारी,शंकरिया

|| जय मेवाड़ ||

||जय एकलिंगनाथ||

www.ingramcontent.com/pod-product-compliance
Lightning Source LLC
Chambersburg PA
CBHW051527150726
47997CB00001B/415